AF453711

A. FERRAND DE MISSOL

SA VIE & SES ŒUVRES

PAR

L'ABBÉ A. GILLY

Vicaire général de Nimes

PARIS

RETAUX-BRAY, LIBRAIRE-ÉDITEUR

82, Rue Bonaparte

Droits de traduction et de reproduction réservés

1887

A. FERRAND DE MISSOL

—

SA VIE & SES ŒUVRES

A. FERRAND DE MISSOL

SA VIE & SES OEUVRES

PAR

L'ABBÉ A. GILLY

Vicaire général de Nimes

PARIS

RETAUX-BRAY, LIBRAIRE-ÉDITEUR

82, Rue Bonaparte

Droits de traduction et de reproduction réservés

1887

PRÉFACE

Les hommes qui ont pris une grande situation dans le monde et dans l'histoire, ne sont
pas les seuls dont il soit utile de faire connaître
et de méditer les actions, les enseignements et
les conseils. On rencontre, au-dessous d'eux,
des existences humbles et modestes, qui se sont
consumées au service de Dieu et des âmes, des
personnes qui ont été obligées de faire d'autant
plus d'efforts pour atteindre un but désiré,
que leur obscurité était plus profonde et les
moyens dont elles disposaient moins propres à
préparer à leur action de grands résultats.

Tel fut celui dont nous venons d'écrire la
vie et de faire connaître les œuvres. M. l'abbé
Ferrand de Missol, qu'une suite d'évènements,
communs peut-être, peut-être aussi précisément
providentiels, portèrent à aspirer au sacerdoce,
connut assez le grand monde, dans sa jeunesse

et par ses relations, pour tourner, lorsqu'il en fut sorti, ses plus vives et ses plus persistantes prédilections vers le calme et l'obscurité d'une vie sans bruit et sans éclat. La condescendance que lui montrèrent les personnages marquants avec lesquels des circonstances, indépendantes de sa volonté, le mirent en rapport, lui apprit à estimer le bien que l'on peut faire, avec le secours de ceux-ci, aux petits et aux humbles, en entrant dans leur vie et en les assistant avec bonté.

Pendant sa carrière de médecin, une impulsion de la grâce l'associa au magnifique mouvement de retour au christianisme que subissait, par un généreux entraînement, toute la jeunesse de Paris, qu'une haute vie intellectuelle préparait à une vie morale et chrétienne. Il se trouva en contact avec les misères de tout genre qui déciment le petit peuple, et il comprit combien les haillons de la pauvreté sont particulièrement favorables aux désordres de la conduite. Il eut pitié, ainsi que le Maître divin, dont les enseignements commençaient à le pénétrer, de ces foules que le luxe dédaigne et que la fausse grandeur méprise. Il avait touché du doigt toutes leurs infirmités physiques et morales ; et à mesure qu'il en sondait davantage la profondeur, son âme se pénétrait de cette conviction qu'il y a, dans ces abîmes, des beautés essentielles qu'il est possible de faire remonter au grand jour, et des richesses morales que ne dédaigne pas Celui qui en fut l'auteur et le principe. Sauver ces âmes quand elles sont perdues, les arrêter sur la pente du mal quand elles sont en train de se perdre, les ramener à l'honneur de la vertu, tandis qu'elles semblent définitivement fixées au déshonneur du vice : telle fut l'ambition du docteur Ferrand, telles furent les saintes préoccupations de son âme, déjà sacerdotale par ses aspirations et ses tendances.

Il aimait la vie cachée ; et il se trouvait que le bien qu'il se proposait de faire lui imposait le devoir de se cacher le plus profondément possible. Il avait de l'énergie et de courageuses ardeurs ; et combien ne lui seraient-elles pas nécessaires pour lutter avec succès contre toutes les difficultés qu'il rencontrerait ? Il connaissait toute l'étendue des misères humaines, entre lesquelles les infirmités du corps sont moins horribles que la dépravation des âmes ; et il se sentait porté, par une force supérieure à laquelle rien ne résiste, par une sorte de mouvement divin, qui aide à triompher de tous les obstacles, à subvenir aux misères et aux infirmités qu'il avait appris à connaître si parfaitement.

Tel fut le ressort de la merveilleuse activité avec laquelle M. l'abbé Ferrand de Missol conduisit les œuvres de zèle, dont on va parcourir la suite et comme le tableau. Il compta avec raison sur le dévouement que sa parole persuasive et la grâce de Dieu devraient inspirer à plusieurs personnes. Il en fit les confidentes de ses pensées et les coopératrices de ses œuvres. Elles travaillèrent sous sa direction, et avec l'appui de son expérience et de sa sagesse. Puis quand l'ouvrage fut terminé, M. Ferrand loua le Seigneur de ce que tout avait été fait sans lui, selon ses plus intimes désirs : Tant cet homme était humble, tant il se regardait uniquement comme un instrument docile entre les mains de Dieu, qui prépare les pensées de ses coopérateurs et qui donne, à leurs œuvres, leur développement et leur maturité !

L'une des dames de Saint-Raphaël qui furent le plus intimement associées à l'action de M. l'abbé Ferrand de Missol, avait pieusement recueilli les enseignements qu'il leur donnait, dans ses instructions familières, les maximes auxquelles il revenait le plus souvent, ses écrits de jeunesse ou d'âge mûr, tout ce qui se rapportait enfin à la vie de cet homme de bien, et pouvait aider à la reconstituer pour l'édification de ses enfants. Madame Mène a bien voulu mettre à notre disposition ces documents précieux. Nous les avons classés et reproduits, trouvant un charme particulier à nous nourrir des pensées qui furent les pensées de notre vénérable ami, soit qu'il les ait formulées lui-même, soit qu'il les ait simplement transcrites et empruntées à d'autres.

En écrivant cette vie, qui est surtout édifiante et curieuse, nous n'avons voulu faire ni œuvre de littérateur ni œuvre de savant. Nous nous sommes uniquement proposé de présenter, à ses enfants spirituelles, l'image vraie de leur Père, les pensées qu'il leur exprima souvent, les sentiments de son cœur si parfaitement pieux et bon, de le faire revivre, en quelque sorte, à leurs regards et de ramener sa parole à leurs oreilles. On s'expliquera ainsi pourquoi, au lieu de nous borner à raconter la suite des évènements qui formèrent la vie de M. Ferrand de Missol, nous nous sommes surtout appliqué à recueillir tout ce que la piété filiale avait conservé de ses écrits, et à les reproduire fidèlement.

En dehors du cercle formé par les personnes à qui s'adresse tout spécialement cet ouvrage, nous espérons qu'on pourra le lire avec fruit. Les gens du monde y apprendront comment on peut se sanctifier beaucoup, en vivant d'une manière simple, modeste, cachée, sous le regard de Dieu, avec le seul désir de lui plaire, et comment, sans éclat et sans bruit, en sachant attendre, souffrir et se taire, on peut faire beaucoup de bien.

Nimes, le 25 janvier 1887.

Al. GILLY

A. FERRAND DE MISSOL

SA VIE & SES ŒUVRES

CHAPITRE PREMIER

SAINT-GERVASY. — LA FAMILLE FERRAND DE MISSOL ET SES RELATIONS. — LES PRINCIPES D'ÉDUCATION QUE M. FERRAND REÇUT DE SON PÈRE ET DE SA MÈRE. — SON ENTRÉE AU COLLÈGE ROYAL DE NIMES. — SES CONDISCIPLES. — SES ÉTUDES PHYLOSOPHIQUES ET L'ENSEMBLE DES IDÉES QU'IL REÇUT DE SES MAITRES.

A deux lieues de Nimes, sur la route qui conduit au Pont-du-Gard, se trouve un petit village, qui n'est ni sans histoire, ni sans quelque célébrité. En 1705, après le complot qui avait pour objet de massacrer, encore une fois, les catholiques de Nimes et des environs, un pâtre de Provence, passant par Saint-Gervasy, eût la pensée d'élever une croix sur la colline qui domine le village, afin de réparer, en un pays catholique, les outrages que les protestants avaient fait subir à la croix pendant les guerres de religion. Il communiqua son dessein à Fléchier, évêque de Nimes, qui l'approuva, et qui écrivait, quelque temps après, à Mlle de La Fare : « Notre croix est en grande vénération dans ce pays. Grand concours de peuple de partout ; beaucoup de miracles vrais ou faux. Le véritable, et qui m'est le plus connu, est une dévotion très édifiante. »

Le pèlerinage de la Croix de Saint-Gervasy n'a pas cessé depuis d'être très fréquenté par les catholiques du diocèse de Nimes et des diocèses voisins. Les concours de peuples toujours remarquables par la ferveur, la bonne tenue, l'ordre et la piété qui y règnent, ont lieu deux fois par an, le 3 mai et le 14 septembre. Ils sont parfois fort nombreux ; car la dévotion à la Croix a toujours été très populaire en ces régions.

Au commencement de ce siècle, Saint- Gervasy était, comme plusieurs villages situés à proximité des grandes villes, très bien habité ; on le nommait le petit Versailles du midi. La famille Pontier de Saint-Gervasy y possédait un fief héréditaire, passé, par des alliances, à la famille de Forbin. La famille Béchard, qui s'est fait un nom dans la politique et dans les lettres, habitait aussi Saint-Gervasy. Plus tard quand M. le baron Fontarêches, épousa Mlle de Valfons, marquise de la Calmette, il préféra la résidence de Bezouce, où Mme de Fontarêches possédait un beau domaine, à un kilomètre de Saint-Gervasy, à celle qui lui avait donné son nom, dans les environs d'Uzès. Enfin la famille Ferrand de Missol résidait aussi à une petite distance de Saint-Gervasy, et entretenait, avec la meilleure société de Nîmes et des alentours, des relations agréables. Cette famille avait compté plusieurs illustrations dans l'Eglise et dans la magistrature. M. l'Abbé Ferrand de Missol remplit longtemps les fonctions de curé de la cathédrale de Nîmes, et se reposa enfin de ses labeurs dans une stalle de chanoine. M. Eugène Ferrand de Missol occupa, autant grâce à ses mérites personnels que par tradition de famille, une place de conseiller à la Cour d'appel, pendant de longues années, et mourut conseiller honoraire de cette grave compagnie.

Le frère de ce dernier, ancien officier de hussards, sous la République, donna sa démission après le 18 Brumaire, pour se retirer à Saint-Gervasy, où il venait de contracter, avec la famille Chapelle, une alliance à son gré. M. Ferrand de Missol était un homme de haute taille et de mœurs austères ; on remarquait la régularité de sa vie et la noblesse de ses manières ; mais on remarquait bien davantage, à Saint-Gervasy, où son souvenir est encore très vivant, sa foi profonde et sa fidélité à remplir ses devoirs religieux, qu'il pratiquait sans ostentation et avec une noble régularité.

Dieu bénit les vertus de cet homme de bien et celles de sa femme, qui partageait ses sentiments chrétiens, par la naissance de six enfants : quatre filles et deux garçons. Amédée-Marie-Auguste Ferrand de Missol fut le second enfant de cette nombreuse famille. Il naquit à Saint-Gervasy, le 26 mai 1805, à l'ombre de la Croix déjà célèbre qui, depuis cent ans, avait été placée au faîte du village, sur la colline choisie par le pâtre provençal dont nous avons parlé.

M. Amédée Ferrand aimait à constater la douce influence que l'éducation de son père et de sa mère avaient exercée sur lui, dès sa plus tendre enfance. On reconnaissait, par ailleurs, en entrant dans son intimité, combien le commerce des personnes que fréquentaient ses parents lui avait été utile et avantageux. Sa tenue, toujours irréprochable, son parler simple et modeste, ses manières distinguées sans affectation et absolument correctes, ne permettaient pas à ses amis de voir en lui autre chose qu'un homme formé de bonne heure à la société polie, par ses relations de famille autant que par sa famille elle-même. Nous savons, en effet, que la petite société d'élite de Saint-Gervasy se réunissait souvent et que, sans contrainte et fort simplement, ses divers membres entretenaient ensemble un commerce assidu. Et nous avons appris de ceux qui connurent alors M. Ferrand que, de très bonne heure, il se fit remarquer, dans ce milieu, par son esprit simple, prompt et délié, autant que par les grâces de sa personne. Il avait une figure agréable, des traits réguliers et fins, des yeux pleins d'éclat et de vie, un tempérament sanguin et nerveux. Quand il parlait, sa voix était douce et harmonieuse. Quand on lui parlait, il semblait deviner tout ce qu'on avait à lui dire, sans qu'on eût besoin de s'en expliquer beaucoup. Il y avait, en lui, une vivacité qui trahissait son origine méridionale ; et on remarqua pourtant, de très bonne heure, dans le groupe au sein duquel sa famille l'avait introduit, qu'il était beaucoup plus sérieux qu'on ne l'est ordinairement à son âge. Amédée était l'aîné des fils de M. Ferrand de Missol ; dans sa famille, c'était quelque chose que cette prérogative : son frère et ses sœurs s'accoutumèrent bientôt à avoir, pour lui, de la déférence, et même du respect. Dès son enfance, il fut leur modèle et leur conseil.

Entre les principes de religion et de conduite qu'il reçut de son père et de sa mère, il en est un, qui paraît avoir eu, sur l'ensemble de sa vie, la plus décisive influence : Dieu est notre maître. On comprend de quel accent un officier

de cavalerie plein de foi, tel que l'était son père,
devait accompagner l'enseignement, fait à son
fils, d'une maxime pareille. Nous qui avons
connu, dans sa verte vieillesse, qui s'est pro-
longée et maintenue jusqu'à l'âge de 92 ans,
le père de notre vénérable ami, nous nous
représentons sans peine la force de persuasion
qu'il devait mettre à inculquer à ses enfants ce
principe qui touche à tout. Aussi l'avons-nous
retrouvé inébranlablement fixé dans le cœur
d'un homme, à qui, dès sa première enfance, on
l'avait si vigoureusement enseigné. Madame
Ferrand, d'ailleurs, bien convaincue, quel que
fut son mérite personnel, ou, pour mieux dire,
à cause de son mérite, de la valeur intellectuelle
et morale de son mari, se contentait, pour l'éducation de ses enfants, de reproduire, avec toute
la douceur et le charme d'une mère, l'enseignement que le père préconisait.

On vivait simplement, dans cette famille
bénie. La maison que l'on habitait n'avait
pas grande apparence ; mais elle était commode
et bien aménagée. Elle est devenue aujour-
d'hui, depuis la mort de M. Ferrand de Missol,
le presbytère de Saint-Gervasy. L'officier de
hussards avait rapporté, de son régiment et
de ses campagnes, une bonté touchante, qui
groupait autour de lui les paysans du village.
Son fils s'accoutuma à les fréquenter, dans la

mesure selon laquelle ses parents l'y autorisaient. On l'aimait, en même temps que l'on apprenait à vénérer davantage son auguste père, pour la sagesse de ses conseils et pour les services obligeants qu'il ne refusait jamais à personne. Amédée, qui était très observateur, apprenait ainsi, à l'école du foyer, comment on se concilie la confiance des hommes, et comment on leur fait accepter un avis et une décision utiles.

Quant au genre d'éducation qu'Amédée Ferrand reçut de son père, nous croyons le trouver exposé dans une de ses notes. Il fallait que ce genre d'éducation lui plût, pour qu'il en ait consigné par écrit les différents détails ; et comment lui aurait-elle plu, s'il n'avait reçu lui-même une éducation analogue ?

Souvent, d'ailleurs, dans sa conversation, bien qu'il parlât fort peu des soins donnés à son premier âge, M. l'abbé Ferrand laissa paraître qu'on l'avait élevé, ainsi que son frère et ses sœurs, à la manière dont Lycurgue voulait que l'on élevât les enfants. Quand un homme transcrit, avec autant de soin que de complaisance, les idées d'un autre sur un objet particulier, c'est que ces idées lui conviennent, qu'il veut se les approprier. Mais lorsqu'il s'agit d'éducation, nous n'approuvons guère que celle que nous avons reçue, tant est prédominant en nous le sentiment de confiance que nous inspira la conduite de nos parents.

« Lycurgue, dit l'abbé Ferrand, endurcissait le corps des jeunes filles en les exerçant à la course, à la lutte, à jeter le palet, à lancer le javelot, afin que le fruit qu'elles concevraient dans la suite, trouvant un corps robuste et vigoureux, y prît de plus fortes racines. On lavait les enfants naissants dans du vin ; bien loin de les lier et de les garrotter avec des langes, les nourrices leur laissaient tout le corps libre, afin de leur donner un air noble et dégagé. Elles les accoutumaient aussi à être faciles et nullement délicats et friands pour leur manger, à n'avoir pas peur dans les ténèbres, à ne pas s'épouvanter quand on les laissait seuls, à ne connaître ni la mauvaise humeur, ni la criaillerie, ni les pleurs, qu'il regardait comme autant de marques de lâcheté et de bassesse. A Sparte, on ne laissait pas aux pères la disposition de leurs enfants : on les prenait dès l'âge de sept ans, on les distribuait par classes, on les faisait élever ensemble dans les mêmes lois et la même discipline ; on les accoutumait à avoir les mêmes divertissements et les mêmes jeux.

» Pour chaque classe, on choisissait, parmi les jeunes gens, le mieux fait, celui qui était le plus estimé, qui avait le plus de prudence et de sagesse, et qui avait témoigné le plus de courage et de fermeté dans les combats, et on l'établissait sur toute la troupe. Les enfants de son groupe avaient toujours l'œil sur lui, obéissaient à tous ses ordres et se soumettaient sans murmure à tous les châtiments et à toutes les peines qu'il lui plaisait de leur imposer ; de sorte que leur éducation n'était, à proprement parler, qu'un apprentissage d'obéissance.

» Pour ce qui est des lettres, ils n'en apprenaient que pour le besoin ; toute leur étude ne tendait qu'à savoir obéir, supporter les travaux et vaincre. C'est pourquoi à mesure qu'ils avançaient en âge, on augmentait la sévérité de leur discipline et de leur règle. On leur coupait les cheveux ; on les accoutumait à aller sans bas et sans souliers, et, la plupart du temps, on les faisait jouer ensemble tout nus. A l'âge de douze ans, on leur ôtait la tunique et on ne leur donnait qu'un simple manteau, chaque année. Ils ne se baignaient et ne se parfumaient qu'à certains jours marqués par le législateur. Chaque groupe couchait ensemble sur des paillasses remplies de paille fort dure, à laquelle on leur permettait de mélanger, pendant l'hiver, des barbes de chardon.

» On leur donnait peu de nourriture ; Lycurgue pensait qu'une nourriture légère est plus saine, qu'elle rend le corps souple et délié, et qu'elle lui permet de croître et de se développer plus qu'une nourriture abondante, qui ne lui permet de se développer qu'en épaisseur. Tous les dix jours, on les faisait passer en revue par les éphores, qui châtiaient et condamnaient à l'amende les parents de ceux qui n'avaient pas le corps assez dégagé.

» Les enfants étaient habitués par leurs maîtres à faire des réponses pleines de réflexion et de prudence aux questions qu'on leur proposait. Il fallait que leurs réponses fussent promptes et accompagnées d'une raison ou d'une preuve énoncée en peu de mots. On leur enseignait à parler de manière à assaisonner leurs discours d'une pointe mêlée de grâce, et à comprimer beaucoup de sens en peu de paroles. Lycurgue voulait que les paroles fussent simples et légères et pourtant d'un fort grand prix, et il accoutumait les enfants, par un long silence, à avoir la répartie vive et aiguë ; car, disait-il, l'intempérance de la langue rend le discours insipide et vain. Plutarque pensait aussi que le langage laconique, c'est-à-dire fort court, va bien au but et frappe tous ceux qui l'écoutent. Les Lacédémoniens en étaient venus, sous l'in-fluence de cette éducation, à ne parler que par sentences ; leur principale étude était celle de la sagesse. On apprenait aussi aux enfants à faire de beaux vers, et à s'exprimer noblement et avec pureté dans le discours ordinaire.

» L'éducation de la jeunesse s'étendait jusqu'aux hommes faits ; car personne n'avait la liberté de vivre comme il lui plaisait ; tous étaient, dans la ville, comme dans un camp. Chacun recevait ce qui lui était nécessaire pour vivre, et on lui imposait aussi sa tâche quotidienne, afin que tous fussent bien persuadés qu'ils ne s'appartenaient pas à eux-mêmes, mais à leur pays. Quand on ne leur avait point donné d'ordre et qu'ils n'avaient rien à faire, ils allaient voir les enfants et leur enseigner quelque chose d'utile, ou l'apprendre eux-mêmes de ceux qui leur étaient supérieurs en âge. Ce fut, en effet, l'une des plus belles et des plus heureuses institutions de Lycurgue que d'accorder de certains loisirs à ses concitoyens, en les empêchant de se tourmenter pour amasser, avec beaucoup de peines et de travaux, des richesses qu'il leur avait rendues méprisables à cause de leur inutilité. »

Si j'ai rapporté tout au long ce passage emprunté aux notes de l'abbé Ferrand de Missol, ce n'est pas pour laisser croire à mes lecteurs que les choses se passaient exactement, à Saint-Gervasy, dans la maison de son père, comme à Lacédémone ; mais il m'a semblé, grâce à la connaissance que j'avais de mon vénérable ami et à la lumière des souvenirs qui me restent de nos nombreuses conversations, sur cet objet, qu'il y avait là plus d'un trait absolument conforme à l'éducation qu'il avait reçue de son père et à celle dont il s'est fait, pour ses enfants et pour lui-même, comme un idéal. L'abbé Ferrand possédait une nature tellement vigoureuse, soit qu'on le considérât dans sa complexion physique, soit que l'on étudiât le genre de son esprit, qu'il n'y a rien d'étrange à supposer que son père l'ait soumis, dès sa plus tendre enfance, à un régime, matériel et intellectuel, comparable à celui qu'il vient de nous décrire.

Un jour qu'un de ses amis était arrivé chez lui au moment de son déjeûner, il le fit asseoir à sa table. On leur servit un potage, du bœuf bouilli et des légumes :

— C'est mon ordinaire, lui dit M. Ferrand, l'ordinaire des soldats ; c'est le meilleur pour la santé. Je suis médecin (il aimait beaucoup à rappeler sa première profession) : cela ne charge pas l'estomac, et cela nourrit pourtant mieux que tout autre chose. Il faut être sobre, si l'on veut conserver sa vigueur.

Son ami reprit, en plaisantant :

— Puisque vous voulez vous soumettre au régime des soldats, pourquoi ne le complétez-vous pas jusqu'à manger du pain de munition ?

Il le regarda avec des yeux brillants et profonds :

— Est-ce que vous en mangez, vous ?

— Oui, depuis dix ans, et je me porte à merveille.

— Cela ne me surprend pas, ajouta-t-il : je vous trouve beaucoup plus fort que vous ne l'étiez autrefois... Alors mon ordinaire vous convient ?

— Parfaitement, père, puisque c'est aussi le mien.

— Vous êtes mon fils, et je suis heureux de voir que nos idées sont les mêmes jusques dans les moindres détails de la vie.

— C'est vrai ; mais je n'ai pas soixante-cinq ans, comme vous, père. A votre âge et avec les nombreuses occupations qui vous encombrent, un régime moins fort vous conviendrait peut-être mieux.

— Non, mon ami. Ce régime a été celui de ma vie entière. Je suis médecin : je n'en changerai pas. Nous mangeons tous beaucoup trop. Ce qui donne de la force, ce qui soutient, ce qui rend le corps souple et délié, c'est la sobriété.

Rappeler cette conversation, c'est disposer les lecteurs à ne pas s'étonner que M. Ferrand ait recueilli dans ses notes, les théories lacédémoniennes que j'ai rapportées. Ces principes ont dû exercer sur toute sa vie la plus grande influence, précisément parce qu'il en avait trouvé le précepte et l'usage au foyer paternel.

Il dut aussi les rencontrer au collége royal de Nimes, où il entra, jeune encore, pour y faire ses études littéraires. Quoique la Restauration eût changé, sur bien des points, le régime de ces maisons, que Napoléon avait coutume d'appeler *les casernes de l'Université*, elle y avait pourtant conservé une discipline austère, autant dans les rangs des maîtres que dans ceux des élèves. Les premiers se faisaient remarquer alors par une tenue irréprochable et une gravité de mœurs et de conduite qui inspiraient le respect. Les utiles règlements de Rollin étaient observés dans toute leur rigueur. Les maîtres se regardaient comme investis d'une sorte de sacerdoce, et préoccupés de former leurs élèves à l'excellence de la vie morale autant qu'à l'élévation de la vie intellectuelle, ils apportaient, dans l'exercice de leurs fonctions et dans leur vie privée, une régularité, une prudence, une sagesse et des attentions délicates, bien faites pour impressionner utilement l'intelligence et le cœur de leurs élèves.

A la tête de la maison, se trouvait à ce moment M. l'abbé Privat, homme sage, judicieux, calme et prudent, qui a occupé depuis une noble place dans les rangs du Chapître cathédral et dans les conseils des Evêques de Nimes. M. l'abbé Goubier, mort curé de Sainte-Perpétue, et qui a laissé à Nimes, les meillleurs souvenirs, était aumonier du collége. Ces deux prêtres distingués s'appliquaient, à former des hommes et des chrétiens, par leur exemple et leurs conseils, et ils étaient admirablement secondés, dans cette œuvre excellente, par tous les maîtres qui partageaient leur action et leur sollicitude.

Il fallait de telles garanties aux familles qui se séparaient de leurs enfants pour les leur confier. Les divisions religieuses qui avaient produit, au moment de la Restauration, des désordres et des crimes si déplorables, à Nimes et dans les villes voisines, auraient pu se perpétuer parmi les jeunes générations qui formaient le personnel des élèves du collége royal, où catholiques et protestants se trouvaient en présence et apportaient, comme un héritage de famille, leurs haines invétérées, si des maîtres judicieux n'avaient travaillé, de tout leur pouvoir, à les comprimer et à les éteindre.

Le jeune Ferrand, dont l'imagination ardente n'avait rien oublié des impressions douloureuses produites sur lui par le récit des évènements de 1815, dut, peut-être, à ceux qui soignèrent alors son cœur et son esprit, d'acquérir cette modération et cette condescendance qui lui faisaient dire plus tard par un protestant illustre, son compatriote et son ami : « Si tous les catholiques vous ressemblaient, il n'y aurait bientôt plus de protestants. » Ses condisciples l'appelaient « le philosophe, » parce qu'il parlait peu et parce qu'il observait beaucoup. Cette disposition et cette attitude ne lui venaient-elles pas de l'éducation de famille telle qu'on la donnait à Saint-Gervasy, et de la manière dont son père l'avait formé, comme on formait autrefois les hommes à Lacédémone? Les factions, portées à la violence, qui se retrouvaient jusque sur les bancs du collége, que le digne proviseur, l'aumônier et les professeurs s'appliquaient à calmer, l'accoutumèrent à garder une grande réserve dans sa parole et dans son attitude. Son impressionnabilité et sa vivacité naturelles se changèrent en des dispositions absolument contraires. Il s'accoutuma à lutter contre les tendances qui le portaient énergiquement à se répandre au dehors ; il mit toute son application et fit converger tous les ressorts de son esprit et de son cœur vers ses études et vers la piété. Il entra, dès lors, dans son caractère et dans ses habitudes, d'être convenable avec ses condisciples et de ne se lier qu'avec un très petit nombre d'entre eux, que son jugement précoce lui enseignait à discerner et à choisir. Son frère, M. Saint-Ange Ferrand de Missol,.

qui a fourni une brillante carrière au barreau d'Uzès ; M. Ferdinand Béchard, son cousin, qui a représenté longtemps le département du Gard dans les assemblées françaises, et dont on a souvent loué la haute sagesse et le désintéressement absolu ; M. Adolphe Blanchard, son cousin aussi, qui occupa une place distinguée au barreau de Nimes, dans la presse départementale, et qui administra, comme Maire, la ville de Nimes, pendant de longues années ; quelques autres, dont nous regrettons de ne pouvoir citer les noms, parce que nous ne les retrouvons pas dans les souvenirs laissés par notre vénérable ami, eurent pourtant une très grande part dans ses affections, et jouirent, pendant toute leur vie, de l'inaltérable amitié qu'il avait formée avec eux au collége royal.

Ceux qui nous ont parlé du caractère et des habitudes de M. Ferrand de Missol, pendant sa jeunesse, nous l'ont représenté, à la fois, comme formé d'indépendance et de bonté, de simplicité et de finesse, de propension à l'ouverture de cœur et d'efforts à se comprimer. Quelle que fut l'ardeur de son vigoureux tempérament, il se prêtait à ses condisciples sans se livrer jamais à personne. Une intelligence supérieure lui servait à démêler, du premier abord, les difficultés d'une situation et à trouver le conseil qui le devait diriger et conduire. Jeune encore, il gardait, dans toute sa manière d'être, une sorte de dignité précoce, qui n'importunait personne et qui commandait pourtant à tous le respect. Les plus intelligents d'entre ses amis auraient voulu juger, comme lui, très sainement les hommes et les choses. Plusieurs s'inspiraient de ses conseils; mais il était souvent difficile de les obtenir, tant il se croyait tenu à la discrétion et à la réserve. Il fuyait avec horreur les discussions et les disputes, aimant à répéter que c'est une grande sagesse de savoir attendre, pour intervenir entre ceux que la passion divise, que ses feux soient éteints et qu'elle ait permis au calme de prévaloir.

Sa nature était pourtant alors bien ardente et bien riche. Elle lui aurait permis de jeter avec éclat les jugements les plus décisifs au milieu des discussions qui se produisaient fréquemment près de lui. Rien ne lui eut été plus facile que de laisser la lumière jaillir avec toute l'impétuosité que son âme généreuse lui eût aisément fournie. Mais il se défiait de lui-même, et il préférait s'éloigner des groupes où il n'était pas assuré de pouvoir affirmer avec succès les droits de sa foi chrétienne et de sa haute raison. On l'aimait à cause des grâces naturelles de sa personne, de l'égalité de son humeur, à laquelle le frein d'un vrai courage était indispensable pour garder ce caractère, de la loyauté de sa conduite où n'entrait jamais ni dissimulation ni mensonge, et de la sérénité de son âme qui se maintenait en dépit des luttes intimes qu'il avait à livrer pour la conserver toujours.

Je puis citer encore ici un extrait de Montaigne qu'il fit peut-être au cours de sa philosophie, sous la direction de son professeur, M. l'Abbé Ginoux, lequel s'appliquait surtout à faire penser ses élèves, et les y portait par des lectures attachantes des ouvrages des maîtres, qu'il leur faisait assez souvent au cours de ses leçons. Le professeur et son élève aimaient beaucoup nos grands moralistes, et, comme l'écriture des pages que je vais rapporter a jauni ainsi que le papier, je ne serais pas étonné que ce ne fût là l'œuvre de M. Ferrand de Missol encore adolescent :

« Je voudrais, disait Montaigne à Mme Diane de Foix, comtesse de Gurson, en lui parlant de son fils, qu'on fût soigneux de lui choisir un conducteur qui eût plutôt la tête bien faite que bien pleine, et qu'on y requît tous les deux, mais plus les mœurs et l'entendement que la science ; et qu'il se conduisît en sa charge d'une nouvelle manière. On ne cesse de criailler à nos oreilles comme qui verserait dans un entonnoir, et notre charge ce n'est que redire ce qu'on nous a dit. Je voudrais qu'il corrigeât cette partie, et que de belle arrivée, selon la partie de l'âme qu'il a en main, il commençât à la mettre sur la monture, lui faisant gouverner le chemin, quelquefois le lui laissant ouvrir. Je ne veux pas qu'il invente et parle seul : je veux qu'il écoute son disciple parler à son tour... *Obstat plerumque iis, qui discere volunt, auctoritas eorum qui docent*. Il est bon qu'il le fasse trotter devant lui, pour juger de son train, et juger jusqu'à quel point il se doit ravaler pour s'accommoder à sa force... C'est l'effet d'une haute âme et bien forte, savoir condescendre à ces allures puériles et les guider... Ceux qui, comme notre usage porte, entreprenant d'une même leçon et pareille mesure de conduite, régenter plusieurs esprits de si diverses mesures et formes : ce n'est pas merveille si, en tout un peuple d'enfants, ils en rencontrent à peine deux ou trois qui rapportent quelque juste fruit de leur discipline. Qu'il ne lui demande pas compte seulement des mots de sa leçon, mais du sens et de la substance : et qu'il juge du profit qu'il aura fait, non par le témoignage de sa mémoire, mais de sa vie. Que ce qu'il viendra d'apprendre, il le lui fasse mettre en cent images et accommoder à autant de divers sujets, pour voir s'il l'a encore bien pris et bien fait vivre, c'est témoignage de crudité et indigestion que de regorger la viande comme on l'a avalée : l'estomac n'a pas fait son opération, s'il n'a fait changer la façon et la forme à ce qu'on lui avait donné à cuire... On nous a tant assujettis aux cordes, que nous n'avons plus de franches allures : notre vigueur et liberté est éteinte... Qu'il lui fasse tout passer par l'étamine, et ne loge rien en sa tête par simple autorité et à crédit... Qui suit un autre, il ne suit rien, il ne trouve rien ; voire même, il ne cherche rien. Qu'il sache qu'il sait au moins ; il faut qu'il imboive leurs humeurs (des auteurs qu'il lit), non qu'il apprenne leurs préceptes, et qu'il oublie hardiment, s'il veut, d'où il les tient, mais qu'il sache se les approprier. La vérité et la raison sont communes à un chacun, et ne sont pas plus à qui les a dites premièrement, qu'à qui les dit après.

» Ce n'est non plus selon Platon que selon moi, puisque lui et moi l'entendons et voyons de même. Les abeilles pillotent de çà de là les fleurs, mais elles en font après le miel, qui est tout leur ; ce n'est plus thym, ni marjolaine ; ainsi les pièces empruntées d'autrui il les transformera et confondra, pour en faire un ouvrage tout sien ; à savoir, son jugement, son institution, son travail et étude ne vise qu'à le former...

» C'est l'entendement qui voit et qui oit : c'est l'entendement qui profite tout, qui dispose tout, qui agit, qui domine et qui règne : toutes autres choses sont aveugles, sourdes et sans âme. Certes nous le rendons servile et couard pour ne lui laisser la liberté de rien faire de soi..... savoir par cœur, n'est pas savoir : c'est tenir ce qu'on a donné en garde en sa mémoire. Ce qu'on voit droitement, on en dispose sans tourner les yeux vers son livre. Fâcheuse suffisance qu'une suffisance pure livresque !... je voudrais qu'on nous apprît à manier un cheval, ou une pique, ou un luth, ou la voix sans nous y exercer : comme ceux qui nous veulent apprendre à bien juger, à bien parler, sans nous exercer à parler ni à juger. Or à cet apprentissage tout ce qui se présente à nos yeux sert de livre suffisant : la malice d'un page, la sottise d'un valet, un propos de table, ce sont autant de nouvelles matières.

» A cette cause, le commerce des hommes y est merveilleusement propre, et la visite des pays étrangers... pour en rapporter principalement les humeurs de ces nations et leurs façons, et pour frotter et limer notre cervelle contre celle d'autrui, je voudrais qu'on commençât à se promener dès sa tendre enfance, par les nations voisines, où le langage est plus éloigné du nôtre, et auquel, si vous ne

la formez de bonne heure, la langue ne se peut
plier...

.   » Le silence et la modestie sont des qualités très commodes à la conversation. On
dressera cet enfant à être épargnant et ménager
de sa suffisance, quand il l'aura acquise, à ne
se formaliser point des sottises et fables qui
se diront en sa présence... Qu'on le rende
(dans le discours) délicat au choix et au triage
de ses raisons et aimant la brièveté. Qu'on
l'instruise surtout à se rendre à la vérité, tout
aussitôt qu'il l'apercevra. Que sa conscience
et sa vertu reluisent en son parler et n'aient
que la raison pour conduite... On l'avertira,
étant en compagnie, d'avoir les yeux partout...
Il sondera la portée d'un chacun : un bouvier,
un maçon, un passant, il faut tout mettre en
besogne et emprunter à chacun selon sa mar-
chandise ; car tout sert en ménage : la sottise
même et la faiblesse d'autrui lui sera instruction... tout ce qu'il y aura de singulier autour
de lui, il le verra : un bâtiment, une fontaine,
un homme, le lieu d'une bataille ancienne, le
passage de César ou de Charlemagne... Il pra-
tiquera, par le moyen des histoires, les grandes
âmes des meilleurs siècles... quel profit ne
fera-t-il pas, en cette part-là, des vies de notre
Plutarque ?... Il se tire une merveilleuse clarté
pour le jugement humain de la fréquentation

2*

du monde. Nous sommes tous contraints et amoncelés en nous, et avons la vue raccourcie à la longueur de notre nez... Qui se présente, comme dans un tableau, cette grande image de notre mère nature, en son entière majesté ? Qui lit en son image une si générale et si constante variété ? Qui se remarque là dedans, et non soi, mais tout un royaume comme un trait d'une pointe très délicate, celui-là seul estime les choses à leur juste grandeur. Le grand monde, c'est le miroir où il nous faut regarder pour connaître de bon biais. Somme, je veux que ce soit le livre de l'écolier... Il faut éviter les préceptes épineux, les mots vains et décharnés, où il n'y a point de prise, rien qui éveille l'esprit de l'enfant : il faut, au contraire, que l'âme trouve où mordre, où se paître. »

M. Ferrand a ajouté, à cet extrait de Montaigne, des réflexions qui semblent inspirées par le bonheur qu'il éprouvait à avoir enfin trouvé, au cours de ses études, la science dont il était avide. Nous ne saurions omettre de les citer, sous peine de ne pas faire connaître à fond l'âme de celui dont nous écrivons la vie :

« Je pense, avec Montaigne, qu'on a tort de peindre la philosophie comme inaccessible aux enfants. Pour s'en convaincre, on n'a qu'à employer avec eux la méthode socratique, et l'on sera étonné des résultats auxquels on arrivera. Leur esprit est si logique qu'on serait presque tenté de croire que l'enfant a, en lui, toutes les connaissances, ainsi que le disait Socrate, et qu'il suffit de les faire sortir. Nous pensons, nous, que l'enfant étant doué de la vue de l'esprit, si je puis ainsi parler, comme de la vue du corps, il suffit, pour qu'il saisisse une vérité, même de l'ordre le plus élevé, qu'on la lui montre pour qu'il *la perçoive,* comme il suffit de mettre un objet devant ses yeux pour qu'il *l'aperçoive.*

» L'enfant, dit encore Montaigne, ne doit au pédagogisme que les premiers 15 ou 16 ans de sa vie ; le demeurant est dû à l'action. Employez un temps si court aux instructions nécessaires. Otez toutes les subtilités épineuses de la dialectique, de quoi notre vie ne se peut amender ; prenez les simples discours de la philosophie ; sachez les choisir et traiter à point ; ils sont plus aisés à concevoir qu'un conte de Bocace. Un enfant en est capable au partir de la nourrice, beaucoup mieux que d'apprendre à lire ou à écrire. La philosophie a des discours pour la naissance des hommes comme pour la décrépitude.

» Je ne veux pas, écrivait Epicure à Ménicé, qu'on empoisonne cet enfant ; je ne veux pas qu'on l'abandonne à la colère et à l'humeur

mélancolique d'un maître d'école; je ne veux
pas corrompre son esprit, le tenir à la gêne et
au travail, à la mode des autres, quatorze ou
quinze heures par jour, comme un portefaix; ni
ne trouverais bon quand, par quelque complexion
solitaire et mélancolique, on le verrait adonné
d'une application trop indiscrète, à l'étude des
livres, qu'on la lui nourrît. Cela le rendrait
inepte à la conversation civile et le détour-
nerait des meilleures occupations. Et combien
ai-je vu, de mon temps, d'hommes abêtis par
téméraire avidité de science?... Il n'y a rien de
si gentil que les petits enfants en France; mais
ordinairement ils trompent l'espérance qu'on en
a conçue, et, hommes faits, on n'y voit aucune
excellence. J'ai ouï tenir à gens d'entendement, que les colléges où on les envoie, de
quoi ils ont foison, les abrutissent ainsi.

» Au nôtre, ajoute Montaigne, un cabinet,
un jardin, la table et le lit, la solitude, la
compagnie, le matin et le vespre, toutes heures
lui seront unes; toutes places lui seront études;
car la philosophie qui, comme formatrice du
jugement et des mœurs sera sa première leçon,
a le privilège de se mêler partout... Ainsi, sans
doute, il chômera moins que les autres; mais,
comme les pas que nous employons à nous
promener dans une galerie, quoi qu'il y en ait
trois fois autant, ne nous lassent pas comme

ceux que nous mettons à quelque chemin désigné; ainsi, notre leçon se passant comme par
rencontre, sans obligation de temps et de
lieu, et se mêlant à toutes nos actions, se coulera sans se faire sentir; les jeux mêmes et
les exercices seront une bonne partie de l'étude;
la course, la lutte, la musique, la danse, la
chasse, le maniement des chevaux et des armes.
Je veux que la bienséance intérieure et l'entregent et la disposition de la personne se façonne
quant et quant l'âme. Ce n'est pas une âme,
ce n'est pas un corps que l'on dresse : c'est un
homme, il n'en faut pas faire à deux; et, comme
dit Platon, il ne faut pas les dresser l'un sans
l'autre, mais les conduire également, comme un
couple de chevaux attelés à même timon. Et à
l'ouïr, semble-t-il pas prêter plus de temps et de
sollicitude aux exercices du corps et estimer
que l'esprit s'en exerce quant et quant, et non
au contraire?

» Au demeurant, cette institution se doit
conduire par une sévère douceur, non comme
il se fait. Au lieu de convier les enfants aux
lettres, on ne leur présente en vérité qu'horreur
et cruauté. Otez-moi la violence et la force; il
n'est rien, à mon avis, qui abâtardisse et étourdisse si fort une nature bien née. Si vous avez
envie qu'il craigne la honte et le châtiment, ne
l'y endurcissez pas. Endurcissez-le à la sueur et

au froid, au vent, au soleil, aux hasards qu'il lui faut mépriser. Otez-lui toute mollesse et délicatesse au vêtir et au coucher, au manger, au boire. Accoutumez-le à tout, et que ce ne soit pas un beau garçon et dameret, mais un garçon vert et vigoureux.

» Une chose à laquelle il faut veiller surtout, c'est à la gaieté et passe-temps de la jeunesse.

» Platon s'étend à mille préceptes pour ses gymnases. Pour les sciences lettrées, il s'y amuse fort peu... On doit s'attacher à apprendre à son élève moins à lire sa leçon qu'à la faire. Quand notre disciple sera bien pourvu de choses, les paroles ne suivront que trop ; il les traînera, si elles ne veulent suivre.

» On peut appliquer à l'éducation des enfants ce que Socrate dit des rhéteurs. Le grand défaut qu'il leur reproche est de chercher l'art de persuader avant que d'avoir appris, par les principes de la philosophie, quelles sont les choses qu'il faut persuader aux hommes. Il veut que l'orateur commence par l'étude de l'homme en général, qu'il sache ce que c'est que l'homme, sa fin, ses intérêts véritables, de quoi il est composé, c'est-à-dire de corps et d'esprit, la vraie manière, pour lui, de se rendre heureux, quelles sont ses passions, les excès qu'elles peuvent produire, la manière de les régler, les méthodes qui sont propres à le faire vivre en paix, ect. , etc.

» Ainsi l'on peut reprocher à l'éducation en général, d'apprendre aux enfants l'art de parler correctement avant de leur avoir appris à penser sainement, sagement. Et cependant qu'est-ce que parler, sinon exprimer des pensées? Et comment l'enfant peut-il avoir des pensées saines, justes, raisonnables, s'il ne se connaît pas, s'il ne sait pas ce qu'est l'homme, sa fin, ses intérêts véritables, de quoi il est composé ? C'est cette vérité qu'a parfaitement comprise le Père Girard et qui fait le fond de sa méthode d'éducation. »

Le père Girard, que cite M. Ferrand, ne nous paraît être autre que M. l'Abbé Girard, proviseur du lycée de Rodez, qui venait de composer alors ses *Préceptes de Rhétorique.* Cet ouvrage se répandit aussitôt dans les colléges; on le mit entre les mains des élèves; on le leur commenta; et il contribua, pour une bonne part, à former les générations d'écoliers qui recevaient, dans l'Université, les principes de leur éducation. Les professeurs de rhéto-rique et de philosophie du collége royal de Nimes avaient été des premiers à reconnaître l'excellence de cet ouvrage de méthode et de bon sens. Tout nous porte à penser qu'ils le commentaient à leurs élèves, avec la science et la gravité que leurs disciples se sont toujours plu à admirer en eux. Nous ne doutons pas que le jeune Ferrand de Missol, le plus « philosophe » d'entre ses compagnons d'études, puisqu'ils le nommaient ainsi, n'ait cherché à pénétrer, aussi profondément que possible, l'auteur qu'il avait dans les mains et qu'on lui expliquait, en rappelant les enseignements d'un écrivain qui faisait alors grande autorité comme philosophe et comme moraliste.

En s'appropriant ainsi les pensées de Montaigne, et en les faisant siennes, tandis qu'il les transcrivait soigneusement, M. Ferrand nous montre quelles étaient, à ce moment, ses aspirations et ses tendances. Il voulait que la raison fût son premier guide, dans ses opérations intellectuelles et dans les travaux de son esprit. Il prétendait parvenir à la vigueur morale, qui avait pour lui le plus grand attrait, par le développement progressif de ses forces corporelles, exercées à se produire selon toute leur énergie, à l'aide d'un mépris volontaire de tout ce qui flatte les sens et de tout ce que nous nommons les commodités de la vie. Il pensait trouver, dans ce genre de formation vraiment virile, le vrai principe de l'indépendance et de la liberté, sur lesquelles tous les bons esprits du moment se portaient avec autant d'ardeur que de sincérité. Chateaubriand venait de publeir

le *Génie du Christianisme* : de Bonald avait
fait paraître ses ouvrages immortels ; de Maistre
conviait la jeunesse à comprendre enfin l'union
de la science et de la foi ; M. de Frayssinoux
allait monter dans la chaire de Notre-Dame
pour le même objet, et se préparer des succes-
seurs qui, sans faire oublier ses mérites, le
dépasseraient, du moins, par leur éloquence
entraînante et leurs excellentes qualités de persuasion. M. Ferrand se disposait, à son insu,
par les études profondes que nous venons de
parcourir, à profiter de tous les avantages que
la divine Providence mettrait un jour à sa
portée. Dieu conduit ainsi les hommes, par des
voies qu'il est bon de faire connaître à ceux qui
les suivent dans les labeurs et les luttes de la
vie. Nous n'avons pas eu d'autre but en insis-
tant, comme nous l'avons fait, sur la première
éducation et sur les développements d'intelligence de notre vénérable ami. Un homme qui
était appelé à exercer sur ses frères autant
d'influence que celui dont nous écrivons l'histoire, devait subir une formation pareille. Personne ne s'étonnera que son jeune esprit ait pu
s'ouvrir, grâce aux maîtres qui le dirigeaient,
sur des objets qui semblent, au premier abord,
dépasser l'envergure d'un adolescent. Nous citerons de lui, dans la suite, des paroles qui
prouvent qu'il parvint, de très bonne heure, à

une rare maturité; et l'ensemble de sa vie permettra à nos lecteurs de reconnaître que nous n'exagérons rien, en ce moment, tandis que nous lui attribuons une gravité de jugement telle que celle qui résulte du choix qu'il faisait des pensées dont il voulait orner sa mémoire. Il en attendait certainement, pour son cœur, la force et l'énergie qui formèrent son caractère distinctif dans la suite de ses jours.

CHAPITRE SECOND

Lorsque la grave question de la vocation se posa pour le jeune Ferrand de Missol, il dut nécessairement suivre l'attrait vers lequel se portaient ses réflexions précoces et la nature des objets que son esprit avait plus particulièrement étudiés. On a vu, par ce qui précède, que ses méditations avaient spécialement porté sur les problèmes philosophiques, qu'il ramenait à peu près à la conclusion suivante : L'éducation doit consister à développer les forces physiques de l'enfant, et c'est en quoi l'on trouvera l'un des meilleurs éléments de ses développements intellectuels, dans le sens de la vigueur, de l'énergie morale et de la haute raison. Toute autre méthode est exposée à former des hommes incomplets, dont l'intelligence ne sera jamais assez sûre d'elle-même et

de ses moyens, faute de trouver, dans les développements physiques du jeune homme, un
appui nécessaire et indispensable. Tel était le
vieil adage des hommes d'éducation : Former à
l'homme un corps sain, afin de lui permettre de
garder toujours une âme saine : *Mens sana in
corpore sano*. Que de jeunes gens sont arrêtés
dans leur éducation intellectuelle et morale, par
les difficultés qu'ils rencontrent dans une santé
débile et dans l'insuffisance de leurs forces physiques !

Subir le mirage, qui n'est d'ailleurs pas absolument trompeur, d'une pareille théorie ; porter
en soi-même une âme généreuse qui, dans une
période de l'histoire telle que celle où se trouvait
la France après les désastres de la grande
révolution, n'aspire qu'à contribuer, par ses
efforts personnels, à aider à les réparer ; être
persuadé que l'on peut y parvenir par l'exercice
de la seule profession que les hommes consen-
tent encore à honorer, parce qu'ils ont besoin de
ceux qui la suivent, *Honora medicum propter
necessitatem* ; n'était-ce pas, pour notre vénérable ami, se trouver comme naturellement
placé sur la voie qui devait le conduire du
collége à l'école de médecine ? On verra dans
la suite combien M. Ferrand sut mettre à profit
ses fonctions de médecin pour faire un bien
incalculable ; et l'on ne sera pas médiocrement

surpris de constater que, devenu prêtre, il n'ait pas voulu absolument abandonner la pratique de sa première profession, qu'il ait encore travaillé, pour les hommes, pendant l'exercice du Saint-Ministère, dans le sens auquel il avait été, en quelque sorte, fixé dès le collége, par la marche de ses études et par leurs premiers développements.

Ce fut à Montpellier que M. Ferrand suivit d'abord les cours de la Faculté de médecine. Il apporta à ses études toute l'application et tout le sérieux qu'elles méritent. Son jeune âge avait, sans doute, persuadé à sa famille de lui imposer l'apprentissage de la vie d'étudiant, dans une ville où il était plus à portée d'une surveillance nécessaire ; il entrait, en effet, dans une liberté et une indépendance qui ne sont pas sans danger. Il fit, à Montpellier, la connaissance de quelques jeunes gens laborieux et chrétiens, parmi lesquels nous citerons M. Louis Barre. Ce dernier était devenu, une fois ses études brillamment terminées, professeur agrégé de la Faculté. A l'âge de quarante-deux ans, il abandonna sa chaire et sa brillante clientèle, pour aller s'asseoir sur les bancs du Collége romain, y faire ses études théologiques et entrer dans les saints ordres. Il retrouva, à Rome, son ancien ami, qu'il avait suivi jusque dans la carrière ecclésiastique, et qui devint son conseil dans la ville éternelle, comme il l'avait été, à Montpellier, pendant leurs études médicales. M. l'abbé Louis Barre est mort aumônier volontaire des Petites-Sœurs des Pauvres de Montpellier.

Mais M. Ferrand ne poursuivit pas jusqu'à la fin ses études médicales dans le midi. Un de ses amis, son compatriote, venait de prendre, au barreau de Paris, une situation remarquée. Il y fréquentait des salons où il rencontrait une société, à la fois distinguée, instruite et agréable. La famille Ferrand de Missol était d'ailleurs rassurée ; les premières craintes qu'inspire toujours, à des parents chrétiens, l'éloignement d'un fils sur lequel ils font reposer de légitimes espérances, avaient disparu. Au cours de leurs vacances, qu'ils passaient ensemble à Saint-Gervasy, le jeune avocat obtint, du père de son ami, la permission de le conduire à Paris, en échange de la promesse qu'il lui fit d'être, dans la capitale, son guide et son tuteur.

Ce fut, grâce à ce protecteur qui était de quelques années seulement plus âgé que lui, que M. Amédée Ferrand dut d'être mis en relations, d'abord, avec les familles les plus honorables du midiqui habitaient la capitale, puis avec M. l'abbé de Genoude et M. de Lourdoueix, qui devaient exercer, l'un et l'autre, la plus décisive influence sur ses destinées.

Le jeune étudiant se fit remarquer de tous par son intelligence vive et prompte, par son travail assidu et persévérant, et par la grâce et la distinction de ses manières. On en vint bientôt à ne pouvoir plus se passer de lui dans les sociétés polies où l'on avait eu la bonté de le recevoir, et où l'on eut toujours le bon goût de le retenir. A peine connut-il Paris, qu'il fut pris, pour la grande ville, de l'une de ses passions ardentes qui ne devaient finir qu'avec sa vie. Il aimait le mouvement de la grande cité, mais il aimait plus encore les conditions d'indépendance dans lesquelles on peut y vivre, cette « liberté de la solitude » que l'on y goûte d'autant mieux que l'on sait pouvoir trouver, dès qu'on le voudra, en sortant de sa demeure, toute sorte de distractions. M. Ferrand fut parisien, dès la première heure de son séjour à Paris, sans contracter aucun des défauts dans lesquels tombent souvent les jeunes gens de sa condition. Il garda toujours, dans son attitude, dans ses manières et dans son accent, une indépendance relative, par rapport aux prétendues exigences auxquelles se croient astreints des provinciaux de moins bon aloi. Sa tenue était toujours correcte sans affectation ; son parler, tout en reflétant parfois les accentuations du terroir, s'en débarrassait progressivement et sans effort. Dans les sociétés où il était

admis, on remarqua qu'il se rapprochait plus
volontiers des gens âgés que des personnes
dont la vie courait parallèlement à la sienne.

Il habitait dans le voisinage de Saint-Séve-
rin, partageant sa chambre avec un jeune protestant de Nimes qui étudiait, comme lui, en
médecine. Il vivait avec autant d'économie que
le lui commandait sa situation, se levait de
bonne heure, quand il ne s'était pas trop attardé
dans les salons qui lui étaient ouverts, se récon-
fortait rapidement d'un verre de cassis et d'un
petit pain, et se rendait au cours ou à l'amphi-
théâtre dès que l'heure l'y conviait.

A vingt ans, il était déjà interne à l'hôpital
Saint-Antoine, ne manquait jamais d'assister
à la clinique du Docteur qu'il devait accompagner dans ses visites, prenait des notes qu'il
rédigeait durant ses veilles studieuses, remarquait, avec une étonnante rectitude de jugement, ce qui caractérisait le talent particulier
de chaque praticien, et se plaçait, sans l'avoir
cherché, mais grâce à l'œil observateur de son
maître, sous la direction spéciale du docteur
Récamier. Bientôt ce dernier ne se contentait
plus d'avoir, avec notre ami, des rapports professionnels : il l'introduisait dans le salon de
Mme Récamier, sa belle parente, où M. Ferrand
trouvait la vie parisienne dans ce qu'elle avait
alors de plus distingué et de plus éminent. Il fit,

dans ce milieu, des connaissances très avan-
tageuses, qu'il ne cultiva pas toujours, il est
vrai de le dire, avec autant d'assiduité qu'il
l'aurait voulu, mais dont il sut profiter utilement.

Il lui fallut, à ce moment, un grand courage
pour ne pas renoncer aux études de son choix
et de sa profession, et pour résister aux entraîne-
ments qui sollicitaient alors la jeunesse studieuse
de la capitale. La presse commençait déjà à
prendre une certaine importance dans la vie
publique, et M. Ferrand avait fait son entrée
dans « *la Gazette de France* », à la faveur de
son parent et des deux rédacteurs principaux
de cette feuille. Il écrivit, sans les signer, quelques articles qui furent remarqués. On le solli-
citait d'employer à cela son esprit et sa verve ;
mais il résistait à l'entraînement qu'on lui voulait faire subir, et rien ne pouvait le détacher
de ses études médicales qu'il poursuivait avec
une louable obstination.

Sa foi pourtant, sa foi religieuse et les convictions politiques de ses ancêtres, semblaient
intéressées, — d'autres que lui l'auraient cru
— à ce qu'il se jetât, avec toutes les facultés
qu'il tenait du ciel, de la nature et de ses études,
dans la grande mêlée qui commençait alors.
Peut-être dut-il à une relation qu'il fit dans le
salon de Mme Récamier, de se maintenir sur le
terrain des études sérieuses de philosophie

médicale. Donoso Cortès le prit en grande
affection, parce qu'il rencontrait en lui des apti-
tudes singulières à suivre son grand esprit dans
tous ses mouvements. Ce grave auteur écrivait,
à ce moment, ses remarquables ouvrages de
philosophie et de politique chrétiennes ; il les
lisait à M. Ferrand, comme à un disciple capable de contrôler ses vues, et, en certain cas, de
les contredire. M. Ferrand, malgré les bontés
du sage vieillard, ne fut jamais pourtant de son
école ; il se piqua de garder toujours son indépendance, quel que fut le mérite de ceux qui
cherchaient à se l'attacher.

A côté du mouvement catholique qui se produisait à cette heure, il y en eut d'autres qui
tentèrent aussi sa curiosité. Il étudia Saint-
Simon, vit de près les œuvres du Père Enfantin,
ne négligea pas de jeter un regard sur les
utopies de Buchez : il connut tout, parce qu'il
voulut tout connaître ; mais il resta toujours
profondément chrétien.

M. Ferrand a raconté que, durant les premières années pendant lesquelles il exerça la
médecine, à Paris, il avait connu un artiste et
sa femme, qui s'étaient jetés à corps perdu dans
la secte Saint-Simonienne, et qui y avaient
laissé la foi de leur jeunesse. La femme, étant
tombée gravement malade, se souvint de ses
anciennes croyances, sous l'influence de la

parole du Docteur qui lui montrait le salut qu'elle y pourrait trouver. Ils eurent ensemble quelques conversations sérieuses : M. Ferrand lui proposa de recevoir un prêtre qui l'aiderait à rentrer en grâce avec Dieu. A ces mots, une terreur profonde s'empara de cette malheureuse créature : Jamais, dit-elle, mon mari n'y consentira. Vous ne le connaissez pas assez, Docteur. — Je me charge, Madame, d'obtenir cela de lui. — Il est capable de tout, Monsieur. Ecoutez-moi bien, et convenons ensemble, s'il s'y oppose, d'un signe par lequel vous me ferez connaître le moment où je devrai me préparer à paraître devant Dieu.— Le docteur tressaillit : il voyait la mort s'avancer à grands pas du chevet de cette pauvre créature ; mais il n'osait pas accepter la convention qu'elle lui proposait. En la provoquant, cette femme faisait preuve de l'une de ces énergies factices que l'on ressent quand on croit que l'heure de la mort est encore éloignée. Le même courage lui serait-il accordé lorsqu'elle apprendrait, à n'en pouvoir douter, qu'elle était sur le point de mourir ? Il s'agissait pourtant de tenter tout le possible pour sauver cette âme : ce désir eut raison des dernières hésitations de M. Ferrand : — Eh bien, Madame, reprit-il, le jour où je vous demanderai, en vous quittant, la permission de vous baiser la main, vous saurez que ma mission près de vous est terminée.

Cette conversation, interrompue par l'arrivée du mari, fut la dernière qu'ils eurent
ensemble. Le docteur suivait avec une grande
anxiété les progrès du mal, quand il apprit
qu'un prêtre, envoyé près de sa malade par une
âme charitable, avait été éconduit. Il résolut
alors de s'adresser directement au mari :

— Mon ami, lui dit-il, je sais que vous êtes
un homme d'honneur, et que les volontés de
votre femme mourante seront sacrées pour vous.

— Certes, docteur, vous ne vous trompez pas ;
que désire-t-elle ? parlez.

— Votre femme, dont l'état ne me laisse
concevoir aucune espérance de guérison, dési-
rerait recevoir la visite d'un prêtre, afin de
mourir en paix.

Le mari prit un air farouche et presque
menaçant :

— Quant à cela, docteur, répondit-il, il faut
que ma femme me le demande formellement
elle-même. Ce n'est qu'à cette condition que
j'y consentirai, sachant quelles sont ses idées
et qu'elles s'accordent parfaitement avec les
miennes. Si elle vous a exprimé ce désir, c'est
dans un moment de faiblesse, j'en suis certain.
Le temps presse, dites-vous ; entrons dans sa
chambre, et vous vous convaincrez par vous-
même que j'ai cent fois raison.

On entra ; le mari prit la parole, et fixant sur sa femme un regard scrutateur et sévère :

— Est-il vrai, chère amie, que vous désirez la visite d'un prêtre ? parlez devant M. le Docteur.

La malheureuse se troubla devant cette demande impérieuse, qui prenait pour elle le caractère d'une menace ou, tout au moins, d'un ordre presque absolu :

— Non, dit-elle, d'une voix mourante.

— Vous entendez, docteur, reprit alors cet homme, en se tournant d'un air satisfait vers le médecin.

M. Ferrand fut pris d'un frisson qui lui courut de la tête aux pieds, en constatant combien cette pauvre femme, qui semblait d'abord avoir tant de courage en présence de la mort, fléchissait sous le regard et sous l'accent terrible d'un maître redouté. Puis ramenant toute son énergie :

— Je n'ai plus qu'à me retirer, dit-il ; mais avant de vous quitter, Madame, permettez-moi de vous baiser la main.

Et il appliqua ses lèvres tremblantes sur les doigts glacés de la pauvre malheureuse. Un léger tressaillement la saisit, elle balbutia :

— Merci, docteur, et sa tête retomba sur sa poitrine.

Que se passa-t-il entre cette âme et Dieu?
C'est un secret que nul homme ici-bas ne saurait pénétrer.

M. Ferrand sortit, se rendit en toute hâte
dans une église, afin de prier le Seigneur pour
son infortunée malade. Quelques instants après,
on vint lui dire qu'elle était morte.

Il dut se trouver bien souvent en présence de
situations analogues. On raconte, dans un
ouvrage intitulé : « *Mes paillettes d'or* » le fait
suivant : Une jeune et pieuse dame l'avait
appelé auprès de sa concierge, qui était gravement malade. On l'avait choisi entre plusieurs
de ses confrères parce qu'on savait que l'on
pouvait compter, à la fois, sur son désintéressement et sur ses sentiments chrétiens. La
malade était fort gravement atteinte; mais elle
conservait toute la plénitude de ses facultés.
Aussi fut-elle profondément touchée de la politesse exquise et de la parfaite bonté que lui
témoignait le docteur. Elle appartenait à la religion protestante, et son mari, bien qu'étant
catholique, ne s'occupait guère de la ramener
à la vraie foi. Ce fut aussitôt l'une des préoccupations les plus attachantes du docteur Ferrand. L'ange bienfaisant que le Seigneur avait
placé près du chevet de la pauvre concierge s'en
préoccupait aussi. Mais nul mieux que le docteur, par l'influence que cette profession donne,

en pareil cas, sur une malade, ne pouvait réussir à lui faire comprendre ses véritables intérêts : « Un pieux médecin, dit l'auteur de l'ouvrage que nous avons cité, un charitable missionnaire d'Amérique, son parent et son ami, sont les instruments qu'emploie la noble dame : tous deux viennent visiter sa protégée. Hommes de cœur autant que d'esprit, ils gagnent tous deux aussi sa confiance par ces paroles, par ces manières affectueuses et persuasives que l'Esprit-Saint sait inspirer aux amis de Dieu et auxquelles on ne peut résister. Pendant plusieurs semaines (car Dieu prolonge les jours de la malade... on devine pourquoi) j'ai vu ces deux hommes de bien venir ainsi dans l'humble loge. Là, tandis que l'un, médecin du corps, cherchait par tous les moyens à prolonger la vie de la malade, l'autre, médecin de l'âme, athlète aguerri dans les combats contre l'erreur protestante dans le nouveau monde, éclairait, instruisait cette brebis égarée; par de pieux récits, par de touchantes paraboles, par tout ce que peut inspirer enfin la charité des saints, il lui faisait goûter la vérité des dogmes catholiques.

Un jour vivement attendu vient enfin de luire. C'était à cinq heures du matin, alors que tout reposait encore dans la maison, les regards des anges étaient arrêtés sur cette humble loge de portier, où se passait une scène qu'eux seuls pourraient dignement retracer. Le Roi du ciel et de la terre, sous le voile eucharistique, était venu visiter ce pauvre réduit, et il recevait le serment de la jeune néophyte, qui, soulevée sur son lit, abjurait l'erreur et promettait de vivre et de mourir dans la véritable foi. Le pieux missionnaire l'exhortait à demeurer fidèle à cette promesse; puis il préparait la malade à l'action sainte qui allait être comme le sceau de cette alliance tardive, mais désormais indissoluble. L'heureuse néophyte recevait donc dans son cœur, en retour de sa promesse et comme un gage d'immortalité, le Dieu qui était venu la chercher dans son humble loge. Des larmes de reconnaissance et d'amour roulaient dans ses yeux; mais la nouvelle catholique n'était pas seule à pleurer. Le missionnaire, le médecin, la pieuse dame, le portier et moi-même enfin, présents à ce divin spectacle, tous à genoux nous pleurions aussi d'attendrissement, pendant que les anges du ciel, attentifs et émerveillés, chantaient en chœur un cantique d'allégresse. La jeune malade convertie vécut quelque temps encore pieuse et résignée; puis, quand sonna enfin sa dernière heure, elle mourut en paix... Son mari, touché par son exemple et par les exhortations du digne missionnaire, reprit lui-même, quelque temps après, des habitudes chrétiennes trop longtemps négligées. »

On le voit, par ce récit, M. le docteur Ferrand, quand il exerçait la médecine, s'il avait à mêler à ses fonctions une action d'un genre différent, se faisait accompagner de celui d'entre ses amis qu'il croyait devoir l'aider le plus efficacement dans cette œuvre adjacente. Il fut toujours fidèle à cette pratique. Devenu prêtre, quand on l'appelait près d'un malade, il demandait qu'un médecin, qu'il désignait parfois lui-même, fut convié à venir le visiter. Il pensait que chacun doit rester dans le rôle que la divine Providence lui a assigné, et que l'œuvre de l'un doit être absolument distincte de celle de l'autre. Cette manière d'agir lui venait, je crois, du profond respect qu'il avait pour les deux professions. Il avait coutume de dire qu'elles doivent se prêter un mutuel appui, mais qu'il ne faut pas qu'elles se confondent dans leur action. Parfois aussi, lorsque, étant prêtre, il était exceptionnellement appelé auprès d'un malade, à cause de ses études médicales, à moins qu'il ne fût absolument nécessaire qu'il remplît alors, près de lui, le ministère du prêtre, il faisait appeler un prêtre qu'il chargeait de traiter, avec le malade, de ses destinées éternelles. Mais quand on l'a connu, avec l'ardeur de sa nature méridionale, de son zèle sacerdotal et de son empressement à rendre service à tous ceux qui avaient recours à lui, on n'est

3*

pas médiocrement étonné qu'il ait pu s'obliger à garder toujours l'une ou l'autre réserve. Il fallait toute l'énergie de sa volonté pour arrêter, dans ces circonstances, l'énergie de son empressement à servir les autres et à se donner à eux tout entier.

Nous croyons à propos de reproduire ici quelques-uns des conseils que M. Ferrand devait formuler, peu de temps après l'époque de sa vie à laquelle nous touchons en ce chapitre, pour ses enfants, afin de leur apprendre la manière dont ils devaient se conduire dans le monde. Il nous paraît, en effet, certain qu'il a dû les suivre lui-même avant de les écrire, à l'heure où son existence se partageait entre les devoirs professionnels, le travail de cabinet et ses relations. Chacun surprendra, en les lisant, le secret de la sympathie profonde qu'il inspirait, jeune encore, à tous ceux qui l'approchaient.

« Il ne faut aller ni trop ni trop peu dans le monde. Il y a une attention et des égards que vous devez à chacun et dont vous ne devez pas vous départir. Il est des visites que vous devez faire, de temps en temps, d'une manière honnête et pleine de considération. Mais il ne convient pas que, durant ces visites, vous demeuriez oisif et rêveur dans un coin, comme un enfant, ou comme un pauvre homme bizarre, que personne ne daigne entretenir. Vous ne devez pas choisir un salon pour montrer vos rêveries, vos chagrins, vos humeurs. S'il vous plaît d'avoir de telles heures, allez les cacher dans votre cabinet. Accoutumez-vous à quelque dignité et accoutumez-y aussi les autres. Plus vous montrerez de force, d'égalité et de raison, plus le monde vous traitera avec égard. Si, au contraire, vous paraissez faibles et sujets à l'humeur, le monde vous méprisera.

» Evitez de raisonner trop et de faire trop peu. Ayez horreur des occupations vagues et des résolutions stériles. Voyez les hommes, entretenez-les, étudiez-les, sans vous livrer à eux. Apprenez à parler avec force et à acquérir une autorité douce. Les amusements puérils rapetissent l'esprit, affaiblissent le cœur, avilissent l'homme et sont contraires à l'ordre de Dieu. Travaillez donc à vous rendre libres, fermes, et à vous mettre à même de parler avec une force douce et respectueuse; sans cela, vous serez diminués comme un homme qui, parvenu à sa maturité, garde encore la faiblesse d'un enfant. Soyez hommes, vous faisant de plus en plus petits sous la main de Dieu et de plus en plus grands aux yeux des hommes.

» Appliquez-vous à vous faire aimer et estimer, non par une recherche de vaine complaisance, mais par fidélité à Jésus-Christ dont vous devez représenter la bonté sur la terre. N'ayez pas une dévotion faible et scrupuleuse, mais une dévotion forte et large. Allez à Dieu avec confiance et générosité ; les hommes n'aiment pas les dévots sombres, timides, scrupuleux ; ils aiment les gens dont le caractère sait être un mélange de modération, de décision et de fermeté. Soyez donc attentifs à rendre votre piété douce, simple, commode, sociable, unie à la pratique d'une manière simple, forte, noble et convenable à votre position. Habituez-vous à aller tout droit aux devoirs essentiels de votre état, par le principe de l'amour de Dieu, à ne rendre jamais la vertu désagréable par des hésitations scrupuleuses sur de petites choses, et à vous proportionner à la portée des personnes avec qui vous avez à traiter.

« Evitez d'être et de paraître ennuyé, inappliqué, irrésolu ; de rechercher une vie particulière, dépravée et obscurcie ; de vous éloigner des gens qui ont de l'élévation dans l'esprit et de la décision dans le caractère ; de donner votre confiance à des esprits faibles et craintifs. On aime, par amour-propre, à passer sa vie avec les gens auxquels on est accoutumé, avec lesquels on est libre et parmi lesquels on est à peu près sûr de réussir. L'amour propre se contriste, quand on doit hasarder un succès ou risquer un revers, en rampant devant d'autres qui ont

toute la vogue. Il faut mépriser le monde, et en
pas oublier pourtant que l'on est souvent obligé
de le ménager. Il faut s'en détacher par religion ;
mais il ne faut pas l'abandonner par nonchalance
ou par humeur particulière. Ménagez le monde
par devoir, sans l'aimer par ambition, ne le
négligez point par paresse et ne le suivez point
par vanité. C'est un devoir de se procurer quelque considération et un établissement dans le
monde, non pas par ambition, mais pour se préparer à être utile. Le plus souvent on s'en
éloigne moins par défaut d'ambition que par
une certaine misanthropie contre laquelle on ne
saurait trop se mettre en garde.

» Tels sont, presque textuellement, les
conseils que Fénélon adressait à son petit neveu.
Il ajoutait : « Je ne puis m'empêcher de vous
gronder un peu sur ce que vous ne voyez pas
assez les gens que vous devriez cultiver. Il est
vrai que le principal est de s'instruire et de
s'appliquer à son devoir ; mais il faut aussi se
procurer quelque considération et se préparer
quelque avancement... C'est un soin tranquille
et modéré et presque continuel que vous
devez prendre, non par vanité et par ambition,
mais par fidélité pour remplir le devoir de votre
état et pour soutenir votre famille. Il ne faut y
mêler ni empressement ni indiscrétion, mais
sans rechercher trop les personnes considérables

on peut les cultiver et profiter de toutes les
occasions naturelles de leur plaire ; souvent il
n'y a que paresse, que timidité, que mollesse, à
suivre son goût dans cette apparente modestie,
qui fait négliger le commerce des personnes
élevées. »

» Fénélon écrivait, une autre fois, à ce même
neveu : « Je ne m'étonne point de votre embarras et de votre dégoût de la vie de la cour ; on
est gêné avec les gens qu'on connaît peu ou
point ; on fait très imparfaitement ce qu'on n'a
pas l'habitude de faire. L'amour-propre s'ennuie
de se contraindre beaucoup avec peu de succès.
Vous êtes accoutumé à une vie simple, commode,
libre et flatteuse par l'amitié de la compagnie
qui vous environne. Cette douceur vous gâte. Il
faut s'accoutumer dans le monde à la fatigue de
l'esprit, comme à la fatigue du corps dans un
camp. Plus vous retarderez ce travail pour
votre entrée dans le monde, plus il vous deviendra dur et presque impossible ; vous courez
risque d'y réussir très mal à un certain âge. Si
vous y renoncez pour toujours, vous passerez
votre vie dans l'obscurité, sans amis de distinction, sans crédit, sans appui, sans ressources
pour faire valoir vos services, et sans moyens de
soutenir votre famille. Il est donc capital que
vous rompiez, au plus tôt, cette glace avec courage et patience, sans écouter votre amour propre

contristé ; la facilité viendra peu à peu avec l'habitude ; vous ne serez plus si embarrassé, quand vous connaîtrez tout le monde, quand tout le monde vous connaîtra, quand vous serez accoutumé aux choses qu'on fait dans ce pays-là, et quand vous aurez de quoi entrer à propos dans les conversations familières. Dès que vous y aurez acquis un certain nombre d'amis, honnêtes gens et estimés, ceux-là vous mettront dans leur commerce, de proche en proche ; vous irez peu à peu à tout ce qui vous conviendra ; vous verrez poliment tout le monde en public ; vous rendrez des devoirs selon l'usage aux particuliers ; et, pour la vraie société, vous vous bornerez aux amis solides. Il ne faut pas chercher en eux la seule vertu ; il faut tâcher d'en trouver quelques-uns, qui joignent à un vrai mérite la condition et même quelque rang. En attendant, prenez patience ; gagnez quelque chose sur vous ; cette contrainte servira à vous corriger d'un libertinage d'esprit qui vous séduisait par une apparence de vie sérieuse, régulière et solidement occupée pour Paris. Réservez-vous des heures de travail, sauvez un peu vos matinées ; lisez et pensez sur vos lectures. Je sais bien qu'on ne peut pas être toujours si rangé ; il faut se laisser envahir quelquefois par complaisance pour certains amis : la société le veut, l'âge le demande ; mais en accordant un

peu d'amusement aux amis, il leur faut déro.
ber des heures dans lesquelles on ne se rendrait
capable de rien pour mériter leur estime. »

« Fénélon lui disait dans une autre lettre :
« Il faut cultiver les hommes dans l'ordre de la
Providence, sans jamais compter sur eux, non
pas même sur les meilleurs. Dieu est jaloux de
tout et même des siens; il ne faut tenir qu'à
lui, et le voir sans cesse à travers les hommes
comme le soleil à travers des vitres fragiles.
Cependant, il ne faut pas craindre d'ouvrir son
cœur à des amis pieux. Oh! qu'on est heureux
d'être ami des amis de Dieu! ils valent bien
mieux que les distributeurs de la fortune... Il
vaut mieux faire un peu trop, que de s'exposer
au moindre risque de faire trop peu avec tout le
monde. »

« Faites-vous un devoir d'accueillir les étrangers de la manière la plus propre à vous gagner
leur cœur, et à vous concilier leur confiance.
Que votre premier abord prévienne ; que votre
simplicité fasse disparaître la gêne et la réserve
d'un premier entretien ; qu'il y ait en vous le
désir de plaire et, en même temps, l'absence
de toute prétention, car ce désir ne doit être
inspiré que par la charité. » Tels furent bien
les règles de conduite que suivit M. Ferrand
dans cette première période de sa vie. Quand
il les formula lui-même, ou quand il les

transcrivit telles qu'ils les rencontrait dans la correspondance de l'illustre archevêque de Cambrai quelque temps après, c'est qu'il en avait reconnu l'utilité par sa personnelle expérience. On peut voir que deux choses le préoccupent surtout : il veut conserver et il souhaite que ceux qui le liront conservent leur force, leur énergie, leur vigueur personnelle, physique et morale, qu'ils les développent par l'exercice, et qu'ils y trouvent le ressort auquel ils devront de surmonter leur timidité naturelle et de prendre une situation avantageuse dans le monde ; il souhaite que les hommes de cœur et de valeur morale se préparent, par leurs efforts personnels, en triomphant de leur naturelle timidité, à occuper une position qui leur permette de faire du bien, qu'ils se déterminent à cela, non par ambition, mais par l'amour de Dieu et de leurs frères et pour glorifier Jésus-Christ. C'est ce qu'il fit lui-même avec autant de tact que de persévérance. Il ne fut jamais importun à personne dans les divers groupes qu'il fréquentait. On savait qu'il était toujours disposé à rendre service, et on recourait à lui avec autant de facilité que de confiance. Toute relation était pour lui un sujet d'études ; il s'y formait à connaître les hommes, et il devait y acquérir une remarquable mâturité, une expérience étonnante pour son âge et une merveilleuse aptitude à tourner, quand il ne pouvait les vaincre, les difficultés de la vie.

Une fois ses études terminées, M. Ferrand passa brillamment sa thèse de docteur, et il entra aussitôt dans la carrière médicale, qu'il exerçait déjà, en qualité d'interne, en de rares circonstances, sous la direction et d'après les conseils de ses maîtres. Il prit alors un appartement à la rue de Reuilly, non loin de l'hôpital Saint-Antoine, où il était déjà connu par sa charité et par son talent, et il se donna une installation en rapport avec ses ressources personnelles. Un brave homme, intelligent et actif, laborieux et frugal comme son maître, se mit à son service. Il lui servait à la fois de cuisinier, de valet de chambre, et d'introducteur, variant ses costumes selon la fonction qu'il devait remplir. Son appartement n'avait rien de luxueux ; mais il était proprement tenu et convenablement aménagé. Faire son devoir, à chaque instant, heure par heure, telle fut l'une des maximes favorites de notre vénérable ami : « Je comprenais, dit-il, que c'était là le secret du bonheur. » Ses amis savent qu'il posséda toujours, sinon le bonheur même, du moins ce qui devait lui faire accepter toute sorte de malheurs et d'épreuves, avec une résignation et un courage dignes d'une excellente vertu. Voici deux faits, qu'il racontait lui-même, et

qui montrent jusqu'à quel point la bonne Providence se montrait vigilante à l'égard de celui
qui espérait en elle, et qui faisait reposer sa
confiance sur la fidélité au devoir.

M. Ferrand rencontra, un jour, un de ses
amis, jeune médecin qui briguait une place de
docteur à l'important établissement de Sainte-
Clotilde, au moment où lui-même, sans l'avoir
demandée, venait d'y être nommé : « J'étais
presque certain d'obtenir cette place, lui dit
son collègue. On m'avait recommandé chaudement à la direction de la maison. On m'y avait
accueilli très convenablement quand je m'étais
présenté. Et voici que l'on m'écrit aujourd'hui
pour m'informer que la place est déjà donnée. »
Il s'était présenté avec un habit bleu-barbeau,
orné de boutons d'or. Cette tenue n'était pas
celle d'un médecin sérieux. « Voilà, disait
M. Ferrand, comment des choses qui paraissent, de prime abord, insignifiantes, sont
jugées, et exercent une grande influence sur
l'avenir d'un homme. Cet habit bleu-barbeau
est resté, dans ma mémoire, comme le type de
ces niaiseries que nous attachons à notre personne et qui nous rendent ridicules. »

Quant à lui-même, à qui on ne pensait peut-
être pas à Sainte-Clotilde, il fut nommé dans
une circonstance où la fidélité à son devoir
professionnel l'avait retenu chez lui. « J'avais,

disait-il, un ami intime, M. Lourdoueix, rédac-
teur en chef d'un journal important, la *Gazette
de France*. Il habitait rue du Doyenné, sur
l'emplacement occupé aujourd'hui par le nouveau Louvre. J'aimais beaucoup, quand ma
journée était finie, à me rendre auprès de lui.
Sa maison était fort agréable, et j'y trouvais un
délassement tout-à-fait de mon goût. Un soir,
je me disposais, après avoir vu mes malades, à
aller passer la soirée chez Mme Lourdoueix, qui
recevait un monde choisi d'hommes et de femmes
de lettres, ainsi que des journalistes et des
artistes de talent. Comme je descendais l'escalier, une bonne pensée me vint à l'esprit ;
elle se présenta avec une telle force que
je ne crus pas devoir résister : Je sors, me
dis-je à moi-même ; si l'on vient me chercher pour un malade, je ne serai pas là;
j'aurai manqué une occasion d'être utile,
nécesaire peut-être. Allons, le devoir avant
tout. Je remontai chez moi, et je me mis au
travail. A peine installé, maître Jacques vint
m'annoncer qu'on me demandait à Sainte-
Clotilde, pour une enfant atteinte du croup. Le
médecin ordinaire de la maison demeurait assez
loin ; on était venu à moi, comme médecin de
la rue de Reuilly dans laquelle se trouvait le
couvent. J'eus le bonheur de sauver cette enfant,
et cette visite fut cause que l'on pensa à moi,

quand on eut besoin d'un autre médecin. Plus tard, je fus aussi nommé médecin de Picpus. »

Je suis persuadé que M. Ferrand dut, dans cette rencontre, se tenir aux règles de conduite qu'il formulait ainsi : « Montrez-vous au monde avec mesure ; soyez-y libres, dignes, gais, agréables. Que votre conversation soit aisée, instructive, mais discrète. Soyez gracieux partout, pleins d'attention au rang, à la naissance, à l'âge, à l'esprit de chacun ; exacts à rendre à chacun ce qui lui est dû de politesse. Soyez graves, mais, en même temps, gais et aisés. Défiez-vous des flatteurs ; distinguez le mérite, cherchez-le, prévenez-le. Ecoutez tout, ne croyez rien sans preuve... Efforcez-vous sans cesse de ne rien laisser paraître de déréglé sur votre visage, de conserver un air calme et tranquille, de montrer un caractère habituellement égal et paisible. Si vous avez des peines, qu'il vous suffise que Jésus soit le dépositaire de ce qui se passe dans votre cœur. Ainsi vous édifierez les personnes avec qui vous serez en relations : un air opposé les éloignerait. »

Puis il revient à l'un de ses auteurs préférés : « On ne saurait avoir trop de politesse ni de déférence et de respect pour les personnes avec lesquelles on traite dans le monde ; mais, ainsi que Fénelon l'écrivait à son petit neveu, le marquis de Fénelon, il faut éviter une cérémonie empressée et un sérieux qui gêne les personnes avec lesquelles on est en rapports. Il y a, ajoutait-il, un certain badinage léger et mesuré, qui est respectueux et même flatteur, avec un air de liberté ; c'est ce qu'il faut tâcher d'attraper. »

Quelquefois aussi il s'inspirait d'autres auteurs, sans marquer très lisiblement, dans son manuscrit, le nom de celui dont il recueillait les pensées. Telles sont celles-ci : « Ne vous lassez jamais d'admirer les voies secrètes et incompréhensibles de la Providence qui, faisant naître une chose d'une autre et rapprochant les événements les plus éloignés, lie comme à une même chaîne, des accidents qui paraissaient n'avoir entre eux aucun rapport ni la moindre convenance, et se sert toujours des causes naturelles pour produire des effets qui ne laissent pas d'être naturels, quoiqu'ils nous paraissent merveilleux. »

Cette pensée répond à l'une de ses maximes favorites. Il aimait à dire que Dieu nous conduit de deux manières, par sa parole. Quand il nous parle dans l'intime, il est toujours difficile de reconnaître sa voix et de la discerner de celles qui se font entendre en nous, soit qu'elles y prennent leur origine, soit qu'elles soient produites par les impressions du dehors. Mais quand Dieu nous parle par les événements extérieurs, qu'il dirige selon sa Providence, toujours attentive à nous ménager une conduite excellente, nous ne saurions nous tromper, les événements extérieurs s'imposant à nous avec une autorité indiscutable.

M. Ferrand de Missol nous a parlé d'un ami qu'il voyait fréquemment, à cette époque de sa vie. Nous trouvons dans ses notes, un emprunt fait à Fénelon, et d'après lequel il nous est permis de nous rendre compte de la façon dont il comprenait ses relations amicales : « Si vous pouvez trouver quelque ami sensé et qui craigne Dieu, soulagez-vous un peu par le cœur, en lui parlant des choses que vous le croirez capable de porter. Mais comptez que Dieu est le bon ami du cœur et que personne ne console comme lui. Il n'y a personne qui entende tout à demi-mot comme lui, qui entre dans toutes les peines et qui s'accommode à tous les besoins sans être importuné. Faites-en un second vous-même ; bientôt ce vous-même supplantera le premier et lui ôtera tout crédit chez vous... Je veux que vous vous fassiez aimer ; mais Dieu seul peut vous rendre aimable, car vous ne l'êtes pas par votre nature raide et âpre. »

Une amitié sérieuse lui valut d'introduire alors dans sa vie un élément qui n'y était peut-être pas jusque-là suffisamment fixé. Nous avons dit que, dans les milieux qu'il fréquentait, M. Ferrand recherchait souvent la société des personnes âgées. Il raconta quelquefois le fait suivant, pieusement recueilli par les personnes qui l'entendirent : « Mon ami Lourdoueix, disait-il, avait une vieille mère qui m'aimait beaucoup et je le lui rendais. Elle me remit, un jour, un livre et me dit : — Je ne vous demande qu'une chose, mon ami ; vous allez me la promettre et vous la tiendrez : Lisez ce petit livre.— Je partis et je rentrai chez moi à une heure du matin. Il y a loin de la Madeleine au faubourg St-Antoine, et j'allais à pied dans ce temps-là. Je me couchai et je cherchai vainement le sommeil. Il ne vint pas. Puisqu'il ne vient pas, me dis-je, voyons ce que chante le livre de la bonne mère Lourdoueix. Je l'ouvris, et ces mots frappèrent mes regards : « Le bonheur est dans l'accomplissement du devoir. » Je posai le livre et je me mis à réfléchir. Suis-je bien heureux ? Pas trop. Le bonheur consiste dans le devoir accompli : Est-ce que je remplis tous mes devoirs ? Mes devoirs professionnels ? oui. Mes devoirs envers Dieu ? ah ! il y a là une lacune. Il faut la combler et la combler sans retard. Je demandai un rendez-vous qui me fut donné avec empressement. Je m'y rendis, et je fus le plus heureux des hommes. J'allai dire à ma bonne mère Lourdoueix que son but était atteint ; elle m'exprima le bonheur qu'elle éprouvait de cette annonce, et me dit qu'elle remercierait le bon Dieu avec moi.

Peu de temps après, à la suite d'une lecture ou d'une conversation qui avait porté sur l'histoire romaine, il écrivit la page suivante. Elle est adressée à ses enfants, mais comme elle reflète admirablement l'état dans lequel devait se trouver son âme après le fait qu'il vient de nous raconter, nous croyons à propos de la rapporter ici : « Mes chers enfants, imitez de Marius la grandeur de son courage, sa patience, sa persévérance dans les travaux, sa manière de vivre simple, sa fermeté et sa constance admirables dans les plus grandes douleurs. Comme lui, regardez les diverses circonstances dans lesquelles la Providence vous place, comme une occasion favorable pour vous de manifester ces vertus, de les exercer et de les élever par la pratique à une plus haute perfection. Ne vous laissez jamais arrêter par les obstacles, détourner par les difficultés, décourager par les dangers ; mais convaincus que si vous ne pouvez rien par vous-mêmes, vous pouvez tout en Dieu qui vous fortifie, marchez fermement dans la voie de ses commandements, et préférez mille fois subir le mépris et même la mort que de transiger avec votre conscience dans l'accomplissement de vos devoirs. Faites pour la véritable gloire, c'est-à-dire pour la plus grande gloire de Dieu, ce que Marius fit pour une vaine gloire. Envoyé en Afrique avec Metellus, dont il était le lieutenant, il crut qu'il ne devait travailler qu'à sa propre grandeur, et se flattant de ce que ce n'était pas Metellus qui l'avait pris pour son lieutenant, mais que c'était « la fortune » qui l'avait amené en Afrique, comme sur un grand et magnifique théâtre, où il pourrait faire voir ce qu'il était, il donna des preuves signalées de son courage, de sa valeur et de toutes ses autres qualités guerrières. Car la guerre étant toujours accompagnée de dangers infinis et d'extrêmes difficultés, jamais, ni par crainte il ne refusa aucune grande fonction, quelque péril qui l'accompagnât, ni par hauteur il n'en dédaigna aucune, quelque petite et basse qu'elle pût être ; mais surpassant toujours ses égaux en bon sens et en prévoyance, et disputant toujours de frugalité, de tempérance et de patience avec ses inférieurs, il acquit les bonnes grâces des uns et des autres ; car chacun trouve un grand soulagement et une grande consolation dans ses travaux et dans ses pensées, à voir ses compagnons les partager volontairement avec lui.

» Je vous le répète, mes chers enfants, faites pour la gloire de Dieu ce que Marius fit pour sa propre gloire. Dans quelque poste que les circonstances vous placent, regardez-vous comme

placé dans ce poste par la Providence elle-même
et n'ayez qu'une pensée présente à votre esprit,
un sentiment présent à votre cœur : l'accomplissement plein et entier, l'accomplissement
ardent et généreux de tous les devoirs que votre
position vous impose. Ce n'est pas assez de faire
ce que l'on doit, il faut encore le faire avec un
grand cœur, avec un cœur largement et libre-
ment dilaté par l'amour de Dieu. Il faut apporter à son service cette intrépidité, ce courage, cet
abandon absolu de soi qu'un soldat apporte au
service de son roi et de sa patrie. Dieu est notre
roi et notre patrie. C'est à lui que nous appar-
tenons, c'est en lui que nous habitons. Il est
notre tout ; nous devons nous donner à lui tout
entiers et être prêts à tout entreprendre pour sa
plus grande gloire, sans jamais nous laisser
arrêter par quelque considération personnelle.
O mes chers enfants, si je pouvais vous donner
cet amour que je ressens dans mon cœur pour
lui, ce désir ardent d'être tout à lui, de faire
tout pour lui, de n'avoir d'autre but dans la vie
que lui et sa plus grande gloire! Vous êtes des
soldats du Christ. Oh ! puisse-t-il répandre dans
vos âmes un courage inébranlable, une fermeté
à toute épreuve, une intrépidité généreuse dans
son service! La lâcheté est une honte pour un
soldat. La lâcheté est une honte bien plus
grande pour un soldat de Jésus-Christ, qui a

souffert mille morts pour lui. O mes chers enfants, ne laissez jamais la lâcheté, que dis-je? l'ombre de la lâcheté pénétrer votre cœur; car un chrétien lâche n'est pas un disciple de Jésus-Christ, qui a dit: « Je suis venu porter le feu sur la terre, et que veux-je, sinon qu'elle brûle? » Embrasez donc vos cœurs, mes bien chers enfants, à ce feu que notre divin maître est venu apporter sur la terre, et faites qu'il brûle de cet amour ardent qui consommait le cœur de ce vaillant et généreux soldat de Jésus-Christ, de saint François-Xavier, sous la protection duquel je vous place. »

Tels étaient les sentiments de M. Ferrand, à ce moment de sa vie. Il les exprimait au vol de la plume, après les avoir puisés dans la méditation et en des lectures desquelles on s'aperçoit que sa mémoire est remplie, par les emprunts qu'il mêle à ses personnelles expressions. Travailler, prier, garder en son âme la fidélité au travail avec un admirable courage, embraser son cœur de l'amour de Dieu, un amour croissant et grandissant, porter ses enfants qui, dans ses projets d'avenir, devaient être lesseuls sur lesquels s'exerceraient directement les ardeurs de son zèle, à des sentiments pareils; c'est ce qu'il voulait à vingt-cinq ans; c'est ce qu'il a toujours voulu au cours de sa vie.

CHAPITRE TROISIÈME

Se soumettre à la volonté de Dieu telle qu'elle se manifeste par les faits extérieurs, c'est certainement une grande sagesse. Mais il est encore nécessaire à l'homme qui veut conserver la pleine possession de lui-même, de régler ses pensées et de reconnaître la faiblesse naturelle de son propre esprit. Notre jeune docteur paraît avoir attaché, à ce double objet, une très grande importance. « Il faut, écrivait-il, mettre dans toutes nos pensées, dans toutes nos paroles, dans toutes nos actions, une sage mesure; car, sans cela, nous ne serons jamais maîtres de nos pensées, de nos paroles, de nos actions; nous ne saurons ni penser, ni parler, ni agir. Pour arriver à penser sagement, à parler et à agir de même, il faut savoir retenir son attention, quand elle est trop prompte, l'exciter quand elle est lâche et paresseuse. Il faut mettre un frein à sa langue, pour qu'elle ne parle que lorsqu'il convient de parler, dans les termes et sur le ton convenables. Il est nécessaire, dans toutes nos actîons, de nous tenir en de justes bornes, de manière à ne manquer à rien de ce qu'il faut, et à ne rien faire de plus qu'il ne faut. Dieu a tout fait avec nombre, poids et mesure. Faisons comme Lui, puisqu'il nous a été dit : « Soyez parfaits comme votre Père Céleste est parfait. » Il faut tendre à ne se trouver ni en deça ni au delà de la vérité et de la vertu, et s'efforcer d'arriver à ce milieu où la vérité et la vertu se rencontrent. Là sera notre perfection, là sera aussi notre bonheur ; car là seulement on trouve la paix du cœur, le repos de l'esprit et la joie de l'âme.

» Il ne suffit pas de dire : il faut encore examiner ce que l'on dit : l'examiner, pour savoir si ce que l'on dit est raisonnable ; éviter de parler pour parler, de dire pour dire, sans savoir ce que l'on veut dire, ni se rendre raison de ce qu'on dit. Habituons-nous donc à réfléchir toujours avant que de parler. Ne répétez pas non plus ce que vous avez déjà dit, ni, sans réflexion, ce que vous avez entendu dire ; mais examinez et voyez si cette chose est juste ou ne l'est pas. Il n'y a que les choses de foi que nous devions accepter sans examen, puisqu'elles

nous sont transmises par une autorité infaillible.
Les hommes sont faillibles ; n'acceptons jamais
ce qu'ils disent sans avoir examiné. Mais comment faire cet examen ?

» Je suppose que vous vous disputiez, à deux,
à propos de deux corps différents, pour savoir
quel est le plus grand et quel est le plus petit ;
ne vous mettriez-vous pas à les mesurer, et cela
ne terminerait-il pas, sur-le-champ, votre dis-
pute ? Et en vous mettant à les peser, pour savoir
quel est le plus lourd ou le plus léger, ne tom-
beriez-vous pas d'accord ? Certainement ; car
vous auriez, dans le premier cas, une mesure
pour les mesurer, et, dans le second, un poids
pour les peser : dans les deux cas, une règle à
laquelle vous auriez recours. Lors donc que les
hommes disputent entre eux et ne peuvent tomber d'accord sur une chose, c'est qu'ils n'ont pas
une règle à laquelle ils puissent s'en rapporter.
« Pourquoi les catholiques ont-ils tous une
même foi ? c'est qu'ils ont la règle de leur foi
dans l'autorité infaillible de l'Eglise. Pourquoi
les protestants se subdivisent-ils en mille et
mille sectes ? C'est qu'ils n'ont entre eux aucune
règle de foi. Comment se mettrait-on d'accord
sur la hauteur ou sur le poids de deux corps, si
l'on n'avait pas d'unité de mesure ou d'unité de
poids, pour en juger ?

» Souvent on émet, dans la conversation, une foule d'idées fausses, parce qu'on n'examine pas ce que l'on dit. On parle sans réfléchir, sans se rendre compte ni de ce que l'on dit, ni de la manière dont on le dit. Celui qui, pendant quelque temps, s'exercerait à un tel examen, ferait d'immenses progrès. L'examen, l'examen attentif d'une chose peut seul nous en donner une connaissance exacte. S'il y a, dans le monde, tant d'hommes qui n'ont que des connaissances vagues, inexactes, fausses, c'est que la plupart des hommes n'examinent pas, ou n'examinent que superficiellement et sans une attention suffisante les choses qu'ils étudient. Il ne peut en être autrement ; car, sans attention, l'homme ne perçoit que des impressions qui amènent des sensations ou des sentiments confus. L'attention seule lui permet une perception distincte de ses sentiments et de ses sensations ; seule elle le ramène à des idées précises sur les objets.

» Toute la méthode de Socrate consistait à s'examiner et à examiner les autres. Dans son apologie, Platon le fait se défendre d'avoir jamais rien enseigné à personne, d'avoir jamais donné aucun enseignement, sans cette condition indispensable. Il interrogeait les autres ; il se faisait interroger par eux ; il ne demandait qu'une chose, qu'on écoutât ce qu'il disait, qu'on ne se contentât pas d'entendre le son de ses paroles, mais qu'on y appliquât son attention, qu'on les examinât attentivement, qu'on les écoutât, en un mot, car ce mot veut dire tout cela. Il croyait avoir reçu de Dieu la mission d'éprouver les gens qui se croient sages, c'est-à-dire, de les examiner; et il regardait comme un devoir pour lui-même de s'examiner et d'examiner les autres; car il disait « qu'une vie sans examen n'est pas une vie pour l'homme. »

» Aussi Platon fait-il dire à Socrate condamné à mort: « Mon plus grand plaisir serait d'examiner et de sonder les partisans de ce séjour (le séjour de la mort), comme ceux de la terre, et de distinguer ceux qui sont sages, et ceux qui croient l'être et ne le sont pas. A quel prix ne voudrait-on pas, ô juges, examiner le roi qui conduisit devant Troie une si grande armée, ou Ulysse, Sisyphe, et des milliers d'autres hommes et femmes, avec lesquels ce serait une félicité de converser et de vivre en les examinant. »

» Quand Criton presse Socrate de se sauver, celui-ci lui répond : Il nous faut examiner s'il est permis de faire ce que tu me proposes, ou si le devoir le défend; car ce n'est pas d'aujourd'hui seulement que je ne consulte que ma raison, et ne me rends qu'aux motifs qui me paraissent les plus justes... mais quelle est la manière la plus convenable de faire cet examen? En reprenant ce que tu disais tout-à-l'heure sur les opinions,

4*

et en cherchant si nous avons raison ou non de dire, en toute occasion, qu'il y a des opinions auxquelles il faut avoir égard, et d'autres dont il ne faut pas se mettre en peine; or, si c'était seulement avant ma condamnation que nous avions raison de le dire; et si maintenant il est devenu manifeste que nous ne parlions ainsi que pour parler... Penses-y donc bien : ne trouves-tu pas que nous avons eu raison de dire qu'il ne faut pas estimer toutes les opinions des hommes, mais quelques-unes seulement, et non pas même les opinions de tous les hommes indifféremment, mais seulement de quelques-uns?

» Socrate regardait les entretiens les plus sérieux comme des propos d'enfants, quand ils ne sont pas réglés sur la raison, c'est-à-dire quand on parle des choses les plus sérieuses sans examiner attentivement ce que l'on dit. »

On voit avec quelle complaisance notre jeune docteur revient aux maîtres de la sagesse antique. Un jour, l'Evangile, qu'il connaîtra mieux, lui tiendra lieu de tout. Pour le moment, il a été formé par l'un de ses enseignements substantiels que la haute raison de ses maîtres du collége et de la faculté de médecine lui a appris à estimer. Il a rencontré, sur son chemin, ce grand penseur espagnol, devenu l'hôte de la France, qui a écrit sur la philosophie, de si admirables ouvrages. Il s'est nourri de la doctrine que de Maistre, de

Bonald propagaient dans leurs immortels écrits,
et que l'on appréciait alors plus qu'on ne les
apprécie de nos jours, parce qu'on les connaissait davantage et parce que nous ne les étudions
pas assez. Il a rencontré, dans les salons, des
hommes en qui la valeur morale était aussi
élevée que la valeur intellectuelle.

Il a entendu M. de Frayssinoux inaugurer à
Notre-Dame son enseignement philosophique,
qui devait trouver ses développements dans les
magnifiques conférences qui continuent depuis,
sans interruption, à élever le niveau intellectuel, moral et chrétien de l'élite de la société
française. Il a recueilli, de tout ce qui était à sa
portée, des principes sûrs de jugement et des
convictions profondes. Je me le représente volontiers mettant en pratique les conseils qu'il donne
dans la page suivante :

« Prenez de bonne heure l'habitude de recueillir les pensées qui vous touchent, les remarques que vous faites, les jugements que vous portez.
Faites-vous une méthode simple de classement
pour ces pensées, ces remarques, ces jugements.
Et, après un certain temps, vous serez étonnés de
toutes les richesses que vous aurez ainsi peu à
peu amassées. Imitez celui qui se livre à l'histoire
naturelle : chacune de ses promenades est utile ;
c'est une plante qu'il rapporte , c'est un papil-
lon, c'est une chenille, une chrysalide, une

coquille, une roche, un minéral. Il met les plantes
ensemble, les papillons avec les papillons, les
coquilles avec les coquilles, etc. Ce n'est pas
assez pour lui. Il met la plante qu'il a trouvée,
non pas au hasard, parmi les autres plantes qu'il
a déjà, mais dans la famille à laquelle elle appartient, dans le genre qui la renferme, dans l'espèce qui lui est propre. Par cette méthode bien
simple, il lui sera facile de la retrouver quand il
le désirera. De même faites-vous une méthode
de classement pour les pensées que vous recueil-
lez, afin de retrouver cette pensée dès que vous
la voudrez. Sans cela, autant eut valu la laisser
dans le livre où vous l'avez recueillie. Montaigne avait l'habitude de recueillir dans Plutarque
et dans Sénèque les pensées qui le touchaient.
Il savait, par sa propre expérience, que, sans
cela, presque tout ce que nous lisons nous
échappe. Il dit, en parlant de Plutarque et de
Sénèque : « J'en attache quelque chose à ce
papier, à moi, si peu que rien. » Il faut adopter
un ou deux livres et y puiser sans cesse, comme
Montaigne dit qu'il puisait sans cesse dans
Plutarque et dans Sénèque. Notre esprit est un
vrai tonneau des Danaïdes : il ne suffit pas de
l'avoir rempli, il faut le remplir toujours, parce
que toujours il se vide. »

Je me reprocherai de ne pas citer encore cette
page, qu'il emprunte à Platon, et qui, par les

courtes et substantielles réflexions qu'il a inter-
calées dans le texte de son auteur favori, ou
dont il l'a fait suivre, indique quelle était alors
la marche de son esprit et de son cœur vers le
surnaturel. Lui-même, du reste, dit « qu'il se
fait un devoir » de transcrire cette page; et il
ajoute : « Si un païen, éclairé seulement de la
lumière de la raison, pensait ainsi, que devons-
nous penser, nous qui jouissons des lumières de
la foi et de celles de la raison. »

Après avoir dit que nous devons tâcher de
fuir, au plus vite, du séjour de la terre pour aller
au séjour de Dieu, Platon ajoute : « Cette fuite
consiste dans la ressemblance avec Dieu, autant
que cela dépend de nous; et on lui ressemble
par la sagesse, la justice et la sainteté. Mais ce
n'est point une chose aisée à persuader, mon
cher ami, qu'on ne doit point s'attacher à la
vertu et fuir le vice par le motif que le commun
des hommes donne pour pratiquer l'une et
s'abstenir de l'autre (ce motif est d'éviter la
réputation de méchant et de passer pour vertueux). Tout cela n'est, selon moi, que propos de
vieilles femmes, comme on dit. La vraie raison,
la voici : Dieu n'est injuste en aucune circonstance, ni en aucune manière ; au contraire il est
parfaitement juste, et nul ne lui ressemble davantage que celui d'entre nous qui est parvenu au plus
haut degré de justice. De ce point dépend le vrai

mérite de l'homme, ou sa bassesse et son néant. Qui connaît Dieu (j'ajouterai: et l'aime) est véritablement sage et vertueux; qui ne le connaît point est évidemment ignorant et méchant. Quant aux autres qualités qui s'appellent talent et habileté dans le gouvernement politique, elles deviennent odieuses, et, dans les arts, elles n'ont rien que de vil. Ainsi on ne saurait mieux faire que de refuser à l'homme injuste, qui blesse la piété dans ses discours et ses actions le titre d'homme habile et adroit... parce qu'il ignore qu'elle est la punition de l'injustice, ce qu'il est le moins permis d'ignorer. Ce ne sont point, comme il se l'imagine, les supplices, la mort, auxquels il parvient à se soustraire quelquefois, quoi qu'il soit coupable; mais c'est un châtiment auquel il lui est impossible d'échapper.

» Théodore : Quel est-il?

» Socrate : Il y a, dans la nature des choses, mon cher, deux modèles : l'un divin et très heureux, l'autre ennemi de Dieu et très malheureux, mais les hommes injustes ne croient pas que cela soit ainsi. Leur stupidité et l'excès de leur folie les empêchent de sentir que, par leurs actions injustes, ils se rapprochent du second et s'éloignent du premier. Aussi en portent-ils la peine, menant une vie conforme au modèle qu'ils méditent. En vain leur disons-nous que s'ils ne renoncent à cette habileté prétendue, ils seront exclus après leur mort du séjour où les méchants ne sont pas admis, et que, pendant cette vie, ils n'auront que la compagnie qui convient à leurs mœurs, ceile d'hommes aussi méchants qu'eux. »

» Ainsi donc, ajoute M. Ferrand, aux yeux même d'un païen, la sagesse, l'habileté consistent à être juste et saint, le bonheur à prendre Dieu pour modèle. Que doit-ce être pour nous à qui ces choses ont été révélées par Dieu même, et à qui, dans sa bonté, Dieu a donné le moyen de les pratiquer? »

Après avoir emprunté ses résolutions à Platon et à son maître, M. Ferrand s'inspire aussi d'une femme qui, par son rare bon sens et sa longue pratique du monde, exerce depuis le XVIIe siècle, une grande influence sur les personnes qui entrent en commerce intellectuel avec elle.

« Madame de Sévigné disait à sa fille, au sujet des civilités et des cérémonies : « Ne vous relâchez sur rien ; tâchez de vous ajuster aux mœurs et aux manières des gens avec qui vous avez à vivre ; accommodez-vous un peu de ce qui n'est pas mauvais ; ne vous dégoûtez point de ce qui n'est que médiocre ; faites-vous un plaisir de ce qui n'est pas ridicule... Quand vous recevez une lettre, ce n'est pas assez que de ne pas la laisser sans réponse ; il faut encore y faire une véritable réponse, en répondant à tout ce qu'elle contient : « Il y a plaisir, disait Madame de Sévigné à sa fille, de vous envoyer des folies ; vous y répondez délicieusement. Vous savez que rien n'attrape tant que quand on croit avoir écrit pour divertir ses amis, et qu'il arrive qu'ils n'y prennent garde, ou qu'ils n'en disent pas un mot. Vous n'avez pas cette cruauté ; vous êtes aimable en tout et partout. Hélas, combien vous êtes aimée aussi ! »

« En effet, reprend M. Ferrand, on n'est aimé dans le monde, alors toutefois qu'on est aimé, qu'autant qu'on se fait tout à tous. Dans la conversation, il faut être tout à ce que vous dit la personne qui vous parle. Dans une lettre, il faut être tout à ce que vous dit la personne qui vous écrit. Converser et écrire, c'est la même chose ; seulement, dans la conversation, on imprime des sons dans l'oreille de la personne à qui l'on parle, tandis qu'on écrit pour imprimer des lettres dans l'œil de la personne à qui l'on écrit. Soit dans vos lettres, soit dans la conversation, évitez de vous laisser aller à faire des narrations ; elles attachent rarement ceux qui les lisent ou qui les écoutent. Ce n'est pas que bien conter n'ait du charme ; mais charmer n'est pas une chose à souhaiter uniquement. Cependant, ainsi que Madame de Sévigné le disait à sa fille : « On doit être bien aise de s'en bien acquitter, quand cela tient à l'esprit et à la nécessité de ne rien dire qui ne soit agréable. » J'ajouterai encore avec elle, « qu'il n'y a rien qui faille entièrement bannir de la conversation, et que le jugement et les occasions doivent y faire entrer tour à tour tout ce qui est le plus à propos. »

On a vu combien M. Ferrand était désireux de garder et d'inspirer aux autres de garder, en toutes choses, une juste mesure. Je vais citer quelques lignes qui renferment, à cet égard, un excellent conseil : « Evitez soigneusement les deux écueils dans lesquels tombent la plupart des hommes : le découragement, par suite de la connaissance qu'ils ont de la faiblesse de leur esprit ; et la présomption, par suite de l'ignorance qu'ils ont de leur faiblesse. Cette faiblesse est le propre de l'esprit humain ; il faut la reconnaître, mais, en même temps, se tourner vers Dieu, d'où vient toute force, et se dire : « Je puis tout en Celui qui me fortifie. » En agissant ainsi, on se met à égale distance du découragement et de l'orgueil. »

Puis, comme il tient à ce que chacun soit bien persuadé de la faiblesse naturelle à son esprit, il ajoute : « Cette faiblesse de l'esprit de l'homme, les plus fermes penseurs l'ont reconnue en eux. Montaigne dit : « Mes conceptions et mon jugement ne marchent qu'à tâtons, chancelant, bronchant et chopant ; et quand je suis allé le plus avant que je puis, si ne me suis-je aucunement satisfait... A me recognoistre si faible et si chétif, si poisant et si endormy, je me fay pitié, ou dédain à moi-même, et laisse ce néanmoins courir mes inventions aussi faibles et basses, comme je les ai produites. »

Monsieur Ferrand s'inspirait pourtant parfois d'autres auteurs. Une conversation lui rappelait certaines lectures. Il écrivait alors sous l'influence de ce qu'on lui avait dit et de ce qu'il avait lu, quand il voyait un rapprochement à établir entre les deux. C'est ainsi qu'il a pu écrire un jour sur les règles à suivre dans sa conduite : « Sainte Thérèse dit une chose, à ce sujet, qui m'a rappelé une réponse du Père Humphry. Ce Père me dit un jour : Dans les choses de la foi, il faut suivre la foi ; dans les choses de raison, il faut écouter la raison. Le malheur c'est qu'on veut se guider par la raison dans les choses de foi, ou par la foi dans les choses de raison. De là vient que, dans le premier cas, on tombe dans l'impiété, et, dans le second, dans la folie. Sainte Thérèse dit : « On doit se régler quant aux choses extérieures et intérieures, qui sont dans la voie naturelle, conformément au dictamen de la raison et de l'entendement, et quant aux choses surnaturelles, on doit se guider conformément à la Sainte-Ecriture. »

J'ai voulu écrire, dans la première partie de ce chapitre, la vie intime de M. Ferrand de Missol, d'après les documents qu'il nous a lui-même laissés, jusqu'à l'heure où le Seigneur lui ménagea une situation dans laquelle il devait faire paraître sa force d'âme et son esprit chrétien. Sans les citations que je viens de faire, le lecteur ne serait pas préparé aux événements que j'ai à raconter. On remarquera que le Seigneur l'a conduit progressivement, et par le moûvement de ses idées, et par ses études, et par ses bonnes œuvres, à ce degré d'énergie et de vigueur morale auquel il aspirait depuis son enfance. Il lui a appris lui-même à comprendre, mieux que ne le fait un chrétien vulgaire, l'ineffable conduite de la Providence souveraine. Ntore cher docteur est prêt à entrer dans les vues de Dieu, « dans les puissances de Dieu, » comme le dit le Psalmiste, avec une docilité qui lui permettra de reconnaître la conduite de Dieu dans tous les événements de sa vie. L'un des plus grands hommes de ce temps, dont l'éloquence fut, malgré son élévation, au-dessous de la profondeur de ses sentiments, le Père Lacordaire, devint son ami intime. Comment s'étaient-ils connus? M. Ferrand ne nous l'a pas dit, peut-être parce que son humilité répugnait à cette confidence. Mais nous connaissons des faits qui nous montrent quelles relations particulièrement affectueuses existaient entre eux; et c'est un honneur, pour l'un et l'autre, qu'elles se soient formées. Le second fondateur des Dominicains était un homme généreux, à la foi vive et ardente, un chrétien digne des premiers âges de l'Eglise, avant d'être un grand orateur. Les temps modernes lui doivent d'avoir porté l'éloquence chrétienne à son plus haut degré de puissance, et une foule d'âmes généreuses lui doivent aussi des secours d'amitié surnaturelle qui leur furent très précieux. Lui-même ne fut-il pas redevable au docteur Ferrand de cette magnifique tendance que l'on remarque, dans ses immortelles conférences , par laquelle il saisit le mouvement des esprits plus vivement peut-être que ne l'a fait aucun orateur, pour les ramener à Jésus-Christ? Aucun de ses historiens ne nous a parlé des relations qu'ils avaient ensemble; mais les faits que nous allons citer prouvent qu'elles existaient; et ceux d'entre nos lecteurs qui voudront comparer, ainsi que nous l'avons fait, les écrits de M. Ferrand et les conférences du Père Lacordaire , s'apercevront que l'amitié de ces deux hommes contribua, pour une bonne part, à les mêler l'un à l'autre, dans les pensées qu'ils exprimaient et jusques dans la forme littéraire qu'ils leur donnaient.

Qu'on me permette de citer quatre lignes écrites par le docteur Ferrand, au moment, ou peut-être un peu avant, la célèbre conférence du

Père Lacordaire, dans laquelle il cite la parole de Jean-Jacques Rousseau relative à la divinité de Jésus-Christ. On sait l'impression profonde que cette citation, amenée avec un art d'autant plus profond qu'il paraît plus naturel, produisit sur l'immense auditoire de Notre-Dame. Chacun connaît aussi les paroles de Rousseau. Voici celles qu'écrivait M. Ferrand de Missol : « Pour apprécier la distance infinie qu'il y a entre la sagesse de Socrate et la divinité de Jésus-Christ, il suffit de lire les paroles que Platon met dans la bouche de son maître, dans son Apologie, et celles que les apôtres mettent dans la bouche de Jésus-Christ pendant sa Passion. Celles de Socrate sont grandes et belles ; celles de Jésus-Christ sont divines. Et c'était le prince de la philosophie, le divin Platon, qui tenait la plume pour Socrate, tandis que le publicain Matthieu la tenait pour Jésus-Christ. » Notre cher docteur était, au moment où il écrivait ces lignes, un philosophe chrétien, marchant à grand pas vers l'heure où son esprit chrétien, sans abandonner ses tendances philosophiques, s'attacherait avec plus d'ardeur au Christianisme qu'il ne l'avait été à la philosophie.

Le Père Lacordaire, au début de ses conférences, quand il était l'ami intime de M. Ferrand, se renseignait, auprès de lui, sur le mouvement d'idées qui se produisait au sein de la jeunesse, à laquelle son ami était plus particulièrement mêlé. Il parlait ensuite à son auditoire selon les besoins qu'il avait constatés, et avec cet art prodigieux qui suscitait à sa parole et à son enseignement les plus beaux triomphes qui furent peut-être jamais. Il nous paraît certain que la parole que nous venons de citer et la conférence à laquelle nous faisons allusion sont le résultat d'une conversation entre les deux amis, où chacun apporta le contingent de ses réflexions personnelles. La conférence est plus générale dans l'affirmation qu'elle contient; la phrase du docteur exprime des nuances qu'elle ne contient pas, parce que l'orateur jugea, sans doute, qu'elles n'auraient pas été saisies par l'auditoire. Sans porter atteinte à la gloire de Lacordaire, on peut pourtant bien faire remarquer que, dans sa concision, la phrase du docteur Ferrand exprime une pensée plus complète , et qu'il n'était pas sans importance de continuer le parallèle entre Socrate et Jésus-Christ, par celui de Platon, le prince de la philosophie, opposé au publicain Matthieu.

L'homme qui avait une si grande confiance à la conduite de Dieu et à son gouvernement dans le monde, devait subir un enchaînement de circonstances que la Providence avait ménagées. Une dame, dont il avait soigné les filles à Sainte-Clotilde , vint un jour lui proposer d'épouser une charmante jeune personne que ses parents voulaient marier à un médecin bon chrétien. Une entrevue fut ménagée; nous sommes assez heureux pour pouvoir citer, encore ici, le récit de cet événement tel que M. Ferrand l'a écrit pour ses enfants :

« Le 7 mai 1835, je vis pour la première fois celle qui devait être, un jour, votre mère. A son aspect, je fus touché de la grâce parfaite qui régnait en elle, de son extrême humilité et de toute la simplicité de sa personne. Elle parlait peu ; mais tout ce qu'elle disait était juste. Dès ce jour, je demandai à Dieu que, si c'était sa volonté, il me donnât cette jeune fille pour la compagne de ma vie. Je le priai de tout mon cœur, ainsi que la Très Sainte Vierge Marie, pendant le mois qui lui est consacré; et le lundi de la Pentecôte, votre bonne maman mit dans ma main la main de sa fille, en me disant : « J'ai attendu ce jour pour vous donner la main d'Hortense, afin que Dieu vous bénisse et vous remplisse de son saint amour. »

Le 1ᵉʳ juillet 1835, dans l'église des Carmes, rue de Vaugirard, le Père Lacordaire bénit l'union de son ami avec Mademoiselle Hortense Huvé, fille de M. Huvé, notaire honoraire de Versailles, retiré à Paris.

L'âme tendre du pieux docteur trouvait un épanchement naturel auprès de sa jeune femme, pieuse, simple, charmante et bonne. Celle-ci lui rendait en profonde affection ce qu'elle en recevait. La douce et calme nature d'Hortense Huvé s'harmonisait à merveille avec le caractère ardent, sincère, impressionnable de son mari. Les saillies naturelles de sa vigoureuse complexion et de son tempérament méridional s'adoucissaient progressivement au contact d'une nature angélique qui avait en lui une confiance absolue, et qui, s'il lui arrivait de contredire ses vues, le faisait toujours avec la plus grande douceur. Ils vivaient l'un pour l'autre, n'éprouvaient de satisfaction que dans leur contentement mutuel. Leur affection était cimentée par le lien le plus solide qui puisse unir les âmes, l'amour de Dieu, et ce lien les unissait plus fortement encore que leur naturelle tendresse.

Mais ce parfait bonheur devait être de courte durée. La santé de la jeune femme, ébranlée par la naissance rapprochée de deux fils, commença à donner quelque inquiétude. Que d'alarmes, pour le docteur, à qui sa profession permettait de sonder toute l'étendue du mal, et que d'angoisses pour son cœur, obligé de dissimuler, à l'encontre de toutes ses habitudes, les craintes qu'il éprouvait! « Je sentis alors, écrivait-il, que le Seigneur me formait à avoir, à la fois, le cœur d'un père et le cœur d'une mère. »

Dieu avait ses vues en soumettant pour l'épurer, l'âme de son vaillant serviteur à l'épreuve de l'une des plus grandes douleurs de ce monde. Il voulait que M. Ferrand connût toutes les angoisses, afin qu'il comprît, plus tard, toutes les angoisses de ceux qui iraient à lui pour être consolés. Aussi quelles paroles embaumées il apprit à verser sur les âmes, et avec quelle douceur il traitait ceux qui lui apportaient des cœurs brisés! On se rattachait à la vie, en écoutant la parole convaincue de cet homme de bien. Oh! la grave et souveraine expérience que celle qui s'acquiert en souffrant pour l'amour de Dieu!

Madame Ferrand s'affaiblissait de jour en jour, sans que rien pourtant fît présager sa fin prochaine. Fidèle à ses habitudes sérieuses, et peut-être aussi pour tromper l'œil scrutateur de son mari, elle travaillait et s'occupait activement. Un jour qu'elle avait été obligée de garder le lit, M. Ferrand lui conseilla de cesser son ouvrage : « Il ne faut pas perdre le temps, lui dit-elle. N'est-ce pas un de vos principes ? J'aurai toute l'éternité pour me reposer, n'est-ce pas, mon ami ? » Le bon docteur aurait voulu se faire illusion à lui-même et tout attendre de la miséricorde de Dieu, en qui il avait une confiance sans bornes. Mais les complications les plus graves ne tardèrent pas à lui ôter toute espérance. Ecoutez-le dans les pages qu'il écrivit afin de les montrer plus tard à ses fils :

« Trois ans et quelques mois se sont écoulés depuis que votre sainte mère n'est plus. Ces trois années furent trois années passées dans la pratique de toutes les vertus et surtout de l'humilité et de la charité. Sa vie était toute intérieure ; et son intérieur était tout à Dieu. Elle lisait peu, elle méditait beaucoup ; elle travaillait toujours, et s'attachait à faire régner l'ordre et l'économie dans sa maison, l'ordre surtout, qu'elle regardait comme le fondement de toutes les vertus et la base de la véritable économie. Pendant les six semaines de sa maladie, pas une plainte. Un jour que j'avais communié, elle m'appela près de son lit, comme pour me parler, je baissai la tête pour mieux entendre ; mais comme elle se taisait toujours, je la regardai, et je la vis les mains jointes, les yeux en prière. Je lui dis : Que faites-vous ? — Je prie Dieu en vous, me répondit-elle. Quelques jours s'écoulèrent dans des alternatives de bien et de mal. Le bon docteur Cayol lui avait prodigué les soins d'un père. Le 9 novembre, votre mère reçut la sainte communion ; elle se trouva si forte, toute la journée, qu'un instant je la crus guérie. Mais le lendemain la faiblesse reparut. J'avais quitté votre mère pour chercher en Dieu une force que je ne trouvais pas en moi-même, et j'allai aux Carmes, dans cette chapelle où nous avions été unis. Je n'avais pas d'inquiétudes ni de craintes sérieuses pour le moment; mais mon cœur était brisé. Je voulais prier, et je ne pouvais que pleurer. J'étais en proie à une tristesse mortelle; et mes yeux s'étant arrêtés sur l'admirable tableau de la mort de saint Joseph, je me sentis intérieurement touché et je m'écriai : Mon Dieu, faites que, comme Marie vous amena à Joseph, je vous amène à ma femme pour sanctifier sa mort. Dès ce moment, je n'eus qu'une idée : la mort de ma femme, que je voulais rendre sainte et agréable à Dieu. Je traversai Saint-Sulpice, et, à chaque autel où se trouvait l'hostie consacrée, je tombais à genoux et je demandais pour elle à Dieu la grâce d'une sainte mort. Je rentrai : votre mère semblait à l'agonie. Revenue à elle, elle vous demanda, mes enfants, et vous ayant pressés tendrement dans ses bras : « Comme je les aimais, » dit-elle, et elle se prit à pleurer. Elle consolait son père et sa mère, après leur avoir demandé leur bénédiction. « Comme la vie est peu de chose, mon ami, me dit-elle. Je vais bientôt mourir. » Elle me demanda ma bénédiction et elle me bénit à son tour. Puis, après avoir récité les actes de Foi, d'Espérance, de Charité et de Contrition : « Mon Dieu, dit-elle, faites que j'entre aujourd'hui dans votre royaume. » Et faisant un grand signe de croix, et me regardant pour la dernière fois, d'un regard où toute la pureté et l'humilité de son âme se lisaient : « Mon ami, c'est fini ! » Et, en effet, tout fut fini. »

L'esprit de foi qui animait le docteur Ferrand ne l'empêcha pas d'éprouver une immense douleur au moment de la mort de sa femme ; mais elle se manifesta d'une manière si singulière, que l'on crut un moment que sa tête s'égarait. Telle fut l'impression que ressentit sa belle-mère, Madame Hervé, en l'entendant réciter trois fois le « Te Deum » devant le cercueil de sa fille : — A quoi pensez-vous donc, lui dit-elle, de réciter le « Te Deum » en un moment pareil ? — Ma mère, répondit le docteur, si je n'ai cette foi vigoureuse, qui me montre en Jésus-Christ celui qui « brisant l'aiguillon de la mort a ouvert les cieux à ceux qui croient, » je suis perdu. « Secourez donc, Seigneur, nous vous en conjurons, vos serviteurs rachetés par votre sang. » Et ce ne fut que dans cette prière qu'il trouva quelque soulagement pour son âme brisée par la douleur. Depuis lors, dans toutes les circonstances pénibles de sa vie, toutes les fois que le Seigneur lui envoyait une épreuve à subir et une croix à porter, il récitait trois fois le « Te Deum », et il conseillait cette pratique à tous ceux qui avaient recours à ses lumières et à ses bontés.

Sous le coup de cette douloureuse épreuve, les aspirations du docteur se portèrent aussitôt vers le sacerdoce. Il pensait que les onctions saintes que reçoivent les ministres des autels, étaient seuls capables de guérir son cœur meurtri. Mais que deviendraient ses fils, tandis qu'il se préparerait aux saints ordres ? L'homme du devoir comprit qu'il se devait d'abord à ses enfants, et il laissa de côté, pour le moment, les germes de vocation sacerdotale qui venaient de se faire jour en son esprit.

Sur les instances de sa femme, M. Ferrand avait quitté le faubourg Saint-Antoine, et il s'était établi rue Saint-Sulpice, non loin de la famille Hervé. Ce fut là qu'il passa trente-cinq ans de sa vie, et que le connurent, dans la suite, presque tous ceux qui devinrent ses enfants spirituels. Comme ils aimaient ce numéro 18, devenu aujourd'hui le numéro 20, de la rue Saint-Sulpice ! Combien de ceux qui s'y rendaient y furent guéris, consolés, sauvés !

Après la mort de leur mère, les deux fils du docteur restèrent auprès de leur grand'mère. Elle fut douloureuse aussi, pour son âme, cette séparation que les circonstances commandaient. On a retrouvé des lignes déchirantes qu'il écrivait alors. Elles respirent, à la fois, la poignante douleur qu'il ressent, et la résignation admirable avec laquelle il se soumet aux vues de la

Providence. Le voilà isolé de sa famille : il se rapproche de Dieu, à qui il veut offrir généreusement le sacrifice de son cœur et de ses affections broyées et contrariées. Une nouvelle vie commence pour lui, vie de règle, de travail et de charité. Il ne peut être encore prêtre, mais il fait autant de bien qu'un prêtre, ainsi que le disait un de ses amis. Debout, en toute saison, à quatre heures du matin, un livre sous le bras, il se rendait à la première messe de Saint-Sulpice, y communiait et partait ensuite, dans toutes les directions, afin de visiter ses malades de tout genre et de tous les mondes, faisant le bien partout, et plantant, comme il aimait à le dire avec l'accent de sa naturelle énergie, le bon Dieu dans tous les cœurs.

A Paris même, où tout s'efface, que de gens ont conservé et conservent le souvenir de son apostolat laïque, commencé dès lors et poursuivi sous une forme ou sous une autre pendant sa vie entière! Il avait une préférence marquée pour les jeunes gens, parce qu'il savait, par expérience, de combien de dangers ils sont entourés. Sa maison leur était ouverte, particulièrement le samedi soir, et ils y recevaient toujours le meilleur accueil. La confiance qu'il inspirait, et dont on parlait volontiers, après l'avoir connu, la science qu'on ne tardait pas à constater en lui, et surtout son inépuisable bonté lui suscitaient,

de tous côtés, des blessures à panser, des cœurs
à remettre en place, des âmes à guérir. Il était
en rapports réguliers et intimes avec la plupart
de ces jeunes gens ardemment chrétiens qui
commençaient alors l'œuvre admirable des
Conférences de Saint-Vincent-de-Paul.

Dès le premier instant, sa place fut marquée
à côté d'Ozanam et de Bailly : et si son nom
a été moins célèbre, c'est qu'il cherchait toujours à rendre service, sans paraître, étant
désormais avide de s'effacer toujours. Nous
lisons dans une notice publiée par M. le
docteur Ferrand, l'homonyme et l'ami de notre
cher docteur : « Entré dans la carrière médicale
vers la fin de la Restauration, il fréquenta un
grand nombre des hommes remarquables de
cette époque, qui en compte beaucoup. Ozanam, Lacordaire, Don Guéranger et tant d'autres
se lièrent avec lui d'amitié, sans compter ses
anciens maîtres devenus ses amis, tels que les
docteurs Cayol et Récamier. Plus tard, il
eut les plus affectueuses relations avec des
hommes remarquables, tels que les supérieurs
des missionnaires Lazaristes, le Père Etienne,
ce grand administrateur, le Père Boré, cet esprit
si éminemment distingué, Mgr. de Ségur, le
prélat aimé et vénéré : c'était encore le Père
Levasseur, le supérieur des Pères de la Miséricorde ; enfin, car son esprit largement chrétien

savait apprécier toutes les formes de l'esprit religieux, il était demeuré l'ami du Père Olivaint, cette grande figure de jésuite, qu'il avait connu et distingué alors qu'il n'était encore qu'étudiant, et chez lequel son influence n'a pas été sans contribuer à provoquer le goût de la vie religieuse. Ce fut alors qu'il prit aux œuvres une part des plus actives. Un des premiers agrégé à la société de Saint-Vincent-de-Paul, il contribua activement à en développer et à en multiplier les conférences. Lui-même, président d'une conférence qui se réunissait auprès du tombeau de ce grand saint, il s'acquittait de ses fonctions avec un zèle, un charme et un succès qui la rendirent des plus prospères. Nature vive et ardente, cœur chaud, gardant au milieu des ambitions égoïstes de la grande ville les qualités généreuses qu'une bonne éducation avait culitvées en lui et qu'il y avait apportées du midi, le docteur ne se contentait pas d'être un savant et habile médecin ; le bien qu'il ambitionnait de faire n'avait pas seulement pour objet la santé de ses clients ; il visait plus haut : c'est à l'esprit, c'est au cœur de ses malades que s'adressaient sa haute intelligence et son ardente charité. Un ami a raconté comment un jour, au bord de la mer, sollicité de guérir un jeune homme profondément épuisé par la maladie, il le prend avec lui, le mène à l'Eglise et réussit à le guérir en le ramenant à Dieu. Et quand il se trouvait en face des humbles et des petits de ce monde, son zèle devenait encore plus ingénieux et plus pressant. Il avait trouvé, pour y satisfaire, l'œuvre des Chiffonniers, une de celles qu'il avait agrégées à sa conférence de Saint-Vincent-de-Paul, et aussi l'œuvre plus admirable encore des Dames Veilleuses des pauvres. On raconte que le cocher du cabriolet qui passait avec lui une heure dans ses courses, ne le quittait jamais sans avoir fait un bon propos de conversion. En un mot, soit qu'il agît par lui-même, soit qu'il communiquât à d'autres le zèle dont il était dévoré, il était apôtre, avant d'en avoir adopté la règle et l'habit »

Nous avons voulu rapporter en entier le témoignage rendu à notre cher docteur par son confrère, bien qu'il renferme des choses qui devront être expliquées dans la suite. Mais comme il peut être utile de marquer, dès à présent, la part que prit M. Ferrand de Missol dans la création des conférences de Saint-Vincent-de-Paul, nous ne pouvons mieux terminer ce chapitre qu'en la faisant connaître.

Il se forma, dès 1832, rue de l'Estrapade, près du Panthéon, une réunion de jeunes gens, l'élite des travailleurs de Paris, qui y venaient pour approfondir ensemble les sujets ordinaires de leurs études. A tour de rôle, ils faisaient des conférences sur les questions qu'ils étudiaient avec le plus grand soin. Ceux qui écoutaient interrogeaient le conférencier, et lui proposaient soit des modifications qui leur semblaient utiles, soit des objections qui subsistaient dans leur esprit, après l'avoir entendu, ou qui se présentaient à eux au cours de la conférence. La religion occupait une place importante dans leurs travaux : la plupart du temps, ils traitaient les questions spéciales à ce point de vue général, selon lequel toute question peut se rapporter à une question religieuse.

C'était l'heure où on travaillait beaucoup à Paris, dans les rangs de la jeunesse, facilement passionnée pour les grands intérêts qui se débattaient au sein de la capitale, et dont on savait que la nation tout entière suivait les émotions et le mouvement. La jeunesse licencieuse écrivait des poésies lascives, des feuilletons ou des romans, des revues de théâtre et de littérature, dans lesquelles on prônait le bien du libéralisme et de la vie molle et indépendante. Les jeunes gens qui avaient conservé leurs principes religieux et leurs croyances chrétiennes, se liguaient pour défendre leur foi. Ils étaient huit, à la conférence de la rue de l'Estrapade, parmi lesquels Frédéric Ozanam qui a écrit, au sujet de leur réunion et de l'œuvre qu'ils créèrent, la phrase suivante : « Ces huit jeunes gens eurent cette inspiration de prouver une fois de plus au monde que le Christianisme peut, pour les pauvres, plus que toutes les doctrines réunies. » Le docteur Ferrand en faisait aussi partie. Ces huit jeunes gens fondèrent ensemble la conférence de Saint-Médard, la première conférence de Saint-Vincent-de-Paul, qui fut le berceau de toutes les autres et qui leur servit de modèle.

Que M. Ferrand ait contribué, pour une large part, à la fondation de cette première conférence, nous ne saurions en douter, bien qu'il ne se soit jamais attribué cet honneur. Ceux qui ont lu les pages qui précèdent devront nécessairement convenir que cette grande œuvre était absolument conforme aux mouvements de son esprit et de son cœur. M. Ferrand, à raison de son intelligence et de l'ardeur avec laquelle il s'était adonné à l'étude, surtout aux études philosophiques, pouvait, à certaines heures, aborder avec succès les travaux spéculatifs ; mais il était, avant tout, un homme d'action. Parmi ses malades, il rencontrait évidemment plus de pauvres que de riches, d'abord parce que les pauvres sont les plus nombreux, et puis parce que sa charité bien connue suggérait aux pauvres la pensée de le faire appeler. Comment, plus que tout autre, n'aurait-il pas été à même de renseigner ses amis sur l'utilité que pouvaient avoir des visites de pauvres

à domicile, telles que les comprirent les fonda-
teurs des conférences? Je le vois, au sein de
cette assemblée restreinte, inspirant à tous, avec
son ardeur méridionale, le dessein auquel ils se
sont ralliés, et faisant passer, dans un discours
chaleureux, auquel se mêlaient des indications
précises sur l'état des pauvres et sur le bien qu'on
leur pouvait faire, la généreuse pensée à laquelle
fut due l'une des plus belles œuvres de ce temps.

CHAPITRE QUATRIÈME

Pendant plusieurs années, M. Ferrand de Missol partagea sa vie entre ses devoirs professionnels, les bonnes œuvres et les devoirs que lui imposait son ardente piété. Il élargissait chaque jour le cercle de ses connaissances et celui de ses bonnes œuvres. En même temps il se préparait, avec une application que l'on rencontre rarement chez les pères les plus dévoués et les plus religieux, à s'occuper de l'éducation de ses enfants. Dans ce but, il lisait tous les ouvrages qui pouvaient le mettre à même d'accomplir ce devoir avec le plus de perfection. Il étudiait toutes les méthodes qui avaient été proposées jusqu'à ce moment, recherchait dans les ouvrages des anciens et des modernes ce qui se rapportait à cet important dessein, revenait à Socrate et à Platon, ses vieux amis, après s'être inspiré de Fénelon et de Bossuet, ne négligeait pas même les singulières méthodes proposées par certains utopistes, de peur de laisser de côté quelque utile conseil; écrivait ensuite, sur des feuilles séparées, avec des titres capables de le faire se retrouver aisément dans ses manuscrits, mêlait ses personnelles réflexions à celles des auteurs qu'il transcrivait ou qu'il résumait, et recommençait, dans l'intérêt de ses fils, ses études secondaires, avec la préoccupation constante de les leur présenter de la façon la plus claire possible. On voit, à la lumière de ces travaux, entrepris par notre vénérable ami, que nous nous proposons de faire connaître, en partie, à nos lecteurs, quelle fut l'ardeur que M. Ferrand apporta à toutes ses œuvres, avec quel dévouement il se livra à celles que le devoir lui imposait, et quelle énergie de volonté il sut déployer, en toutes circonstances, pour atteindre le but que lui montrait l'accomplissement du devoir. Rien ne saurait le faire mieux connaître que les travaux intellectuels auxquels il s'adonnait à cette époque de sa vie, tandis que le Seigneur l'avait ramené à la solitude de ses premières années. Rien ne sera plus agréable à nos lecteurs et à nos lectrices, ses enfants spirituels, que de retrouver, au cours de cet ouvrage, les pensées d'un père bien-aimé.

Il rencontra, dans Fénelon, une lettre à Madame de Beauvilliers après la mort de son mari; le prélat y exprime des pensées que M. Ferrand veut faire siennes; il en transcrit ce

qui répond le mieux aux besoins de son cœur :
« Non, il n'y a que les sens et l'imagination
qui aient perdu leur objet. Celui que nous ne
pouvons plus voir est plus que jamais avec nous.
Nous le trouvons sans cesse dans notre centre
commun ; il nous y voit ; il nous y procure les
vrais secours ; il y connaît mieux que nous nos
infirmités, lui qui n'a plus les siennes, et il
demande les remèdes nécessaires pour notre
guérison. Pour moi, qui étais privé de le voir
pendant tant d'années, je lui parle, je lui ouvre
mon cœur, je crois le trouver devant Dieu, et,
quoique je l'ai pleuré amèrement, je ne puis
croire que je l'ai perdu. Oh! qu'il y a de réalité
dans cette société intime! »

C'étaient là les consolations qu'il se donnait
à propos de la mort de sa femme. Puis, se parlant à lui-même, il écrivait encore : Je dois être
la Providence visible de mes enfants. Mon autorité sur eux doit être la pure image de l'autorité
divine, par conséquent, se modeler sur elle.
Ma tendresse envers eux doit consister à leur
donner une idée de l'amour qu'a pour eux le
Seigneur. Comme ce n'est pas pour moi que
j'ai mes enfants, mais pour Dieu, mon premier
devoir est de les former pour Dieu en leur donnant une éducation chrétienne. Le bonheur de
mes enfants et mon bonheur en dépendent. La

mauvaise éducation ouvre aux hommes les routes du vice : le vice les précipite dans un abime de
malheurs, et les fait se perdre non pas seulement
dans cette vie, mais en l'autre. L'éducation
chrétienne, au contraire, ouvre le cœur à toutes
les vertus. Les premières paroles que l'enfant
entend au sein d'une famille chrétienne sont
des paroles de vie et de salut. Il n'aperçoit que
des exemples de vertu ; il ne se connaît pas
encore, et il connaît Dieu ; il n'apprend à parler
qu'en apprenant à prier. Il connaît Marie, il la
nomme sa mère ; il connaît l'Enfant Jésus, et il
l'aime ; il connaît le crucifix et il le baise avec
respect et amour ; il connaît le signe de la
Rédemption, et il le forme sur son front et sur sa
poitrine. Il ne sait ce qu'il boit, ce qu'il mange,
et il offre à Dieu ce qu'il mange et ce qu'il boit,
et, après avoir bu et mangé, il remercie Dieu de
la nourriture qu'Il lui a donnée. Il ne sait ce
que signifient nos cérémonies, et il les aime, ce
que disent nos chants, et il les répète, ce que
c'est que le jour du Seigneur, et il l'attend avec
impatience, il le salue avec bonheur. A mesure
qu'il grandit, on l'instruit des principales vérités de notre sainte religion. Il faut alors aussi
exercer sur lui une constante vigilance, pour
écarter les exemples du vice, les discours impies,
les amis corrompus et corrupteurs, l'oisiveté, la
mollesse ; il faut que la conduite des parents soit

pleine de vigueur et d'autorité, car celui-là ne pourra jamais se faire aimer qui n'aura pas su se faire craindre. Il faut réprimer les premières saillies de la cupidité, et ramener au devoir un jeune cœur qui s'égare. Les parents doivent tempérer la fermeté par la douceur, savoir également punir et pardonner à propos, rendre leur maison régulière et aimable, être pères aussi tendres que maîtres vigilants et attentifs. Il faut surtout appuyer par l'exemple les instructions, la vigilance, l'autorité, la tendresse. Il faut que l'enfant n'entende parler du péché que pour le détester, du plaisir que pour le craindre, de la religion que pour la respecter, de Dieu que pour l'aimer. Un enfant qui ne sait que sa religion, que son devoir, que son Dieu, pourra-t-il jamais se refuser à la vertu ? On ne doit jamais oublier, en éducation, que l'enfant semble emprunter toutes ses idées, tous ses penchants, de ceux qui l'environnent, et combien il est facile à séduire. Pour le préserver de la séduction, il ne faut rien négliger, il faut veiller, il faut prier, et alors Dieu secondera nos enseignements de salut, et ôtera leur force aux enseignements de perdition. Après une enfance pure et chaste, il peut bien se faire que l'adolescent se livre aux désirs et aux passions déréglées ; mais un cœur accoutumé depuis longtemps à la piété, un cœur intimement pénétré des grandes vérités de la religion, ne commettra le péché qu'après bien des combats ; et, après l'avoir commis, il y trouvera une source d'ennuis et d'amertumes qui l'en dégoûtera et l'en fera sortir. »

Saint François-de-Sales lui apportait des conseils relatifs à la manière de pratiquer, au milieu de sa solitude, la présence de Dieu. M. Ferrand les transcrivait aussitôt, pour ses enfants, à qui — il s'en réjouissait d'avance — il allait bientôt pouvoir les montrer : « Mes petits enfants, aimez à vous tenir auprès de Dieu en une douce et tranquille attention de cœur et en un doux acquiescement à sa sainte volonté. Et pour se tenir en sa présence, il n'est pas nécessaire de forte application de l'intelligence et de la volonté, ni de le regarder, ni de lui parler ; mais il suffit de se tenir doucement où il nous a mis, c'est-à-dire, en sa volonté et en son bon plaisir. C'est là une bonne oraison et une bonne façon de se tenir en la présence de Dieu. »

Quel que fut le charme qu'éprouvait notre excellent docteur à vivre en la présence de Dieu, à s'occuper, par avance, de l'éducation de ses enfants, à s'adonner aux bonnes œuvres et à s'acquitter, avec une admirable assiduité de ses devoirs professionnels, il lui tardait pourtant beaucoup de voir arriver le moment où ses

enfants lui seraient rendus. Mais il fallait attendre, pour les ramener chez lui, qu'ils n'eussent
plus besoin des soins maternels de madame
Hervé. S'inspirant de l'ordre admirable qu'il
mettait dans toute sa conduite, il avait fixé l'âge
de sept ans comme le moment où ses fils lui
seraient rendus. Mais les grands parents ne
devaient pas subir cette séparation sans en
éprouver une douleur fort vive, et il fallut toute
la sagesse d'esprit et d'action qui caractérisait
le docteur pour la leur adoucir. Lui-même, on le
savait d'ailleurs, voulait être le premier maître
de ses fils. On n'ignorait pas qu'il se préparait,
avec un soin minutieux et persévérant, à cette
œuvre excellente, et l'on s'accordait à reconnaître qu'il était apte, plus que personne, à les
diriger et à les conduire : « Dieu, disait-il, m'a
préparé à être père et mère, en même temps ;
c'est à moi de me préparer à être maître. »

Il s'adjoignit d'ailleurs des personnes éprou-
vées par leur piété et par leur savoir, à qui il
confia le soin de donner à ses fils des leçons
qu'il leur faisait répéter lui-même. Amédée et
Léon étaient différemment doués. L'aîné, sérieux et bon, se distingua, dès l'âge le plus
tendre, par son excellent cœur. « Je rends
service à tout le monde, » disait-il, un jour,
encore bien jeune, en aidant à mettre le cou-
vert. Cette simple parole le dépeint tel qu'il a

toujours été. Léon, ardent, spirituel, avait un caractère un peu difficile. Il était, à la fois, l'orgueil et le tourment de son père ; sa riche nature l'effrayait quelquefois, et il redoublait, pour lui, de vigilance et de tendresse.

Le docteur ne voulut pas que ses fils gardassent l'habitude qu'ils avaient prise de le tutoyer. A peine arrivés chez lui, en leur enseignant à réciter le « Pater, » il leur en fit très spirituellement la remarque, d'une manière tout-à-fait conforme aux idées qu'il avait sur le rôle de sa paternité, tel qu'il nous l'a fait connaître dans la page que nous avons citée : « Comment dites-vous au bon Dieu, quand vous lui parlez dans cette prière ? — *Vous*, papa, répondirent les enfants. — Eh bien ! mes enfants, sachez que votre père est le représentant de Dieu sur la terre. Désormais vous me direz *vous*. » L'habitude fut prise et elle s'est toujours conservée.

M. Ferrand se livra, à l'occasion de la première éducation de ses fils, à un travail considérable, dont les notes nombreuses, qu'il a laissées, nous ont conservé le souvenir. Il lut tout ce qu'il put trouver de plus propre à favoriser leurs développements intellectuels et leurs progrès, et il prit soin d'écrire ce qu'il trouvait de mieux, sous ce rapport, dans les ouvrages des maîtres de l'éducation. Nous allons en rapporter quelques traits dans lesquels on verra combien notre vénérable ami se donnait de soins pour mener à bonne fin l'œuvre qu'il avait entreprise.

Il apprit de Fénelon que, dans l'éducation du Dauphin, il n'eut qu'une seule méthode, celle de n'en avoir aucune, ou plutôt, qu'il ne se prescrivit qu'une seule règle, celle d'observer à chaque moment le jeune Prince, de suivre, avec une attention calme et patiente, toutes les variations et tous les écarts de ce tempérament fougueux, et de faire toujours ressortir la leçon de la faute même. Une pareille éducation devrait être en action bien plus qu'en instruction ; l'élève ne pouvait jamais prévoir la leçon qui l'attendait, parce qu'il ne pouvait prévoir lui-même les torts dont il se rendrait coupable.

« Quand une mère veut apprendre à son fils à marcher, dit M. Ferrand, elle ne lui tient point de longs discours pour lui donner à entendre ce qu'il faut qu'il fasse ; mais elle le met dans l'exercice même, lui fait former des pas, et, de cette sorte, il apprend facilement à marcher en peu de temps. De même pour former l'esprit d'un enfant, il faut le mettre dans l'exercice même de la langue qu'on veut lui apprendre. Il faut lui faire former des phrases : ce sont les pas d'un discours ; et l'on fait apprendre bien plus vite cette langue qu'à l'aide de tous les raisonnements qu'on lui pourrait proposer et de toutes les grammaires qu'on lui pourrait mettre en mains.

» Les enfants acquièrent des connaissances sans notre secours. Ils en acquièrent malgré les obstacles que nous mettons au développement de leurs facultés. Ils ont donc un art pour les acquérir, un art dont ils suivent les règles à leur insu. Accoutumez-les à acquérir des connaissances selon cet art, c'est-à-dire en continuant comme la nature les a fait commencer. Un enfant n'apprend que parce qu'il sent le besoin de s'instruire. Nous faisons, dans l'enfance, sans secours, des progrès qui paraissent aussi rapides qu'étonnants. L'enfant apprend seul, sans explication, rapportant toujours ce qu'il ne connaît pas à ce qu'il connaît. L'étude approfondie d'un petit nombre de faits suffit pour présenter à l'élève une base solide sur laquelle il appuiera le reste de sa science ; car les éléments constitutifs sont en petit nombre dans les sciences comme dans les arts. On peut se servir des livres pour enseigner les enfants : les faire lire une fois, puis leur faire raconter ce qu'ils ont lu ; c'est un procédé qui non-seulement contribue au développement d'intelligence des enfants, mais encore leur donne une grande facilité à exprimer leurs idées de vive voix ou par écrit. Quand l'enfant raconte, il est actif ; il fait des efforts pour combiner et employer ce qu'il a retenu. Ce n'est pas tout d'apprendre, il faut aussi savoir rapporter ce que l'on a appris. Ce principe est, à lui seul, toute la méthode de l'enseignement. Puisqu'on n'a appris que pour avoir des termes de comparaison, on n'a répété que pour les avoir sans cesse présents à l'esprit. On lui fera des questions sur ce qu'il a lu, mais des questions dont la réponse se trouve dans le livre que l'on vient de lire. »

Et M. Ferrand cite alors des exemples dont il a dû se servir lui-même pour l'éducation de ses enfants, et que nous ne pouvons rapporter ici.

« Dans l'éducation, poursuit-il, l'enfant doit être l'acteur principal. La vie est un voyage, dit-on. L'enfant est un voyageur curieux : il faut lui nommer tous les objets et tous les êtres, à mesure que le besoin les fait les rechercher. Dieu conduisit les animaux à Adam, afin qu'il les vît et les nommât. Suivons cet exemple, et mettons sous les yeux de l'enfant tout ce qui tombe sous les sens, lui indiquant le nom propre de chaque objet.

« Il n'y a que deux classes d'individus dont l'éducation se fasse d'une manière rationnelle : les aveugles et les sours-muets ; et on obtient auprès d'eux des résultats surprenants. La mémoire des aveugles est prodigieuse ; tandis qu'une grande mémoire s'allie rarement, chez les enfants doués de tous leurs sens, avec un bon jugement, chez les aveugles on trouve réunis une mémoire prodigieuse et un jugement exquis.

Ces deux qualités leur viennent de ce qu'ils cultivent instinctivement leur mémoire, lorsqu'ils sont abandonnés à eux-mêmes, et de la méthode que leurs maîtres ont suivie pour les instruire. Leur mémoire n'a rien de mécanique, elle tient à l'esprit d'ordre dont les aveugles sont abondamment pourvus, et à l'habitude qu'ils ont de classer leurs idées, lesquelles ils disposent de telle manière dans leur esprit qu'ils peuvent en réveiller facilement toute une série. Rien ne choque autant les aveugles que l'incohérence; ils se donnent le temps de bien faire ce qu'ils font, et agissent toujours successivement. Aussi voit-on très peu d'aveugles atteints de folie, être dans ces états d'aliénation mentale qui supposent nécessairement de l'incohérenee dàns les idées. C'est à l'esprit d'ordre que les aveugles doivent l'étendue de leur mèmoire et la sécurité de leur esprit : *Ordo ducit ad virtutem*, a dit saint Augustin. L'ordre conduit à la vigueur et à la vertu ; il conduit aussi à la raison et à la science. Ce qui fait que les objets que nous enseignons à nos enfants laissent si peu de traces dans leur mémoire, c'est que nos enfants ne prètent qu'une légère attention à ce que nous leur montrons ou à ce que nous leur disons. L'attention plus concentrée des aveugles fait, au contraire, que les objets qui ne laisseraient en nous que des impressions insensibles se gravent fortement dans leur esprit.

« On ne doit pas laisser un enfant languir trop longtemps parmi les caresses des femmes et les amusements du premier âge, si on ne veut pas qu'il tombe nécessairement dans la mollesse. Il faut, au contraire, le former de bonne heure au travail et à la vertu. Il devra, dès sa plus tendre jeunesse, et, pour ainsi dire, dès le berceau, apprendre : premièrement la crainte de Dieu, qui est l'appui de la vie humaine, et ensuite toutes les sciences, en commençant par celles qui sont de nature à perfectionner l'esprit et à lui donner de la politesse. Un enfant ne doit passer aucun jour sans étudier. Il faut qu'il joue et qu'il se réjouisse, cela l'excite ; mais il est bon de l'exercer à ce qu'il y a de plus sérieux et de l'y faire appliquer, chaque jour, pendant quelques heures, afin que son esprit soit bientôt rompu au travail et accoutumé aux choses sérieuses. Cela fait une partie de cette douceur qui sert tant à former les jeunes esprits, car la force de la coutume est douce, et l'on n'a plus besoin d'être averti du devoir, à partir du moment où elle commence à le faire connaître elle-même. On réservera donc, dans la journée, quelques heures pour l'étude, en ayant soin de les entremêler de choses divertissantes, afin de tenir l'esprit de l'enfant dans une agréable disposition, et de ne point lui faire paraître l'étude sous un aspect hideux et triste qui le rebute.

» Il est convenable de commencer l'étude de chaque jour par les choses saintes, de faire apprendre, de bonne heure, aux enfants, le catéchisme, et de le leur expliquer. Il faut les avertir des obligations communes de la vie chrétienne et de celles qui sont particulières à leur âge. Il faut leur en montrer les plus essentielles, selon leur portée. A force de leur en parler, il faut que les trois mots, PIÉTÉ, BONTÉ, JUSTICE, demeurent dans leur mémoire avec toute la liaison qui est entr'eux. Pour leur faire voir que toute la vie chrétienne est contenue dans ces trois mots, on peut leur dire que celui qui est pieux envers Dieu, est bon aussi envers les hommes que Dieu a créés à son image et qu'il regarde comme ses enfants, et que, par consé-quent, il est juste à leur égard, puisqu'il rend à chacun ce qui lui appartient. Il faut faire apprendre aux enfants les histoires de l'Ancien et du Nouveau Testament, et les leur faire réciter souvent, en leur faisant remarquer les grâces que Dieu accorde aux hommes pieux, et combien ses jugements sont terribles contre les impies. Quand l'enfant sera plus avancé, on lui donnera à lire l'Evangile, les Actes des apôtres et le commen-cement de l'histoire de l'Eglise. On lui apprendra à aimer Jésus-Christ, à l'embrasser, à croître, pour ainsi dire, avec lui, en obéissant à ses parents, en se rendant agréable à Dieu et aux

hommes, et en donnant, chaque jour, de nou-
veaux témoignages de sagesse. Dans les Actes,
on lui apprendra à aimer et à honorer l'Eglise,
que le monde n'a jamais laissée en repos et qui
est toujours sortie victorieuse de ses épreuves.
On lui montrera les apôtres la gouvernant selon
l'ordre de Jésus-Christ, saint Pierre y exerçant
l'autorité principale, les chrétiens soumis aux
décrets des apôtres, sans se mettre en peine de
rien, dès qu'ils étaient rendus. On lui inspirera
une dévotion particulière pour la Très Sainte-
Vierge. Quand on fait lire à un enfant l'Evangile, si l'on s'aperçoit qu'il lise sans attention
et sans respect, on lui ôtera aussitôt le livre pour
lui faire remarquer qu'il ne le faut lire qu'avec
attention et respect.

» Dans l'éducation, la persévérance vient à bout
de tout. Quand on s'est fait un beau plan
d'études, il faut le suivre et s'y tenir fermement,
malgré les tentations qui, à certaines heures,
nous poussent à l'abandonner, parce que tous
ses avantages nous sont, en quelque sorte voilés,
tandis que tous ses inconvénients sont en saillie.
Ce n'est jamais dans les moments d'obscurité et
de dégoût qu'il faut modifier un plan d'études
arrêté dans un moment de lumière et de zèle.
Notre persévérance doit aussi nous porter à
répéter souvent les mêmes exercices. Les enfants

sont des sourds-muets aptes à parler, des aveugles aptes à voir. Il faut les traiter comme Jésus-Christ traita l'aveugle de Jéricho. Après lui avoir frotté les yeux, Notre Maître lui demanda s'il voyait quelque chose. L'aveugle répondit qu'il voyait marcher des hommes qui lui paraissaient comme des arbres. Notre Seigneur lui mit une seconde fois la main sur les yeux, et il acheva de le guérir. A force de revenir sur un sujet, avec les enfants, leur esprit y découvre des choses dont il ne s'était pas d'abord aperçu ; il avait vu les choses en gros et fort mal ; il en vient peu à peu à les distinguer et à les voir telles qu'elles sont.

L'aspect des lieux que doivent habiter les enfants, dans leur premier âge, ne saurait être indifférent pour leur éducation. Il produit sur eux une impression profonde et durable ; il se grave dans leur souvenir ; il exerce une grande influence sur le développement de leur tempérament, de leur caractère et de leur imagination. »

Notre cher docteur recueille, en passant, une pensée de J. de Maistre : « C'est à notre sexe, sans doute, qu'il appartient de former des géomètres, des tacticiens, des chimistes... ; mais ce qu'on appelle *l'homme*, c'est-à-dire, *l'homme moral*, est peut-être formé à dix-ans ; et s'il ne l'a pas été *sur les genoux de sa mère*, ce sera toujours un grand malheur. Rien ne peut remplacer cette éducation. Si sa mère surtout s'est fait un devoir d'imprimer, sur le front de son fils, le caractère divin, on peut être à peu près sûr que la main du vice ne l'effacera jamais. Le jeune homme pourra s'écarter, sans doute ; mais il décrira, si vous voulez me permettre cette expression, une courbe rentrante, qui le ramènera au point d'où il est parti. »

» Pour que nos soins soient heureux, il faut que, dans l'éducation, nous fassions tout par le mouvement du Saint-Esprit, et rien par notre propre mouvement ; que nous renoncions pleinement à nos intentions propres, et que nous nous abandonnions entièrement à Dieu, pour n'agir que dans ses intentions infiniment adorables. Il faut être mort à soi et à son esprit propre, renoncer à soi et à tout ce qu'on peut concevoir, et attendre ce qu'il plait à Dieu de nous donner pour le service de nos enfants. Cette manière d'agir est si efficace et si puissante, qu'on les voit avancer bien plus en quelques semaines qu'ils ne feraient en plusieurs années par une autre voie.

» Rien de plus propre à développer l'esprit des enfants que d'avoir avec eux des entretiens familiers sur ce qu'on veut leur enseigner, et d'écouter, avec une patience et une bonté qui ne se démentent pas, leurs questions et leurs réflexions quelque frivoles ou déplacées qu'elles puissent paraître. En pareil cas, il est bon de ne pas s'apercevoir de ces défauts, et même de paraître frappé d'une question assez commune, afin de se ménager la facilité de passer de cette question à une autre qui la domine, de celle-ci à une autre encore, et de mettre les enfants sur la voie de trouver eux-mêmes la solution qu'ils demandaient et qu'ils cherchaient. »

On voit, par les longues citations que nous venons de faire, — et nous en ferions beaucoup d'autres encore, si nous ne craignions de trop modifier le genre de l'ouvrage que nous écrivons — avec quel soin minutieux M. le docteur Ferrand de Missol s'occupait de l'éducation de ses enfants. Tout le monde l'approuva-t-il de se dévouer, ainsi qu'il le faisait, à cette œuvre excellente? Il est possible qu'il ait rencontré des contradicteurs; car nous trouvons, dans ses manuscrits, deux pages qu'il paraît avoir écrites afin de se rassurer lui-même et de répondre à ceux qui contredisaient à sa manière de voir et d'agir. Ces pages rapportent des faits empruntés à l'histoire profane : le sage docteur, déjà très profondément chrétien, se plaisait encore à s'inspirer de la sagesse antique, peut-être à cause des goûts premiers que nous avons constatés en lui, pendant son adolescence, peut-être aussi parce qu'il espérait se défendre ainsi, à armes égales, contre ceux qui l'accusaient, pour des motifs naturels, de trop sacrifier à l'éducation de ses fils.

A raison des tendances rationalistes qui se produisent aujourd'hui parmi nous, il est bon de rapporter ici ce qu'écrivait, pour lui-même, ou pour ses contradicteurs, M. Ferrand. S'il se rencontre, parmi mes lecteurs, des esprits exclusivement sympathiques à la sagesse profane, ils retireront quelque fruit de la lecture que je leur propose. Et d'ailleurs ce que nous avons à raconter de la vie de notre vénérable ami, ne peut que gagner à être précédé par ces deux pages fort remarquables.

« Après son premier consulat, dit M. Ferrand, Paul Emile n'ayant pu obtenir, une seconde fois, cet honneur qu'il avait demandé, se tint en repos, ne voulut plus paraître en public et s'appliqua *uniquement* aux choses de la religion et à l'éducation de ses enfants. Il les entoura de maîtres pour développer leur esprit et fortifier leurs corps; et lui-même, lorsqu'il n'était pas occupé par quelque affaire publique, il assistait à leurs études et à leurs exercices.

» Quand il fut né un fils à Caton, il n'y avait point d'affaire si pressée, excepté quelque affaire publique, qu'il ne quittât pour aller voir sa femme *recrurer* et emmailloter son enfant; car elle le nourrissait elle-même. Quand ce fils commença

à avoir de la connaissance, il le prit et lui expli-
qua les lettres, quoiqu'il eût un esclave, nommé
Chilon, fort honnête homme et bon grammai-
rien, qui enseignait beaucoup d'autres enfants.
Il ne voulai pas qu'un esclave dît des injures à
son fils, ni qu'il lui tirât les oreilles, sous prétexte
qu'il apprenait lentement, et il ne pouvait souffrir que son fils eût à un esclave une si grande
obligation que celle de l'avoir élevé ; mais il était
lui-même son précepteur, son docteur en droit,
son maître d'exercices. Car il ne lui enseignait
pas seulement à lancer le javelot, à combattre
armé de toutes pièces, à monter à cheval ; mais
encore il le dressait à combattre à coup de poings,
à soufrir le froid et le chaud, et à surmonter à
la nage le courant le plus impétueux d'une rivière.
Il écrivait pour lui des histoires de sa propre
main, et en gros caractères, afin que, dès la
maison paternelle, il fut aidé d'un aussi grand
secours qu'est la connaissance des anciens faits
de ses compatriotes. Il évitait toute parole sale
et déshonnête devant son fils, comme il l'aurait
évitée devant les Vestales. Jamais il ne se bai-
gnait avec lui. Caton travaillait, comme le dit
Plutarque, à faire de son fils un chef-d'œuvre,
en le dressant et le formant à la vertu ; car il
trouvait en lui beaucoup de bonne volonté et
une âme très droite par l'excellence de son naturel. Mais son corps était trop faible pour soutenir de si grands travaux. C'est pourquoi son père

fut obligé de relâcher un peu de l'âpreté et de la sévérité de cette discipline. Cette faiblesse de complexion ne l'empêcha pas d'être un très vaillant homme et de servir fort bien. Tel fut le soin que Caton prit de l'éducation de son fils qui répondit très dignement à son attente.

» Socrate ne cherchait pas à rendre les jeunes gens qui le fréquentaient éloquents, habiles et déliés; il regardait, *comme son principal objet*, de leur donner un esprit *juste et sain*, persuadé que, sans cette qualité, tous les grands talents ne faisaient que rendre les hommes plus injustes, que leur donner plus de moyens de faire le mal; mais il s'appliquait surtout à leur inspirer pour Dieu des sentiments de respect et de reconnaissance.

» On voit dans Euthyphron, combien Socrate attachait d'importance à l'éducation de la jeunesse; car Platon lui fait dire, en parlant de Mélitus, qui s'occupait de corrompre les jeunes gens : « De tous nos hommes d'Etat, c'est le seul qui me paraisse débuter convenablement, car il est d'une bonne politique de commencer par s'occuper des jeunes gens, afin de les rendre le plus vertueux possible, comme un habile agriculteur commence, avec raison, par prendre soin des jeunes plantes, et, après cela, de toutes les autres. »

6*

» Les hommes que Socrate redoutait le plus, ce sont ceux qui s'emparent de l'esprit des enfants pour leur donner des opinions fausses, qui profitent de la crédulité de leur âge pour les égarer.

» Platon fait demander par Socrate à Callias, en lui parlant de ses deux fils : « Callias, si tu avais pour fils deux jeunes chevaux ou deux jeunes taureaux, ne chercherions-nous pas à les mettre dans les mains d'un habile homme, que nous paierions bien, pour qu'ils devinssent aussi beaux et aussi bons que le comporte leur nature? Et cet homme serait, sans doute, un écuyer ou un laboureur. Mais puisque tu as, pour enfants, des hommes, qui as-tu résolu de leur donner pour maître? Qui penses-tu être capable de leur enseigner les devoirs de l'homme et du citoyen? Je m'imagine que, père de famille, tu as réfléchi à cela? » Qu'il y a peu de pères de famille qui y réfléchissent, et qu'ils sont nombreux ceux qui ont plus de soin de leurs chevaux ou de leurs taureaux que de leurs enfants! »

Il y réfléchissait, notre cher docteur, et s'il s'autorisait de l'exemple des anciens pour se dévouer à ce labeur avec une opiniâtreté digne de l'énergie de son vouloir, il s'y livrait aussi avec un désintéressement personnel, dont il

veut bien nous parler dans la page suivante :
« Lorsqu'on s'est voué à l'éducation de ses
enfants, il faut le faire sans se regarder soi-même,
et surtout sans se préoccuper, de manière à
perdre la tranquillité dont on a besoin, des succès que nos soins auront et des jugements
qu'on portera sur nous. La seule cause du trouble
que l'on éprouve alors, est la trop grande passion que l'on a de réussir. Nous aurions l'esprit
en repos et nous serions toujours tranquilles, si
nous n'envisagions que Dieu, puisque, étant
remplis de Dieu, nous l'aurions toujours présent et nous jouirions doucement de lui. Prenons donc la ferme résolution de faire tous nos
efforts pour ne nous occuper de nos enfants que
dans la seule vue de plaire à Notre-Seigneur.
Ne nous soucions ni de contenter les hommes,
ni d'en recevoir des louanges. Méprisons tout
ce que le monde peut dire, et ne souhaitons
autre chose, sinon que Dieu soit content.

» Socrate semble avoir pressenti cette doctrine, et l'avoir pratiquée dans la manière dont
il enseignait. Un jour qu'on l'interrogeait sur
un enseignement philosophique, il répondit :
« Aucun discours ne vient de moi, mais toujours de celui avec lequel je converse. Je ne
sais rien qu'une petite chose : c'est de recevoir
et de comprendre passablement ce qui m'est dit
par un autre plus habile. » Ce même philosophe

disait encore qu'il était accoucheur, comme Phé-
narite, sa mère, était sage-femme, que son métier
ressemblait, sous tous les rapports, à celui de sa
mère, qu'il en différait seulement en ce qu'il
s'exerçait sur les hommes et non sur les femmes,
et qu'il s'occupait de l'accouchement non des
corps, mais des âmes. Il regardait comme le
plus grand avantage de son art d'être en état
de discerner à coup sûr si l'esprit d'un jeune
homme enfante des chimères et des mensonges,
ou quelque chose de réel et de solide. Ceux qui
conversaient avec lui, bien que quelques-uns
d'entr'eux se montrassent d'abord fort ignorants, à mesure qu'ils le fréquentaient, faisaient
de merveilleux progrès. Mais Socrate disait
qu'ils n'avaient rien appris de lui, et qu'ils
avaient trouvé en eux-mêmes cette foule de
belles connaissances dont ils s'étaient rendus
maîtres, seulement qu'il avait contribué, avec
Dieu, à les en faire accoucher. De même que
les sage-femmes savent hâter le moment de
l'enfantement et en apaiser les douleurs, quand
elles veulent, de même Socrate prétendait qu'il
pourrait, à sa volonté, en vertu de son art,
réveiller ou apaiser les douleurs de l'enfantement qu'éprouvaient ceux qui s'attacheraient à
lui. Quand Socrate voyait un jeune homme
dont l'esprit ne lui paraissait pas fécond, il
travaillait, avec beaucoup de bienveillance à lui

préparer, comme dit Platon, un *établissement*,
Il étudiait, il cherchait auprès de qui il pourrait
le placer pour son avantage, afin que, dans ce
rapport, son âme devînt féconde. C'est ainsi
qu'il en plaça plusieurs auprès de Prodicus et de
quelques autres philosophes. En agissant de la
sorte, il se comparait encore aux sage-femmes,
qui sont très habiles à négocier les mariages,
parce qu'elles découvrent parfaitement quel
homme et quelle femme doivent s'unir ensemble
pour avoir les enfants les plus accomplis. »

Bien que notre cher docteur se stimulât aussi
vigoureusement qu'on vient de le voir à se consacrer à l'éducation de ses fils, et bien qu'il s'y
préparât par une étude assidue de tous les livres
qui pouvaient l'aider à se mettre au niveau de
cette œuvre importante, il ne tarda pas à comprendre qu'il lui fallait un collaborateur, choisi
entre mille, dont il serait l'auxiliaire et qui se
chargerait de la partie technique de l'ouvrage.
Il attendait, et il priait le bon Dieu de lui envoyer
celui qui devait partager sa sollicitude paternelle. Le Seigneur choisit le Père Lacordaire
pour faire connaître à son ami l'homme sur qui
il devait fixer son choix.

Félix Pitard, né à Solesmes (Nord), le 1er
mai 1817, avait été envoyé, à l'âge de treize ans,
au collège Henri IV. Nature douce et charmante, il alliait aux qualités les plus agréables

les dons les plus élevés sous le rapport de l'esprit. Son âme tendre et affectueuse se nourrissait volontiers des poésies de Virgile, qu'il savait presque par cœur. En 1835, il avait obtenu le grand prix d'honneur au concours général. Villemain le combla d'éloges. Louis-Philippe l'admit à sa table et il voulut lui faire les honneurs de sa bibliothèque ; la reine le combla de bontés. Ce jeune homme doux, poli, à la physionomie intelligente et agréable, n'avait qu'à paraître pour que tous les cœurs se tournassent vers lui. Le roi voulut lui faire cadeau, comme souvenir de ses premiers succès, d'une magnifique collection des auteurs latins. Il entra l'année suivante à l'Ecole normale, où ses succès le suivirent.

Ami intime d'Olivaint, son compagnon d'école, ils subirent ensemble le charme de la grande parole qui retentissait alors sous les voûtes de Notre-Dame, et les PP. de Ravignan et Lacordaire, après les avoir amenés à la pratique assidue de leurs devoirs de chrétiens, avaient, pour eux, une très particulière affection. Félix Pitard, s'approcha, pour la première fois, depuis assez longtemps peut-être, de la sainte table, à Saint-Sulpice. Il était alors professeur de rhétorique à Louis-le-Grand, et il vivait fort modestement, avec sa sœur Victorine, dans un petit appartement de la rue Garancière. Lorsqu'il alla communier à Saint-Sulpice, il le fit au grand jour, et on remarqua qu'il n'avait pas quitté ses palmes universitaires, tant il lui paraissait naturel d'accomplir, sans la moindre dissimulation, un devoir auquel le conduisaient ses convictions désormais inébranlables.

Le Père Lacordaire le fit entrer dans la conférence de Saint-Médard, dont il devint le secrétaire. Le docteur Ferrand avait mis la sœur Rosalie, cette mère célèbre des quinze mille pauvres du faubourg St-Marceau, en rapport avec les jeunes gens qui formaient cette conférence. L'excellente fille de Saint-Vincent-de-Paul ne tarda pas à leur suggérer une pensée qui l'avait souvent occupée dans ses conversations avec le bon docteur. Comme ce dernier entretenait des relations assidues avec la conférence de Saint-Médard, quoiqu'il fût déjà président de celle de la rue de Sèvres, et qu'il fût très absorbé par ses nombreux devoirs de père et de médecin, il songea à créer, à l'aide des jeunes éléments qu'il trouvait dans la conférence de Saint-Médard, deux œuvres auxquelles la sœur Rosalie tenait beaucoup, et dont il avait reconnu lui-même toute la nécessité : l'œuvre de Saint-François-Xavier, pour évangéliser les pauvres, et l'œuvre de Saint-François-Régis, pour la réhabilitation des mariages.

Au cours des négocîations qui s'établirent pour la création de ces œuvres, le docteur Ferrand remarqua la distinction des deux jeunes amis, Pitard et Olivaint, et, s'adressant au Père Lacordaire, qui était leur directeur, il lui exposa le projet qu'il avait conçu, de s'adjoindre Pitard pour l'éducation de ses fils. L'éminent religieux sourit agréablement et déclara à M. Ferrand que, à partir du jour où il avait connu Félix Pitard, il avait compris qu'il pourrait se consacrer fort utilement à l'œuvre à laquelle le bon docteur voulait l'associer. Il n'y voyait qu'une seule difficulté : Pitard ne voudrait probablement pas quitter sa sœur, qui s'était dévouée à venir vivre avec lui à Paris, et à laquelle il devait bien de ne pas l'abandonner.

Le docteur ne crut pas que ce fût là un obstacle à la réalisation de ses desseins. Pitard resterait chez lui ; il continuerait à professer la rhétorique à Louis-le-Grand. Puis, comme la rue Garancière est à deux pas de la rue Saint-Sulpice, il viendrait donner quelques leçons à Amédée et à Léon, ou bien on les enverrait chez lui. Le docteur serait lui-même le répétiteur des leçons données, et on attendrait paisiblement les indications de la Providence.

De son côté, le jeune professeur s'était pris d'une grande confiance pour M. Ferrand ; il venait le voir, avec Olivaint, le samedi, et il ne sortait jamais de ses entretiens avec le docteur sans en rapporter un surcroît d'estime et d'affection. Les choses furent donc réglées comme le docteur avait proposé de le faire ; et, pendant les deux premières années de leurs études, les fils de M. Ferrand avaient leur père comme répétiteur et M. Pitard pour professeur.

Mais les indications de la Providence ne se firent pas longtemps attendre. La sœur de Pitard, que le docteur Ferrand avait soignée, avec toute la science d'un praticien distingué et toute l'affection d'un frère, mourut à Hyères. Pitard n'hésita plus à venir partager la vie du docteur et de ses fils : « Je serai votre fils aîné, lui dit-il, en entrant chez lui, et jamais il ne prit vis-à-vis du docteur, une autre situation que celle d'un enfant vis-à-vis de son père. Il n'abandonna pas sa chaire de rhétorique, mais il ne parut guère plus au lycée qu'à l'heure des cours, se dévouant à l'éducation de ses deux jeunes élèves, à laquelle il s'appliquait avec une assiduité qui n'eut d'égale que sa souveraine compétence.

Félix Pitard avait trouvé, dans cet arrangement, une situation qui convenait merveilleusement à ses désirs et à ses goûts. Il était né professeur, par amour pour la jeunesse, dont il avait connu lui-même tout le charme et tous les dangers. Mais il était encore mieux doué peut-être

pour l'enseignement privé que pour l'enseignement public. Il aimait l'ordre, la régularité, la
méthode. Il avait pu les imposer à ses élèves de
l'Université, non sans succès ; il lui était cependant beaucoup plus facile, et surtout beaucoup
plus agréable, de les pratiquer dans un milieu
restreint, et sous les yeux d'un père qui les faisait régner dans toute sa maison et dans toute sa
conduite. Il avait aussi un grand besoin d'être
dirigé et secondé dans son action, non pas qu'il
manquât d'énergie, mais parce que sa nature,
douce et bonne, éprouvait le besoin de rester en
dehors de toutes préoccupations matérielles,
pour se livrer exclusivement à l'enseignement et
à l'étude.

Par contre, le docteur devait trouver, en son
nouveau fils, un modèle achevé de douceur
et de tranquillité d'esprit. Par tempérament,
M. Ferrand aurait pu quelquefois se laisser
emporter à sa fougue méridionale, si la sérénité
parfaite de Pitard ne lui eût rappelé la modération, qu'il s'était d'ailleurs fait à lui-même une loi
de garder toujours. On l'a vu par ce qui précède :
M. Ferrand dut s'imposer les plus grands efforts
pour réduire l'énergie de sa vigoureuse nature,
et il sut tourner toute sa vigueur physique et
morale à se composer comme un nouveau tempérament, fait tout entier de suavité et de douceur. Dieu lui envoyait, dans le précepteur de

ses fils, un modèle achevé de ces qualités, qui devaient devenir, en l'un et l'autre, des vertus très surnaturelles. Aussi dut-il apprécier le rare présent que venait de lui faire la divine et bonne Providence. Tout en ayant, sur Pitard, la supé-riorité de l'âge, de la situation et de l'expérience, il ne la lui fit jamais sentir. Il s'appliqua, au contraire, à relever son ami aux yeux de ses enfants, afin qu'il eût sur eux une action de jour en jour plus efficace. Quand M. Ferrand présen-tait à quelqu'un M. Pitard, c'était toujours sous le nom d'ami ou, avec les intimes, de fils aîné. Ses fils s'accoutumaient ainsi à le vénérer presque à l'égal de leur père, et ils répondaient à la douce affection qu'il leur témoignait par une affection toute empreinte de tendresse et de respect.

CHAPITRE CINQUIÈME

La piété, la régularité et la simplicité régnaient en souveraines dans la maison de M. Ferrand. Le père et ses trois fils faisaient ensemble leurs exercices religieux se, levaient à la même heure, allaient à la messe, déjeûnaient et se mettaient au travail, au même instant. M. Ferrand partait pour la visite de ses malades, s'arrangeait de façon à rentrer chez lui au moment où M. Pitard devait en sortir pour l'heure de ses classes. On se promenait tous les jours et par tous les temps, après le second déjeûner. Par les jours de pluie, on se rendait souvent au Luxembourg ou au Louvre, où les enfants recevaient ce qu'on a nommé, de nos jours, une leçon de choses, dans laquelle le précepteur et le père leur enseignaient l'histoire de tels ou tels personnages, représentés dans des tableaux ou des statues, ou bien les initiaient, par l'étude des collections, aux diverses branches de la science naturelle. Il arriva que, dès le premier éveil de leur intelligence, Amédée et Léon furent admirablement secondés dans l'essort qu'elle devait prendre, sans fatigue, avec intérêt et sans préjudice pour leurs études purement littéraires.

« Après neuf à dix mois de fatigues, d'études et de travaux, notre bon docteur, dit l'auteur de *Mes Paillettes d'or*, aimait à se dérober au bruit de la capitale, à quitter quelque temps son atmosphère lourde et épaisse, pour s'envoler, avec ses deux fils, vers quelque contrée nouvelle. Chaque retour de l'été ou de l'automne le voyait donc partir avec eux, soit pour son pays natal, soit pour les bains de mer, soit pour des pays étrangers. Dans le cours de quelques années, ils visitèrent ainsi tour à tour plusieurs provinces de France, la Belgique, l'Angleterre, l'Allemagne, la Suisse et l'Espagne. Ces voyages d'agrément avaient, tout à la fois, dans l'esprit de ce tendre père, l'avantage de raviver ses fils, de fortifier leur tempérament et de développer et agrandir leur intelligence. On dit vulgairement que *les voyages fortifient la jeunesse*. Il semblait en être ainsi pour les bien-aimés fils de notre médecin. L'un d'eux surtout, le plus jeune, doué d'une brillante nature, donnait les plus belles espérances. Son heureux père en était justement fier ; il rêvait pour lui une haute destinée.....

» Mais ces voyages n'étaient pas seulement un temps de délassement et d'agréables études ; la charité y trouvait aussi son compte. Partout où il portait ses pas, le docteur Ferrand laissait la trace de quelque bienfait. C'était bien souvent la fondation d'une nouvelle *Conférence de Saint-Vincent-de-Paul*. Il possédait un don singulier de prosélytisme auprès des jeunes gens, et il l'appliquait merveilleusement à cette œuvre spéciale . Que de *Conférences* n'a-t-il pas établies, qui se sont accrues et qui prospèrent encore, grâce au souffle puissant dont il a su les animer.

» Il est un port de mer, sur les côtes de France (nous pouvons le nommer aujourd'hui, ce que ne croyait pas devoir faire M. Maxime de Montrond, au moment où il écrivait son ouvrage : c'est le Tréport), que mon pieux ami affectionne particulièrement. Il y est revenu bien des fois durant la saison des bains, et son nom et sa mémoire, par suite du bien qu'il y a fait, sont là, plus qu'ailleurs encore, dans une sorte de vénération... Conférence de Saint-Vincent-de-Paul, confrérie du T.-S. Sacrement, maison de sœurs de charité, etc., etc. ; telles sont les œuvres qu'il a fondées là presque à lui seul. Ce n'est pas tout. Pour les alimenter, les maintenir, ces œuvres, il fallait des ressources que l'on ne trouvait pas dans le pays. Le charitable docteur a su encore y pourvoir. Durant son séjour sur cette plage, pratiquant son art gratuitement auprès des pauvres, il percevait, auprès des riches et nombreux baigneurs qu'il visitait, un légitime salaire, dont le bon curé du lieu percevait à son tour la totalité. Les écus du monde élégant venaient ainsi garnir la caisse appauvrie du charitable pasteur, pour se répandre de là, comme une pluie bienfaisante, sur les diverses œuvres qui réclamaient assistance et services. Plus d'une fois, compagnon du docteur Ferrand dans cette petite cité maritime, j'ai moi-même été témoin du bien qu'il s'efforçait d'y faire. Durant une seule saison, je l'ai vu réhabiliter plus de vingt mariages. Il avait un talent particulier pour gagner à Dieu les marins de tous les âges et les ramener à la pratique des devoirs religieux. Les prenant familièrement sous le bras, il les menait lui-même au saint tribunal, dans lequel il entrait le premier, pour les encourager par son exemple. Puis il s'approchait avec eux de la table sainte. Oh ! que de fois j'ai vu mon pieux ami gravir ainsi, les bras enlacés à ceux d'un vieux marin, le rude sentier qui conduit à l'église paroissiale, et puis redescendre avec lui la pénible rampe, l'œil rayonnant de joie et de bonheur ! »

Le docteur, qui parlait d'ailleurs fort rarement de ses œuvres de zèle, aimait pourtant à raconter l'histoire de Jean Roux, l'un des notables du Tréport, un vieux soldat, décoré, marguiller, portant la bannière du Saint-Sacrement, qui avait offert sa croix à la Sainte Vierge, mais qui était un sujet de désolation pour son curé, parce qu'il ne faisait pas ses Pâques et parce que le mauvais exemple qu'il donnait en entraînait plusieurs. Lorsque le docteur sut cela, il l'aborda, un jour, carrément, et le prenant par les deux côtés du collet de sa veste, il le tint en face de lui, et lui dit : « Quoi, Jean Roux, mon ami, vieux soldat du grand Empereur, décoré, marguiller, etc., etc. Qu'ai-je entendu dire ? que vous ne faites pas vos Pâques ? Je n'en croirai rien, jusqu'à ce que vous me l'ayez avoué vous-même. — C'est vrai, répondit Jean Roux : mais j'ai un motif. — Vous avez un motif, mon vieil ami ; peut-on le connaître ? — Vous ; oui, parce que vous le comprendrez. J'ai fait le vœu de ne pas faire mes Pâques, avant d'avoir accompli un pèlerinage au tombeau du grand Empereur, à Paris. Tant que Jean Roux, qui n'a qu'une parole, n'aura pas accompli son vœu, il n'y a rien à faire. » Le docteur comprit tout de suite qu'il était impossible de changer les idées du vieux soldat et qu'il fallait lui fournir l'occasion de réaliser son dessein. — « Si ce n'est que cela,

Jean Roux, lui dit-il, qui vous retient, vous allez partir pour Paris ; voici pour votre voyage ; voilà ma carte ; vous irez chez moi ; vous coucherez dans mon lit ; vous irez au tombeau de l'Empereur ; vous reviendrez ici et vous ferez vos Pâques. » — Jean Roux ouvrit de grands yeux : — « Ce n'est pas pour plaisanter, mon ami : on ne plaisante pas avec des choses aussi graves. Tapez-là : marche. » — Jean Roux partit, alla au tombeau de Napoléon, revint au Tréport, se confessa, communia, et fut le plus heureux des hommes : « Je puis mourir maintenant, disait-il, j'ai accompli mon vœu. »

Nous avons indiqué, plutôt que raconté plus haut, un autre fait sur lequel nous trouvons, dans l'ouvrage de M. de Montrond, les détails les plus circonstanciés. A cause de son importance et des lumières décisives qu'il jette sur la perspicacité de notre cher docteur, ainsi que sur l'ardent esprit de foi qui l'animait, nous croyons devoir reproduire textuellement ce qu'a écrit son ami. Le fait s'est d'ailleurs passé au Tréport, et puisque le cours de ce récit nous conduit sur cette plage, à la suite de M. Ferrand de Missol, il trouve ici sa place naturelle :

« Auprès de la maisonnette que j'habitais sur la plage, dit l'auteur de *Mes Paillettes d'or*, s'en trouvait une autre, occupée par un jeune homme venu au Tréport avec sa mère, pour demander à ces bienfaisants rivages la guérison d'une cruelle maladie. L'infortuné était perclus de tous ses membres; il lui était impossible de se mouvoir. Chaque jour je le voyais, porté dans un fauteuil par sa mère ou par quelque baigneur, venir se placer sur les galets du rivage et rester là des heures entières comme immobile et dans une sorte d'idiotisme. Sa pauvre mère ne le quittait point; son dévouement était admirable, mais c'était en vain qu'elle implorait du ciel et de l'air vivifiant de la mer la guérison de son fils... La paralysie ne cessait point. Après plusieurs semaines d'un espoir toujours déçu, la mère et le jeune homme, tristes, désolés, songeaient à repartir. Ils ont cependant entendu parler du docteur Ferrand, de sa charité, de ses cures merveilleuses; ils veulent le consulter. Le bienfaisant médecin est appelé; il apparaît dans la maisonnette.

» A la vue du pauvre jeune homme gisant dans son lit sans mouvement et presque sans voix, le docteur est ému de pitié. Après avoir examiné attentivement l'état du malade, il découvre que le moral chez lui est plus affecté encore que le physique. Il se sent alors comme inspiré de tenter la cure de l'âme avant celle du corps: « Mon ami, dit-il au jeune homme, vous voulez être guéri? Eh bien, il faut me promettre de faire ce que je vous dirai. » Le malade le lui promit. « Vous allez donc vous lever, vous habiller et me suivre à l'église pour vous confesser. » O surprise! quelles paroles! « Eh! quoi, monsieur, y pensez-vous? dit la mère, mon fils ne peut remuer ni bras ni jambes; et vous voulez qu'il s'habille et sorte avec vous?... Oui, madame, je le veux, répond le docteur; qu'il essaye seulement. Allons, mon ami, prenez courage, habillez-vous et venez avec moi. » Le jeune homme tout ébahi, hésite encore; enfin il obéit machinalement à la voix irrésistible du médecin. Avec l'aide de sa mère, il s'affuble de ses vêtements, et déjà il se sent plus de force; ses bras ne sont plus si raides, si engourdis. Il pose un pied à terre, et le poids de son corps ne l'entraîne point, il peut faire quelques pas. Le docteur, tout étonné lui-même, le prend sous son bras et l'entraîne à l'église, où ils montent tous deux non sans quelque peine. Enfin les voilà dans le saint lieu. Monsieur le curé est averti, il vient, et le jeune homme, tout machinalement encore, toujours soutenu par le docteur, se rend au confessionnal.

» Que se passa-t-il dans ce tribunal sacré? c'est le secret de Dieu. Mais ce qui est certain, c'est que le pauvre jeune homme en sortit parfaitement guéri. Il vint seul et sans peine rejoindre son charitable ami, qui, à genoux dans un coin de l'Eglise, priait dévotement pour cet infortuné. « Monsieur, lui dit-il, je suis guéri ! » Il disait vrai ; tous deux firent alors monter au ciel une prière d'actions de grâces. Puis, sortant du temple, ils s'arrêtèrent ensemble près du portail, sur une petite plate-forme d'où l'œil domine la vaste mer. Le jeune infirme, comme se réveillant et sortant d'un long rêve, prit alors les mains du docteur, et lui dit avec une vive émotion : « Voilà la mer, monsieur ! oh ! mon Dieu, que c'est beau !

» Qu'on explique ce fait comme on voudra. Le voilà tel qu'il s'est passé, tel que je l'ai vu, tel que je l'ai entendu raconter en toute simplicité par le charitable docteur. Rendu à son heureuse mère le jeune homme revint quelques jours après dans la capitale, où, par les soins de son bienfaiteur, il trouva bientôt un emploi honorable. »

Mais ce n'étaient là, en quelque sorte, que des œuvres adjacentes à l'œuvre essentielle que poursuivait M. Ferrand de Missol. Le tout de sa vie consistait dans l'éducation de ses enfants. On a eu la bonne fortune de retrouver dans ses papiers ce qu'il écrivait pour cet objet ; et nous nous sommes fait un devoir d'en rapporter les pages qui nous ont paru les plus utiles à reproduire et à conserver. En voici d'autres dans lesquelles un grand nombre de traits nous révèlent, à la fois, le fond de son âme et sa sollicitude de père chrétien. Elles ont probablement été écrites au moment où Amédée et Léon se préparaient à leur première communion. Que les pères et les maîtres de la jeunesse, qui sont vraiment soucieux de l'intérêt des jeunes âmes, les lisent et les méditent! Nous éprouvons, pour notre part, un charme tout particulier à les transcrire et à nous en pénétrer. Si l'on trouve les enseignements donnés par M. Ferrand un peu élevés pour des enfants de douze ans, on voudra bien se rappeler quelle fut la méthode du docteur et de quels soins ses fils étaient entourés.

« Mes chers petits enfants, habituez-vous de bonne heure à tenir comme enchaînées au-dedans de vous-mêmes toutes les puissances de votre âme, sans leur permettre jamais aucun épanchement au dehors, et à ne jamais faire un acte purement naturel; mais sanctifiez toutes vos actions en les rapportant à Dieu, en les lui offrant, en les soumettant toutes, même les plus indifférentes, à sa sainte volonté. Appliquez-vous à être maîtres de votre entendement et de votre volonté : vous n'aurez la paix qu'à ce prix. Exercez-vous à défendre à votre esprit toutes les pensées inutiles, et à votre cœur tout désir qui ne va pas à Dieu. Réglez tous vos mouvements extérieurs; que votre tenue soit modeste, votre démarche décente et grave, votre regard discret, votre parole douce, simple, mesurée. Ayez toujours devant les yeux de votre cœur Jésus-Chrit, qui a bien voulu non-seulement mourir pour nous, mais nous servir de modèle en toute chose. Imitez le modèle divin, et efforcez-vous de faire de votre cœur, une copie aussi parfaite qu'il vous sera possible de ce type adorable. Il a voulu être petit enfant comme vous, afin que vous puissiez être petit enfant comme lui, et le suivre dans le développement de ses années en grandissant avec lui en sagesse et en grâce ; afin que, jeunes gens, vous soyez purs comme il a été pur, et que, devenus hommes, vous soyez dévoués à Dieu et à vos fréres comme il leur a été dévoué ; et que vous coopériez avec lui à la plus grande gloire de son Père, qui est notre Père, et au rachat des âmes pour lesquelles il a donné sa vie... Je veux, après Dieu, vous rapporter tous mes travaux, et veiller sur vous avec cet amour dont saint Joseph était animé pour Jésus enfant, car je ne suis pas votre père, mes bien chers petits enfants : Dieu vous a confiés à moi ; il est, lui, votre véritable Père. C'est lui que vous devez aimer en moi, comme, moi, c'est Jésus enfant que j'aime en vous. Quand je vous presse sur mon cœur, pensez que c'est Dieu qui se sert de mes bras pour vous presser sur son cœur, comme moi je pense que ce n'est pas vous, mais le petit enfant Jésus, que j'étreins dans mon âme. Conservez donc, mes chers petits enfants, le caractère de Jésus que j'aime en vous ; c'est votre véritable richesse; que rien ne ternisse jamais cette pureté qui fait de vous des fils de Dieu.

» *Amour de Dieu.* — Ne vous contentez pas d'avoir de doux entretiens avec Dieu ou de parler de lui avec amour ; mais attachez-vous, par dessus tout, à lui montrer, *par vos œuvres,* que vous l'aimez. Travaillez avec ardeur, à soumettre, en toutes choses, votre volonté à sa volonté. Saisissez avec empressement toutes les occasions de coopérer avec Dieu au salut des âmes. Toutes les œuvres de charité sont agréables à Dieu ; mais celle qui lui plaît le plus est une entière soumission, une soumission sans réserve à sa sainte volonté. Après cette preuve d'amour, nous ne pouvons lui en donner de plus grande que de coopérer avec lui au salut des âmes. Nous imiterons ainsi Notre Seigneur Jésus-Christ qui faisait sa nourriture de la volonté de son père, et s'offrait constamment à lui pour le salut du monde. La charité matérielle vient en troisième ligne, non qu'elle ne soit très sainte, très parfaite et très agréable à Dieu, qui a promis la vie éternelle pour un verre d'eau donné à un pauvre en son nom ; mais parce qu'elle est un moyen plutôt qu'un but. Aussi ne devons-nous faire la charité matérielle à un de nos frères, que pour arriver à lui faire une charité plus importante, et lui donner l'aumône de la vérité.

» *Calme de l'âme*. — Tâchez d'établir dans votre âme un calme inaltérable. Pour cela, il vous suffit d'être toujours doux et humbles de cœur. Votre douceur vous fera accepter paisiblement tout ce qui vous adviendra de pénible du côté des hommes, et votre humilité vous fera accepter avec amour toutes les épreuves que Dieu vous enverra. Jésus-Christ a dit : Heureux les doux, car ils possèderont la terre.

» *Providence*. — C'est Dieu qui manie les rênes du cours de notre vie, et nous n'avons point d'autre fortune que sa Providence, laquelle sera toujours spécialement sur vous, quand votre amour sera spécial à son endroit (Saint François-de-Sales). Abandonnez-vous donc sans réserve à cette toute paternelle et toute maternelle Providence, et dites à chaque instant à Dieu, comme saint Paul : « Seigneur, que voulez-vous que je fasse ! » Dès que Dieu vous manifeste sa volonté, accomplissez doucement, diligemment, soigneusement, exactement cette adorable volonté. Ainsi vous vivrez par anticipation, sur cette terre, de cette vie du ciel dans laquelle vous ne voudrez plus rien faire, mais laisserez vouloir à Dieu tout ce qu'il vous faudra faire, et laisserez agir sa volonté vivante sur la

7*

vôtre toute morte, comme elle agit sur celle de
votre sainte mère, que j'aime à penser être au
ciel... Se confier en Dieu au milieu de la douceur
et de la paix des prospérités, chacun presque
sait le faire ; mais de se remettre à lui au milieu
des épreuves et de l'amertume de l'adversité,
c'est le propre de ses enfants ; je dis, se remettre
à lui avec un entier abandonnement. Si vous le
faites, croyez-le, vous serez tout étonnés de la
manière merveilleuse avec laquelle Dieu adou-
cira vos amertumes et vous tirera de vos épreuves. Tenez vos yeux haut élevés en Dieu ;
agrandissez votre courage en la très sainte
humilité ; fortifiez-le en la douceur ; confirmez-
le en l'égalité ; rendez votre esprit perpétuelle-
ment maître de vos inclinations et humeurs ;
ne permettez point aux appréhensions d'appréhender votre cœur : un jour il vous donnera la
science de ce que vous aurez à faire le jour
suivant. La grâce de Dieu vous sera toujours
présente et vous délivrera des difficultés et mauvais chemins l'un après l'autre, quand il devrait
envoyer un ange pour vous porter par les plus
dangereux. Voyez souvent Dieu à votre droite
et l'ange à qui il vous a confiés. Dites-lui souvent
à ce saint ange de vous faire connaître la volonté
de Dieu afin de l'accomplir soigneusement,
diligemment, mais sans empressement et sans
trouble.

» *Souverain domaine de Dieu.* — Mes chers petits enfants, quelque grand que soit mon amour pour vous, il ne faut pas oublier que vous êtes à Dieu plus qu'à moi, qui ne vous ai reçus qu'en prêt de sa sainte libéralité. C'est donc pour Dieu, et non pour moi, que je vous aime. C'est donc pour Dieu, et non pour moi, que je veux vous élever. Oh! puissiez-vous l'aimer, ce grand Dieu, comme mon cœur le désire! Vous ne l'aimerez jamais autant que je le souhaite. Mais Dieu ne vous demande qu'une chose, c'est de l'aimer de tout votre cœur. Donnez-le lui donc, ce cher cœur, afin qu'il le garde et le conserve éternellement, et qu'au jour où il vous appellera à lui, il vous récompense en vous admettant à sa sainte félicité, et en vous livrant aux tendres embrassements de votre sainte mère qui prie au ciel pour vous.

» *Rapports avec le prochain.* — Ayez toujours une même tranquillité d'esprit et d'humeur. Soyez toujours aimables pour tous ; pour tous soyez prévenants. Ne vous montrez jamais ni abattus de tristesse, ni dans une excessive joie. Que votre visage ne soit ni trop gai, ni trop sévère. Ne témoignez aucun déplaisir d'être délaissés par le monde, ni aucune complaisance d'en être recherchés ; mais soyez, en toute chose, d'une égalité et d'une modération d'esprit agréable, afin que tout le monde voie que vous n'êtes gouvernés que par la raison.

» *La dévotion.* — Exercez-vous à servir Dieu constamment avec une grande douceur et une grande mesure, et à accepter toute chose paisiblement de sa main ; car tout ce que Dieu pourra permettre qu'il vous advienne, sera toujours pour votre plus grand bien. Dans l'affliction, mettez-vous à genoux, en esprit, auprès de Notre-Seigneur, au jardin des olives, et dites paisiblement : « Mon Père, il me serait doux que cette épreuve s'éloignât de moi ; mais que votre volonté soit faite et non la mienne, car mieux que moi vous savez ce qui m'est bon. » Soyez bien persuadés que vous puiserez, dans cette simple et sainte pratique, une grande force et d'abondantes consolations. Au reste, c'est le seul moyen que vous ayez d'alléger le poids de vos douleurs, qu'il vous faudra supporter, soit que vous les offriez à Dieu, soit que vous ne les lui offriez pas. J'ajouterai, avec saint François-de-Sales, qu'il ne faut pas seulement agréer que Dieu nous frappe, mais qu'il faut encore acquiescer que ce soit sur l'endroit qu'il lui plaira ; car le choix de nos épreuves appartient à Dieu seul. Habituez-vous à avoir une dévotion généreuse. Renoncez à cette petite douilletterie qui ôte le repos et nous fait désirer des particularités spirituelles et intérieures, nous fait excuser nos humeurs et flatter nos inclinations. La générosité dans la dévotion nous apprend, au contraire, à nous faire oublier, à nous oublier nous-mêmes pour nous perdre en Dieu et nous sacrifier à nos frères.

« *Fausse estime de nous-mêmes*.—Méfiez-vous soigneusement de la fausse estime que nous avons de nous-mêmes, surtout à l'âge où vous êtes. Elle est tellement favorisée par l'amour-propre, que la raison ne peut rien contre elle. Le chemin de l'homme en sa jeunesse est la quatrième chose que Salomon a déclarée difficile, et qu'il avoue lui avoir été inconnue. Si donc le Seigneur me retirait de cette terre avant que vous soyez arrivés à cet âge, choisissez-vous pour ami, pour conseil, un homme sage et craignant Dieu, afin qu'il vous dirige. Et ce chemin, si difficile à celui qui marche seul, vous deviendra tout simple avec le secours d'un tel guide. »

Parfois notre vénérable ami traitait des sujets autres que ceux qui se rapportent directement à la piété ; mais il les y ramenait en montrant le rapport qui existe entre les qualités qu'il recommande et l'esprit chrétien qui les conseille. Ce qu'il écrivait alors n'est ni moins intéressant ni moins pratique que ce que nous venons de citer.

« *De la propreté*. — Mes chers petits enfants, nous sommes si faibles que fort souvent, pour éviter un défaut, nous tombons dans un défaut contraire. C'est ainsi que certaines personnes, sous prétexte de fuir la vanité, s'abandonnent à une saleté repoussante. Si je vous impose le devoir d'être propres, ne croyez pas que je veuille vous porter à flatter votre vanité, mais je désire bien vous pénétrer de cette pensée que c'est un soin digne non-seulement d'une personne d'honneur, mais encore d'un chrétien, de veiller à ce que ses habits soient propres et honnêtes ; que notre table soit servie avec propreté, que nos meubles et nos appartements soient nets ; que tout, chez nous, soit conforme à notre condition ; qu'il n'y ait rien de superflu ; que tout notre train de vie et de maison soit modeste, mais que tout, en même temps, y soit propre et bienséant.

» Votre propreté, et celle de tout ce qui vous touche, doit être une conséquence de la pureté de votre âme, la pureté de l'âme s'étendant jusqu'à la pureté du corps ; ce qui fait que, dans un chrétien, la propreté extérieure n'est qu'une suite de la propreté intérieure. Une des raisons qui doit porter le chrétien à la propreté, c'est l'inclination générale des hommes pour cette partie de la modestie, de la bienséance et de la pureté chrétiennes. Nous en avons tous une expérience assurée dans nous-mêmes ; nous sentons tous que nos yeux sont satisfaits quand nous entrons en un appartement ou que nous voyons une personne ou des meubles bien propres. Nos yeux, au contraire, semblent mécontents, quand nous entrons dans un lieu, ou que nous voyons des meubles ou des personnes sales; ils se détournent de ces objets incommodes qui les blessent. Et cette sympathie, comme cette aversion sont générales. Si vous me demandez d'où elles procèdent, je vous répondrai que c'est un effet de cette pureté infinie, Dieu, à qui nous sommes redevables de la vie. C'est Dieu, que l'on a défini avec raison *un acte pur*, qui nous a honorés de cette conformité avec sa pureté souveraine. C'est à lui que nous devons cette inclination pour une qualité qui a quelque rapport avec lui, et cette horreur naturelle pour une saleté qui est contraire à sa nature. Dieu a voulu nous prouver, en nous donnant cette inclination et cette répulsion, combien il a horreur de la corruption de nos âmes; il a voulu aussi nous apprendre que si nous ne pouvons souffrir des ordures qui ne nous font aucun mal, lui-même a beaucoup plus d'aversion pour les ordures qui l'offensent; que si nous ne pouvons supporter celles qui ne salissent que nos corps, il est bien plus éloigné d'endurer celles qui corrompent nos âmes; et que si nous haïssons celles qui ne gâtent que nos vêtements, il a une haine extrême contre celles qui perdent nos âmes. Conservez donc précieusement d'abord la pureté de vos âmes et puis celle de vos corps. La propreté contribue à la conservation de la santé ; elle témoigne que l'on a de la considération et de l'estime pour les hommes, et elle nous gagne leur estime et leur considération. Saint Paul a dit : « Tout est pur pour ceux qui sont purs. » En détournant ces paroles de leur sens naturel et en les appliquant à notre sujet, ne pouvons-nous pas dire que tout est pur à ceux qui sont purs, parce qu'une âme pure ne peut rien souffrir de sale, qu'elle hait les ordures jusque sur ses mains, jusque sur ses habits et sur ses meubles ? C'est de cette source que doit procéder la propreté. Etre propre pour conserver la santé, pour satisfaire à une délicatesse indiscrète ; être propre aux dépens de la santé d'un pauvre domestique qui s'épuise, ce n'est pas être propre. Remarquez aussi que l'ordre que Dieu nous donne d'être propres ne justifie pas les dépenses excessives que le monde fait pour contenter les yeux. D'abord toutes celles que l'on fait pour se procurer des choses qui flattent, sont vaines ; car ce que nous nous sommes procurés souvent à grands frais, ne nous touche bientôt plus, ou nous laisse le regret d'avoir fait tant de dépenses pour des choses si vaines. D'ailleurs toute cette pompe n'est pas compatible avec les préceptes de l'Evangile. Ce n'est pas que Dieu nous défende de nous servir des beautés de l'art, qu'il nous ordonne de nous ensevelir dans des cavernes, de pourrir dans nos prisons. Il veut, au contraire, que nos maisons aient quelque rapport avec ce que nous avons et ce que nous sommes, mais à condition que ce rapport sera déterminé par la bienséance chrétienne, qui en fixera la dépense et en réglera les ornements. Logeons-nous, meublons-nous, ornons nos chambres, nos cabinets, nos jardins selon notre état et civil et chrétien. Soyons propres par une espèce d'abondance de pureté chrétienne, qui, du cœur, se répande au dehors, et par un dessein ferme de plaire à celui qui est la pureté même, et qui nous oblige à avoir ce soin de nos habits, de nos meubles, de notre santé parce que ce soin fait partie de la modestie et de la bienséance chrétiennes.

» *Du plaisir du goût*. — Les bêtes ne désirent et ne recherchent des aliments que poussées par le besoin : la nature ne leur permet pas de s'abandonner elles-mêmes quand la faim et la soif les poussent. Aussi lorsque la faim et la soif sont dévorants, la bête ne recule devant aucun danger pour les assouvir. Les hommes sont persécutés avec la même violence par ces deux besoins aveugles. Il est vrai qu'ils peuvent être satisfaits à peu de frais. Mais nous sommes sujets à éprouver une passion excessive de manger et de boire, passion que nous devons combattre, que nous pourrions vaincre et qui n'est un péché que lorsque nous nous y abandonnons, tandis que la gourmandise est toujours un péché, parce qu'elle consiste à un désir volontaire et immodéré de boire et de manger. Que l'on considère l'homme en état de nature, en état de société ou comme chrétien, c'est toujours pour lui un devoir de régler sa bouche sur les besoins de la nature, sur sa fortune et sur les prescriptions du christianisme. Les soins que la divine Providence a pris de notre subsistance nous obligent de conserver nos corps, pour lesquels elle témoigne des attentions si admirables, en faisant un usage raisonnable de ses bienfaits. Imitons la charité que Dieu a pour nous, et ne nous exposons pas volontairement à la maladie ou à la mort, par l'usage déréglé des aliments, qu'il a préparés avec tant de bonté pour entretenir notre santé et conserver notre vie. Un grand nombre de maladies sont un effet des excès de la bouche ; la mort en est souvent la triste conséquence. Il en est de même de l'excès des boissons fermentées. Un homme débauché est responsable de ses maladies et de sa mort : ses débauches sont comparables à un poignard qu'il s'enfoncerait dans le sein : Dieu ne les lui pardonne pas plus que les hommes ne pardonnent à ceux qui se suicident. Notre corps ne nous appartient pas ; il est à Jésus-Christ, qui se l'est acquis au prix de sa vie et de son sang, et qui lui a fait l'honneur de

le mettre au nombre de ses membres. Que vous
sacrifiiez votre corps aux délices du goût ; que
vous l'immoliez aux plaisirs de la bouche ; que
vous le fassiez mourir par des austérité s indis-
crètes, vous seriez également inexcusables.
Jésus-Christ ne pardonnerait pas à des excès réité-
rés un meurtre dont il n'accorderait pas la grâce à
d'imprudentes vertus. Un homme débauché n'est
plus un homme, quand il a perdu avec la raison,
la supériorité qui le distinguait de la bête. La
raison est, en nous, l'image vivante de sa divinité,
et Dieu a dessein de l'élever au-dessus d'elle-
même en y ajoutant les traits de la grâce et de
la gloire. Ce n'est donc pas seulement sa santé
et sa raison que le débauché sacrifie à sa bouche ; c'est son âme ; il s'abrutit et il se damne
tout à la fois. L'abus du vin ouvre la porte à
tous les vices ; il en est la source et comme
l'aliment ; il leur prête même une violence qu'ils
n'auraient pas sans lui. Il ne faut pas croire que
les crimes commis en état d'ivresse ne soient pas
des crimes : l'ivresse n'est une excuse ni aux yeux
des hommes ni aux yeux de Dieu. Dieu nous a
donné la raison pour nous conduire et pour le
servir ; le débauché éteint cette lumière. Il est
donc coupable de tout ce qu'il fait dans les ténèbres de l'ivresse. Aussi saint Pierre dit-il : « Ils
périront comme des brutes dans leur corruption ;
ils seront punis parce qu'ils se sont dépouillés de

la raison et qu'ils se sont abrutis ; ils seront punis parce qu'ils se sont laissé emporter à leurs passions comme des bêtes. » Usons sans scrupule, usons avec assurance, des bienfaits de Dieu ; mangeons et buvons sans frayeur et sans chagrin ; mais mangeons et buvons sans incommoder ni le corps ni l'esprit ; demeurons dans les bornes que la nature a mises aux forces de l'un et de l'autre ; et sous prétexte de contenter notre bouche, ne nous chargeons pas de maladies, d'extravagances et de crimes.

» *Du plaisir des yeux.* — Veillez bien sur vos yeux ; car les objets sur lesquels vous les fixerez se rendent les maîtres de nos âmes presque malgré nous. Un objet est beau ; l'âme qui y applique les yeux de son corps ne se contente pas de le voir tel qu'il est ; elle le relève encore par tout ce que son imagination lui suggère de perfection et de beauté. Même quand cet objet a cessé d'être sous nos yeux, l'idée que nous nous en sommes faite devient plus dangereuse pour nous que cet objet lui-même ; elle nous occupe de lui, elle absorbe notre attention et la détourne du travail et de la prière. Elle s'empare de notre cœur, elle nous sollicite, elle nous presse opiniâtrément. La vue de certains objets peut quelquefois faire naître en nous le désir du mal, quand même nous compterions sur la résistance d'une bonne

volonté qui ne serait pourtant pas assez énergique pour le faire cesser, dès que nous voyons
que la tentation se produit. Souvent aussi, même
après avoir éloigné les yeux de tels ou tels
objets, dont la vue nous portait au mal, l'influence des premiers regards est telle que nous
ne pouvons empêcher que la tentation ne se
rallume. Jugez, par là, avec quel soin nous
devons proscrire de nos demeures, et pour nous-
mêmes et pour les autres, des objets qui seraient
de nature à produire ces funestes effets.

» *De la patience.* — La patience, considérée
dans nos rapports avec le prochain, supporte
des défauts, des manquements, des contrariétés
et des injustices. Elle doit être persévérante et
accompagnée de douceur et d'humilité. Sans
cela, la patience n'est qu'une orgueilleuse fermeté, qui se réduit au mépris du prochain et à
l'amour de soi, qui se venge de ses frères en les
jugeant et en les condamnant avec sévérité. Il
n'y a pas plus de véritable patience sans charité,
qu'il n'y a de véritable charité sans patience.
Nous sommes d'autant plus obligés à supporter
les autres, que nous avons tous des défauts à
leur faire supporter. Dieu en laisse aux plus
justes, afin qu'ils se tiennent dans l'humilité et
qu'ils accordent à leurs frères une indulgence
dont ils ont besoin pour eux-mêmes. Nous exer-
çons leur patience : nous devons souffrir qu'ils

exercent la nôtre. Ne vouloir rien supporter, c'est se rendre insupportable. La plus sûre marque qu'on est aimé de Dieu, consiste à aimer ses frères. Imitez Jésus-Christ, qui nous a supportés avec amour, tandis que nous n'étions dignes que de sa haine. Il a caché sa patience et son amour dans son cœur, sans se plaindre, sans chercher des témoins et sans en vouloir d'autre que sou Père. A son exemple, cachons notre patience dans le silence et le secret.

» *La jalousie et l'envie.* — L'orgueil est blessé de toute comparaison, s'afflige de toute concurrence, connaît tout ce qui lui fait ombrage, envie donc nécessairement tout ce qui égale ou surpasse ses propres avantages. Mais l'orgueil manifeste étant insupportable à l'orgueil lui-même, il se trompe aussi bien que les autres pour se pouvoir souffrir ; et comme il sent très bien que l'envie est quelque chose de bas et de lâche, l'orgueil ne s'avoue jamais à lui-même qu'il est envieux ; car l'envie serait un triste aveu de sa misère et de son indigence, tandis que l'orgueil veut s'applaudir toujours de ce qu'il a eu, de ce qu'il croit avoir. Pour éviter l'envie et la jalousie, il faut ne jamais désirer aucune préférence, renoncer à toute vaine gloire, se regarder comme inférieur à tous, consentir avec joie, ou, tout au moins, dans la paix, à ce que tous nos frères nous soient préférés et qu'ils le soient en tout ; ne nous réserver aucune distinction ni aucune supériorité, et surtout consentir à ce qu'on trouve dans les autres autant d'esprit, de savoir et de perfection qu'en nous-mêmes. C'est de l'envie et de la jalousie que viennent le peu de solidité et de vérité qu'il y a dans les amitiés naturelles, le peu de progrès que l'on fait dans la vertu, le peu de fruit que l'on rapporte de la fréquentation des sacrements, les inimitiés ouvertes, les calomnies, les injustices, et parfois une haine déclarée contre la vertu et contre le mérite. Tout ce qui mérite l'estime au jugement même de l'envieux, l'enflamme, le brûle, et le porte jusqu'à cet excès de malice et de noirceur qui lui fait désirer que Dieu retire ses dons à ceux dont il est jaloux. L'envieux en arrive ainsi à être absolument semblable au démon, dont le propre caractère est de haïr la vertu et de la persécuter.

» *Limites des bonnes actions.*—Les plus saintes actions ont leur limite, et elles cessent d'être saintes quand elles sortent de la raison et de la loi divine. La prière est un acte de religion ; celui qui prie cesse d'être agréable à Dieu s'il vient à négliger pour cela ses devoirs les plus pressants. Seule la charité n'a point de limite quand elle a Dieu pour objet ; parce que nous ne pouvons aimer Dieu qu'en dessous de son mérite et de notre devoir. Mais la charité elle-même a des

bornes quand elle s'applique aux actions extérieures qui regardent le prochain : Dieu veut que
l'on aime le prochain avec les différences établies par la nature, les mérites et les bienfaits.
Il veut que, dans les services que nous rendons
à nos frères, nous agissions avec une discrétion
conforme à la sagesse, et inspirée par un cœur
irasonnable et chrétien.

» *De la douceur et de la bienfaisance.* — La
charité est douce ; la douceur consiste dans une
attention continuelle à obliger et à faire plaisir ;
elle n'exige rien pour elle-même, mais elle croit
devoir tout aux autres. Elle évite ce qui peut
leur déplaire, et, quelle que soit leur conduite à
son égard, elle est toujours pour eux également
douce et également attentive à les prévenir, à
leur rendre service et à éviter tout ce qui pourrait
les blesser. Elle s'applique surtout à bien connaître les personnes qui sont l'objet immédiat de
son attention, non pour les juger, mais pour
prendre à leur égard tous les sens et tous les
biais favorables. Elle connaît l'inégalité de notre
nature et la variété presque infinie des caractères ; elle les étudie tous afin de savoir diversi-
fier les manières de les approcher, de traiter avec
eux, de les instruire, de les consoler, d'entrer
dans les cœurs, pour y porter la lumière et la
paix. Elle n'a qu'un seul désir : faire croître dans
les autres la justice et la sainteté, et les lier

plus étroitement à Jésus-Christ, qui est leur chef et dont ils sont les membres. Elle parle toujours de la part de Dieu et en sa présence ; et Dieu lui accorde une sagesse toute divine pour unir la charité et la vérité. Notre empressement à servir nos frères doit être mesuré, réglé, discret, prudent, pur de tout retour sur nous mêmes, égal, paisible, joyeux, quels qu'en soient les résultats : car il dépend de nous d'agir, mais il ne dépend pas de nous de réussir. »

Voilà comment notre cher docteur travaillait à élever ses enfants. Qu'il écrive de lui-même et d'après ses réflexions personnelles les pensées qui se présentent à son esprit, ou qu'il les emprunte aux auteurs qu'il consultait sans cesse, toujours est-il que ce que nous venons de rapporter nous révèle très exactement ses préoccupations habituelles, sa constante application, et le fond d'une âme qui, pour ceux qui l'ont connu, revenait fréquemment à ces objets, en faisait comme autant d'aphorismes de la vie sociale et de la vie chrétienne, et n'avait rien de plus à cœur que de les voir partager par ses amis.

Dès que ses enfants eurent fait leur première communion, à Saint-Sulpice, M. Ferrand leur laissa une liberté relative, analogue à celle dont jouissent, en Angleterre, les fils de famille. C'est ainsi qu'il les laissait sortir seuls ; mais il savait le temps qui leur était nécessaire pour telle ou telle course ; il leur indiquait les chemins par lesquels ils devaient passer ; il prenait ses arrangements pour les rencontrer de temps à autre, et il se faisait toujours rendre compte des incidents de leur promenade. Quand il leur signalait ce qu'ils devaient éviter, il s'y prenait avec une telle prudence, qu'il ne s'exposait pas à avoir à répondre à ces sortes de questions, souvent embarrassantes, que posent les enfants.

Le docteur allait quelquefois dans les salons, où on l'avait reçu pendant sa jeunesse ; il y allait surtout quand il pressentait qu'il y pouvait faire quelque bien. Quand il était, en de très rares rencontres, obligé de se produire au milieu du grand monde, il ne se départait pas de sa fidélité à ses devoirs de chrétien. Ayant accepté à dîner, un jour, chez un ambassadeur étranger, dont il avait été le médecin, il oublia que ce jour-là l'abstinence était obligatoire ; cette pensée ne lui vint qu'à table. L'ambassadeur s'étant aperçu qu'il refusait le potage gras qu'on lui présentait, s'imagina que le docteur était, comme lui-même, au régime du lait, et il lui fit passer une portion du lait qu'on venait de lui servir. L'ambassadeur lui demanda ensuite, par son interprète, s'il était vraiment malade. Le docteur répondit alors modestement que sa religion lui défendait d'user d'aliments gras ; et li ajouta plaisamment que le régime du lait, auquel il avait soumis son malade, lui était, par intervalles, très avantageux.

En 1848, il remplit fidèlement les fonctions de garde-national et de défenseur de l'ordre. Les postes les plus dangereux ne l'effrayaient pas. Quand on forma le bataillon des mobiles, qui, on s'en souvient, causèrent de tels désordres à Paris, que le gouvernement fut obligé de les envoyer en Corse, pour en débarrasser la capitale, il eut pitié de ces pauvres enfants sans religion, et il devint leur apôtre, à la faveur des services de santé qu'il leur rendait. Il leur donnait notamment de petits crucifix qu'il leur faisait attacher sous leur capote et que plusieurs gardèrent très fidèlement. La jeunesse de ce temps était moins gâtée que celle de nos jours, et elle était, par là même, plus accessible aux sages avis que lui donnait un homme du monde, dont la politesse, la douceur et la bonté étaient les compagnes favorites d'un prosélytisme ardent.

On ne connaît plus aujourd'hui le fameux cabriolet qu'ont remplacé les fiacres. Alors le cocher et celui qu'il conduisait s'asseyaient côte à côte sous la capote de ce véhicule assez primitif. Les cochers, naturellement assez bavards, racontaient volontiers leurs affaires à la personne qu'ils conduisaient, lorsque celle-ci

avait répondu à la question traditionnelle :
« Monsieur veut-il que l'on parle ? » par une
affirmation. Le docteur les laissait toujours parler ; ceux de la place Saint-Sulpice, et beaucoup
d'autres appartenant à différents quartiers, le
connaissaient ; et plusieurs éprouvaient les heureux effets de ses conversations, qui avaient
toujours pour objet le salut de leur âme.

Lorsque les tristes journées de juin 1848
amenèrent le pieux archevêque de Paris sur la
barricade du faubourg Saint-Antoine, le docteur Ferrand était de garde aux Quinze-Vingt.
Il savait que l'archevêque avait déjà voulu s'in-
terposer entre les combattants, au péril de sa
vie. Un mobile vient lui dire que Monseigneur
Affre est tombé atteint par une balle. Il accourt
aussitôt auprès de l'auguste victime, prend l'archevêque sous le bras et aide doucement à le
transporter sur un lit. Après avoir expliqué
aux médecins, mandés immédiatement, ce qui
s'est passé, et ce que ses connaissances spéciales
lui ont permis de constater, M. Ferrand s'age-
nouilla dans la ruelle du lit, et demanda au
saint martyr la permission de lui baiser la main :
« Mon fils, lui dit alors l'archevêque d'une voix
défaillante, c'est la main d'un bien pauvre
homme que vous baisez là : cependant elle vous
bénit. » Le docteur s'effaça et se retira, selon
son habitude, laissant à des médecins qu'il

croyait plus habiles que lui, l'honneur de donner des soins au pieux archevêque, après avoir reçu la bénédiction qu'il avait humblement demandée et gracieusement obtenue.

La pacification s'opéra, on le sait, après la mort du saint archevêque. Le docteur avait eu le pressentiment qu'il en serait ainsi, et que, selon le souhait que Monseigneur Affre avait formulé en tombant, son sang serait le dernier versé de cette période lamentable. Le moment était venu de s'occuper, plus que jamais, de ses enfants, qui avaient grandi, qui s'étaient développés et qui avançaient beaucoup dans leurs études. Léon, nous l'avons dit, lui inspirait quelques craintes. Il avait une aptitude très prononcée pour le dessin, barbouillait de croquis, qui révélaient ses goûts artistiques, tous ses cahiers, et semblait devoir prendre, dans la vie, une direction autre que celle que souhaitaient son père et son maître. M. Ferrand nous a avoué que, sous l'influence de ces appréhensions, il conjura bien souvent le Seigneur, en de longues prières, de prendre son fils plutôt que de permettre qu'il se perdît. Lui seul sut ce que le Seigneur répondit à ses instances. Toujours est-il que, au mois de novembre 1852, Léon fut pris subitement d'une fièvre scarlatine qui présentait les plus graves symptômes. Le docteur appela immédiatement d'éminents confrères ; mais il eut la conviction intime que son fils était perdu. Le bon M. Pitard, désolé, mais confiant, disait naïvement que cet enfant ne pouvait pas mourir, que certainement Dieu ne le permettrait pas. Pendant une nuit, qui devait être la dernière, le docteur amena son ami auprès du lit de Léon, et le prenant par la main : « Vous voyez cet enfant, lui dit-il : dans une heure, il n'existera plus. — C'est impossible : la douleur vous égare. — Non, mon ami, regardez ; je suis calme. » — Ils gardèrent quelque temps le silence. Le docteur reprit : « Voulez-vous avec moi vous consacrer au Seigneur devant le lit de cet enfant mourant ? — Oui, oui, Jésus le laissera à notre tendresse ; sa sainte mère le lui demande. » — Le docteur secoua la tête : « Si le bon Dieu nous le rend, nous serons à lui ; s'il nous le prend, nous serons également à lui. Le voulez-vous ? — Je le jure, dit Pitard. » Et les deux amis, à genoux devant le lit de Léon, qui était devenu une couche funèbre, firent le vœu de se consacrer au service de Dieu dans le sacerdoce. Après être resté quelque temps à genoux, plongé dans sa douleur, M. Ferrand se releva, afin d'aller entendre la messe et se nourrir du pain des forts. Au moment de partir, il se souvint qu'il n'avait pas encore accompli la pénitence qu'on lui avait imposée, la veille, après sa confession. Il alla s'agenouiller à nouveau devant le lit de son fils :

c'était le *Te Deum* qu'on lui avait donné pour pénitence, et que, dans son trouble, il n'avait pas récité, en cette circonstance, comme il le faisait, on le sait, au moment de ses plus cruelles douleurs.

Une seconde fois, l'âme du docteur fut brisée dans ses affections. Cependant cette cruelle séparation d'avec son fils, après une maladie de trois jours, ne le porta pas à murmurer contre la divine Providence dont il acceptait, avec soumission, l'austère décret. Amédée devait être sa seule consolation sur la terre, et le sacerdoce, auquel il avait promis de se consacrer, lui apporter ici-bas toutes les joies du ciel.

CHAPITRE SIXIÈME

Fidèles à accomplir le vœu qu'ils avaient fait au pied du lit de Léon mourant, le bon docteur, son ami et son fils partirent pour Rome. C'était bien assez pour affliger notre vénérable ami que sa famille se fût, en partie, dissoute par la mort de Léon : il ne voulait pas, il ne devait pas se séparer d'Amédée et de Pitard, qui formaient désormais son unique société. S'il se fut présenté à l'un de nos séminaires avec son ami, pour y faire ses études ecclésiastiques, Amédée serait resté seul, ou bien il eût été obligé de retourner chez ses grands parents. Mais son éducation n'était pas terminée, et le docteur Ferrand ne pouvait pas laisser inachevée une œuvre à laquelle il avait apporté tant de soins. M. Pitard pouvait bien prendre, sur ses études ecclésiastiques, comme il l'avait fait sur ses occupations professionnelles, le temps nécessaire pour diriger les études d'Amédée ; et il était facile de trouver, à Rome, un enseignement qui s'adaptât exactement au point de développements atteints par l'esprit de cet excellent jeune homme.

M. Ferrand consulta ses amis, mais ceux-ci seulement, le Père Etienne en particulier, qui lui indiqua comment il pouvait garder, à Rome, la vie de famille à laquelle il tenait tant, faire des études ecclésiastiques, et quand il serait sur le point de les terminer, recevoir les saints ordres. Il partit donc, au mois de novembre 1853, à la veille de cette année heureuse entre toutes, puisqu'elle ne devait pas se terminer sans que Pie IX inscrivît, au rang des dogmes de foi, le privilége de l'Immaculée-Conception de la Très Sainte Vierge. Il trouva la ville sainte sous le coup de l'émotion qu'y suscitait ce glorieux dessein. Il prit un logement au troisième étage d'une maison située dans la rue Frattina, à peu de distance de l'église de *Saint-André delle Fratte*, où avait eu lieu l'apparition de la Très Sainte Vierge à M. de Ratisbonne, et qui devint sa paroisse. L'appartement du docteur était simple, modeste, mais très convenable. Il avait eu soin d'amener de Paris, la personne qui le servait, afin de n'avoir point à soumettre ses compagnons à l'épreuve de la cuisine romaine, détail qui pourra paraître insignifiant à plusieurs, mais qui aura toute son importance aux yeux de ceux qui n'ont pas pu ou n'ont pas voulu faire comme lui.

Rome était alors, plus qu'elle ne l'ait jamais été peut-être, dans toutes les splendeurs de sa dignité et de sa mission glorieuse. Le Pape Pie IX, en y rentrant, après son exil de Gaëte, s'était mis à accomplir les grandes œuvres qui immortaliseront son règne. On travaillait partout, à Rome et dans les environs, à l'embellissement de la cité, à tracer des routes, à élever des aqueducs et des viaducs célèbres, celui de l'Aricia, par exemple. Le Pape était aimé autant qu'il l'avait été aux premiers jours de son règne. Quand il sortait, on l'acclamait sur son passage, on se précipitait à genoux devant lui, on se donnait de garde de manquer une occasion de contempler sa douce et majestueuse physionomie, que relevait l'éclat de l'intelligence et de la bonté.

Pie IX était parvenu, en quelques années, à réparer presque tous les désastres commis par la révolution. Il était encore, il est vrai, sous la garde de la France; mais cette garde n'était plus qu'une garde d'honneur. Six à sept mille hommes la formaient : deux régiments, le 40ᵉ et le 25ᵉ de ligne, une batterie d'artillerie, un escadron de cavalerie : c'était plus qu'il n'en fallait pour rendre honneur à l'autorité papale et pour la protéger. Personne ne songeait à se révolter contre elle. Il n'y avait pas, même à Rome, le parti des mécontents, qui se forme presque inévitablement auprès de toutes les cours. Le pouvoir du Pape et de ses ministres s'exerçait avec une si grande bienveillance qu'on a pu l'accuser parfois de faiblesse, mais qu'on ne lui a jamais reproché sans injustice ce que l'on nomme les rigueurs de la théocratie. Les fêtes chrétiennes étaient solennisées avec le plus magnifique éclat : l'armée française, ses généraux, ses officiers, le général de Montréal, à leur tête, l'ambassade de France qu'occupait M. de Rayneval, ajoutaient une majesté de plus à la grandiose ampleur des pompes ecclésiastiques. Les étrangers accouraient à Rome de toutes les parties du monde : on en compta jusqu'à cent mille à l'époque des fêtes de la proclamation du dogme de l'Immaculée-Conception. Chaque année, les cérémonies de la Semaine Sainte attiraient plus de quarante mille pèlerins.

La cité papale offrait vraiment aux regards attentifs l'aspect que doit avoir le royaume de Dieu en ce monde. Les lois de l'Eglise y étaient exactement observées ; les affaires de l'univers entier y étaient traitées avec cette sagesse et cette maturité du jugement que la religion inspire à ceux qui la servent ; les Romains étaient heureux de constater que, après les crimes de la révolution, qui avait banni le Pape et sa cour, ils venaient de retrouver le Père dont ils avaient pleuré le départ, et de voir se rouvrir, pour eux,

les sources du bien-être que leur apportaient les
étrangers.

La science fut rarement aussi bien représentée
à Rome qu'elle l'était à cette époque. Non seulement les maîtres les plus illustres la répandaient
à flot en des cours très suivis, ou dans des ouvrages dignes des plus beaux jours de l'érudition
chrétienne, mais on n'avait jamais vu dans la
cité sainte, un tel concours de gens studieux,
jeunes pour la plupart, quelques-uns blanchis
par l'âge et les travaux, se presser autour des
chaires où on distribuait le savoir. Pie IX
avait renouvelé, presque entièrement, l'université romaine de sa Sapience. Il avait rajeuni
le séminaire romain, en y joignant, pour
les états pontificaux, le séminaire qui porte
son nom. Les religieux dominicains expli-
quaient la doctrine de l'Ange de l'Ecole avec
une hauteur de vues que le nom seul du Père
Guidi, mort sous la pourpre, suffit à faire
pressentir. Les Colléges nationaux se dévelop-
paient par la création du séminaire français,
du collége belge, des colléges américains et du
collége anglais. Quatre cents élèves en théologie suivaient les cours de l'université grégorienne
plus connue sous le nom de collége romain. Le
Père Passaglia et le Père Schrader, son disciple, y enseignaient la théologie dogmatique avec
une hauteur de vues, un charme d'élocution

et une méthode rigoureuse qui marqueront, dans la suite des âges, comme un sillon de lumière dans les développements de la science sacrée. Le Père Patrizzi y développait, dans un langage élevé et pieux, les principes d'interprétation de la Sainte Ecriture, et ses savants commentaires. Le Père Ballerini y exposait les principes de la théologie morale, dans la langue de Plaute et de Térence, avec autant d'agrément que les professeurs de dogme mettaient de majesté à développer leurs arguments souvent revêtus de la langue de Cicéron. Le Père Franzelin enfin traitait l'introduction à l'étude de la théologie, de manière à préparer les élèves de première année à profiter avantageusement des cours supérieurs. Il avait été formé à l'école de Passaglia ; et, s'il ne portait pas, dans son enseignement, les inimitables splendeurs que l'étude et le génie permettaient à son maître de déployer dans sa chaire, du moins, après l'avoir suivi, on était à même de mieux saisir la doctrine et la marche scientifique de ce dernier.

Après avoir publié de savants commentaires sur la Primauté de saint Pierre, sur le dogme de la Très Sainte Trinité, sur l'éternité des peines de l'enfer, Passaglia mettait la dernière main à son commentaire sur l'Immaculée-Conception, et s'occupait de rédiger la Bulle du Pape, dans laquelle ses élèves reconnaissent aisément la marche ordinaire de son esprit, sa méthode et jusqu'aux expressions qui lui étaient le plus familières. C'est pourquoi, sans doute, même après un égarement qui a coûté tant de larmes à ses plus chers élèves, et dont Passaglia est revenu au moment de paraître devant Dieu, Pie IX a voulu que la grande figure de Passaglia fût placée à côté de lui, dans la fresque fameuse, due au pinceau de Gagliardi, qui orne l'un des salons du Vatican.

Les célèbres docteurs protestants que l'étude approfondie de la doctrine primitive du christianisme avait ramenés dans l'église, et, en particulier, le Docteur Manning, aujoud'hui cardinal de Westminster, avaient été conduits au pied de la chaire de Passaglia, par le cardinal Wismann, son ami. Le collége anglais comptait presque autant de jeunes convertis que d'élèves. Lord Clifford, l'ami particulier de Grégoire XVI, y avait envoyé son fils, qui, presque au sortir des bancs du collège devait devenir Evêque de Clifton et recevoir, des mains de Pie IX, la consécration épiscopale. Là aussi on rencontrait le cardinal Howard, qui étonne encore aujourd'hui le monde par la facilité et la correction avec laquelle il parle presque toutes les langues du globe.

M. Ferrand, à peine arrivé à Rome, devint le confident et l'ami de presque tous ces hommes illustres, en s'asseyant sur les bancs du collége romain, où il les rencontrait, et en se liant d'une tendre amitié avec son maître et le leur, le père Passaglia. Quel que fut son désir de mener à Rome, une vie humble et cachée, il se vit contraint de mêler, encore là, à ses nouvelles études, les relations les plus honorables. C'était un spectacle qui attirait les regards que celui de cet homme, parvenu à l'adolescence de la vieillesse, se rendant au collége romain, avec son fils qui suivait les cours de science et de philosophie, et son ami Pitard, qui partageait les études du Docteur. Je vois encore la place où s'asseyait M. Ferrand, dans cette *Aula maxima* du collége romain, au premier rang des bancs, à gauche de la chaire, une place que tout le monde respectait, parce qu'on savait qu'elle était sienne, et qui restait vide lorsque — ce qui arrivait d'ailleurs très rarement — M. Ferrand était retenu chez lui. Je vois les regards de notre maître, cherchant à suivre, dans la manière dont M. Ferrand prenait ses notes, ou dans ses yeux, s'il lui arrivait de les touner vers la chaire, l'expression de sa parole et le succès de ses démonstrations éloquentes. Il est là, devant moi, cet homme en qui mes yeux encore jeunes, croyaient reconnaître un vieillard, avec ses longs cheveux blancs, sa main ferme et vigoureuse, écrivant avec une rapidité.

que je me plaignais quelquefois de ne pouvoir
atteindre, sous la rapidité d'une parole qui convenait merveilleusement à la logique de son
esprit et à l'ardeur de son âme. Il venait au
cours en habit noir, en cravate blanche ; il avait
une démarche ferme et assurée, la tête un peu
penchée en avant, mais cet œil brillant et ce
regard pénétrant, qui devaient être autrefois
terribles aux maladies corporelles, et qui avaient
transformé toute leur énergie en une remarquable douceur. Quand, à son arrivée, l'heure de la
classe n'avait pas encore sonné, il se promenait à grands pas dans le couloir, souriait agréablement à ceux qu'il connaissait — et il nous
connaissait presque tous — donnait parfois des
consultations rapides à ceux qui les lui demandaient, tout en nous disant : « Non, non, je ne
suis plus médecin, par la grâce de Dieu, » et
accentuant ces dernîers mots avec toute la suavité qu'il s'était acquise dans les luttes contre
les rigueurs de son tempérament.

On ne pouvait converser quelques instants
avec lui sans s'apercevoir bien vite que ce
condisciple vénéré avait toute la sûreté d'un
maître ; et quand il permettait à un élève de faire
quelques pas, à la promenade, avec les personnes
de sa société, on se serait cru au milieu de trois
hommes, d'un âge différent, mais formés sur le
même modèle, ayant les mêmes idées, les

mêmes égards, !es mêmes prévenances, supérieurs, le père, du moins, et son ami, mais s'obstinant à cacher leur supériorité, comme s'ils ne voulaient pas la laisser paraître de peur de perdre, aux regards de la jeunesse, ce titre de condisciple à l'aide duquel ils croyaient se rapprocher davantage de son cœur.

Aucun ancien élève du collége romain ne contestera ce que je viens d'écrire. Un très petit nombre certainement a oublié M. Ferrand de Missol et M. Pitard. On sait qu'ils eurent avec nos maîtres, le premier surtout avec le Père Passaglia, les rapports les plus intimes. Passaglia l'estimait pour sa droiture et son amour du travail. Il se soumettait à être parfois son précepteur. Il l'enfermait dans la bibliothèque du collége romain, à la place même où il s'était assis pour préparer sa leçon, devant les ouvrages qu'il avait compulsés et qu'il laissait ouverts sur son pupître, afin que M. Ferrand pût les compulser à son tour, une fois la leçon terminée. Lorsque venaient les jours de congé, M. Ferrand allait assidûment les passer à la campagne avec le Père Passaglia et le Père Schrader. Là se tenaient les conversations les plus intéressantes. Chacun y apportait son contingent de science, de littérature ou d'esprit pratique. Pitard, en présence de la campagne romaine, récitait à tout propos les poètes qui l'ont chantée, Virgile surtout, à qui sa nature d'esprit et la tendresse de son cœur le rendaient si semblable. Passaglia faisait revivre l'enseignement de l'histoire et de la tradition, qu'il possédait d'une manière incomparable. M. Ferrand rattachait ses études antérieures, philosophiques et médicales, à la conversation littéraire ou scientifique de ses deux amis. On dinait ensuite ensemble, et le bon Docteur réservait toujours quelques surprises pratiques, qui avaient le pouvoir de faire scrtir le doux et mélancolique Père Schrader, de ses rêveries germaniques. Quelquefois, à la fin du dîner, Passaglia chantait une chansonnette toscane de son enfance, ce qui égayait Amédée, et lui rendait moins longs les instants pendant lesquels il devait arrêter ses courses après les papillons, les insectes ou les minéraux. A la campagne, M. Ferrand reprenait son rôle de père et de mère, si bien que Schrader, quand il le vit quitter Rome, une fois ses études terminées, disait : Mon pauvre maître Passaglia a perdu sa maman ; que va-t-il devenir?

M. Ferrand n'était pas un de ces observateurs légers et frivoles, qui méprisent tout sans rien connaître, parce qu'ils n'étudient rien à fond. Il étudiait Rome et les Romains, la cour et la ville, et il avait, en haute estime, le rare bon sens des hommes parmi lesquels il vivait. Il voyait beaucoup de monde ; il interrogeait, il comparait, et il disait quelquefois que l'on a bien tort de médire d'une société telle que la société italienne, et d'un clergé tel que le clergé romain. Il préparait déjà, à Rome, le nouveau genre de travail auquel, à son retour à Paris, il désirait s'occuper. Il étudiait les œuvres de charité qui se font dans la ville sainte, et il admirait la prudence et la sagesse avec lesquelles on les conduit. Lui-même nous parlera plus tard de la manière facile dont il put parvenir à les étudier à son gré. Il avait coutume de dire aux jeunes gens qui arrivaient à Rome pour y passer quelques années : « C'est ici le pays de la sagesse, de la prudence ; l'expérience s'y acquiert et y mûrit vite. Quand vous quitterez Rome, vous devrez avoir cinquante ans, entendez-moi bien, cinquante ans par votre sagesse, votre prudence et votre expérience acquises. »

On ne pouvait prendre ses conseils sans être pénétré, en quelque sorte, de l'énergie avec laquelle il les donnait. Il recommandait surtout aux jeunes élèves d'avoir une tendre dévotion à la Très Sainte Vierge ; et entre les sanctuaires de Rome, il y en avait un où il les envoyait avec une prédilection marquée : celui de *Mater admirabilis* à la Trinité-des-Monts : « Vous êtes jeunes, leur disait-il, vous êtes ardents, impétueux, violents même. Allez vous calmer là-haut. Tout respire la tranquillité dans cette modeste chapelle. La peinture, qui représente la Très

Sainte Vierge n'a que cela de remarquable ; mais cela s'y trouve, et le calme vous viendra si vous allez là, vous jeter aux pieds de cette douce image qui représente Marie à un âge voisin du vôtre, et dans une condition à peu près semblable à celle dans laquelle vous vous trouvez. » Grâce à ses conseils, sans doute, le sanctuaire de *Mater admirabilis* devint très fréquenté par la jeunesse ecclésiastique. En se rendant au Pincio, pour la promenade ordinaire, on montait à la Trinité-des-Monts, on faisait une petite prière, et l'on recevait souvent, auprès de cette douce image, des grâces de choix.

Pendant qu'il était médecin, M. Ferrand allait presque tous les ans, au cours des vacances de ses fils, revoir son père et son cher village de Saint-Gervasy. En se rendant à Rome, pour y commencer ses études ecclésiastiques, il s'y arrêta aussi ; et, après avoir reçu la bénédiction de son père, il alla se jeter, à Nimes, aux pieds de son saint évêque d'origine, Monseigneur Cart. Le prélat avait coutume, lorsqu'il devait donner sa bénédiction, de la faire précéder par quelques paroles de piété, adressées à ceux qui la lui demandaient : « Allez, mon fils, dit-il à M. Ferrand, où Dieu vous appelle. Lorsque le Seigneur choisit Abraham pour le mettre à la tête de son peuple, il lui dit : « Sortez de votre terre, de votre famille et de votre parenté. » S'il

vous avait commandé de le faire, vous eussiez
certainement obéi à ses ordres. Mais il a voulu
vous dégager lui-même de tout ce qui aurait pu
vous retenir dans le siècle ; et c'est au sein des
douleurs que sa voix s'est fait entendre à vos
oreilles. Souvenez-vous que « ceux qui sèment
dans la douleur recueilleront dans la joie. »
« Allez, vous aussi, cher maître de la jeunesse,
dit-il ensuite à Pitard ; et recevez, à Rome, dans
la cité où réside celui de qui nous vient à tous
l'enseignement de la foi, la doctrine salutaire
que vous répandrez un jour dans l'Eglise. Allez
aussi, cher enfant, puisque le Seigneur daigne
permettre que vous suiviez votre père et votre
maître, poursuivit-il, en s'adressant à Amédée.
Vous reconnaîtrez un jour quelle grâce Dieu
vous accorde, en vous assurant, pour tout le cours
de votre jeunesse, la vigilance incessante, de
votre père et de votre maître, et l'immense avantage qui vous est réservé de faire, à Rome, des
études philosophiques et scientifiques. Que Dieu
vous bénisse tous les trois, mes enfants, et qu'il
daigne encourager les efforts de votre bonne
volonté par les grâces de choix qu'il a promises
à ses vaillants serviteurs ! » Puis le saint évêque
les bénit, et il garda le plus doux souvenir de la
visite qu'il venait de recevoir ; si bien que,
après un an, il parlait de M. Ferrand, avec une
sorte de vénération, à un ecclésiastique du

diocèse de Nimes, à qui il permettait d'aller compléter ses études à Rome, et à qui il disait : « Mon fils, je vais quitter ce monde ; vous ne reverrez plus ici-bas celui dont le Seigneur s'est servi, malgré son indignité, pour vous rendre à votre mère. Mais, en arrivant à Rome, allez trouver M. Ferrand ; dites-lui que je vous confie à sa garde, que je lui ordonne de vous aimer comme un fils. Aimez-le comme un père, et tant que vous pourrez recevoir ses conseils, ne faites jamais que ce qu'il vous dira. » Quand cet ecclésiastique, à qui le Seigneur avait rendu la vie et la santé, dans son enfance, sur la demande que lui en avait faite Monseigneur Cart, aux prières de sa mère, et que l'évêque de Nimes appelait, pour ce motif, « mon petit ressuscité, » se présenta à M. Ferrand, il lui rapporta fidèlement les paroles de son évêque, et il reçut aussitôt de lui cette réponse : « Oui, mon enfant, puisque votre évêque l'a voulu, c'est que Dieu l'a voulu avant lui. Vous êtes mon troisième fils. » Et jamais de part ni d'autre, cet engagement n'a été rompu.

Pendant l'une des visites qu'il fit à Saint-Gervasy, M. Ferrand fut mêlé à une histoire un peu étrange, qu'il aimait à raconter et que l'on à recueillie aussi fidèlement que possible, d'après le récit qu'il en faisait lui-même. Nous le transcrivons tel qu'il nous est fourni :

« C'était un bonheur pour moi de me retrouver, à Saint-Gervasy, au milieu de ceux qui m'avaient connu dans mon enfance et qui m'accueillaient avec tant de joie. J'avais souvent entendu parler d'une jeune fille de mon village, qui faisait l'admiration de tous par sa piété et par sa charité ; mais je ne la connaissais pas. Je savais qu'elle était fort laborieuse, et qu'elle conduisait aux champs un petit troupeau. On l'appelait Bancelette, par une habitude commune dans le midi, qui consiste à donner une terminaison semblable au nom des enfants ; son père se nommait Bancel ; on en avait fait Bancelette, pour le nom de la jeune fille. On me la montra, un jour, en passant sur la place de l'église, et sa tenue modeste m'avait frappé, au point que je désirais beaucoup faire sa connaissance. On vint me dire que Bancelette désirait me parler ; j'en fus enchanté : « Monsieur le Docteur, me dit-elle après m'avoir fait une honnête révérence, je viens vous trouver pour vous faire une confidence ; il m'est arrivé un grand malheur. » Je frissonnai de la tête aux pieds. Quoi! cette enfant que l'on croyait si innocente et si pure! serait-ce possible? que voulez-vous ? moi, médecin de Paris! une pensée effroyable traverse mon esprit; je ne laissai pourtant rien paraître. Bancelette continua, en voyant que je l'écoutais avec attention : « J'étais un jour aux champs à garder mes bêtes, et je tricotais, lorsque j'entendis clairement à mon oreille ces mots : « La charité, la souffrance, fille de Saint Vincent. » Je me retournai pour voir qui m'avait parlé, et je n'aperçus personne. Etonnée, car j'avais bien entendu, je me remis à travailler, et, presque immédiatement après, j'entends encore distinctement, les mêmes paroles : « La charité, la souffrance, fille de Saint Vincent. » Cette fois, je me levai, et je cherchai autour de moi, pour trouver qui venait ainsi me parler et se retirait. Personne, absolument personne. Je me remis à l'ouvrage, et voilà qu'une troisième fois les mêmes mots me sont répétés. Pour le coup, me dis-je, je crois que les oreilles me *cornent*. Si ces paroles ne sont pas du dehors, alors elles sont du dedans. » J'écoutais avec un sérieux intérêt et un grand étonnement cette petite paysanne, me racontant, dans son langage naïf et avec une simplicité charmante, ce fait si étrange.

— Continuez, mon enfant, lui dis-je avec affection. — Monsieur après avoir entendu ces voix : « La charité, la souffrance, fille de Saint Vincent » elles ne sortaient plus de mon esprit ; en rentrant, chez moi, j'avisai une bonne femme du village, et m'adressai à elle : « Dites donc, la mère, vous devez savoir ce que c'est qu'une fille de Saint Vincent ? — Oui, la Bancelette, c'est une sœur grise.— Oh! jamais, c'est trop laid, me suis-je dit, monsieur. Je devins triste, je dépérissais de jour en jour ; ma mère me voyant ainsi me demanda si je voulais me marier, je tombai tout-à-fait malade, et je demandai à M. le curé s'il n'avait pas une vie de Saint Vincent. Il me la prêta, et je fus ravie en la lisant. Je dis alors que je voulais être sœur grise ; et quand j'ai su que vous étiez ici, monsieur, j'ai pensé venir vous trouver : Il doit connaître ça, lui, qui vient de Paris, me suis-je dit. — Très bien, mon enfant ; mais savez-vous que, pour entrer chez les sœurs, il faut de l'argent ? une petite dot ? — Oh ! monsieur ; nous sommes riches ; nous avons bien mille francs. »

» Je souris de la candeur de Bancelette ; puis je repris sérieusement : — « Pourquoi me disiez-vous, mon enfant, au commencement de votre récit, qu'il vous était arrivé un grand malheur ? —Ah ! monsieur, parce que c'est toujours un grand malheur de ne pas être conduite par une voie ordinaire. » — J'étais de plus en plus étonné. Je continuai : — « Savez-vous, mon enfant, ce que pouvaient vouloir dire ces trois mots, que vous avez entendus : « La charité, la souffrance, fille de Saint Vincent ! » — J'ai compris, monsieur, qu'une sœur de charité devait être une martyre de chaque moment. — Dites-moi, mon enfant, est-ce que vous seriez heureuse de souffrir pour notre Seigneur ? — Oh ! monsieur, si je serais heureuse ! » — Bancelette, me parlant ainsi, leva les yeux au ciel, et resta quelques instants comme en une sorte d'extase. Lorsqu'elle abaissa son regard, et qu'elle me vit, elle fut comme interdite.

» Quant à moi, je restai confondu des réponses si simples, si naïves et si justes de cette fille des champs. On reconnaîtra, en effet, qu'elle s'exprimait avec une parfaite netteté, sur des sujets difficiles, même pour les maîtres de la vie spirituelle. Elle répondait d'ailleurs d'une façon si convaincue ! Je voulus, ravi de ce que je venais d'entendre, pousser plus loin mon interrogatoire : — « Voyons, Bancelette, vous allez souvent à l'église ; on me dit que vous y priez longuement et avec ferveur. Que demandez vous au bon Dieu ? — Voyez, monsieur, je suis si bête que je ne sais rien dire, je prie d'abord pour ma mère, puis pour mes frères, pour ceux qui en ont besoin et puis je le regarde, il me regarde et je suis contente. » — Je venais d'entendre la plus admirable leçon de prière que l'on m'eût jamais faite.

» Je promis à Bancelette de m'occuper d'elle aussitôt que je serais de retour à Paris, et je le fis avec exactitude. J'allai trouver la mère Devaux, alors supérieure générale des filles de la Charité, que je connaissais intimement ; car j'avais été médecin de sa communauté. Je lui parlai chaudement de ma protégée, et je lui fis aisément partager mon admiration, surtout en lui rapportant textuellement ma conversation avec Bancelette : « Dites-lui d'entrer tout de suite, me répondit la supérieure générale : Dieu seul a pu apprendre à cette enfant qu'une fille de charité doit être une martyre de tous les instants. » Il fut convenu que, selon l'usage de la communauté, Bancelette ferait son postulat à Nimes.

» A l'âge de vingt ans, Bancelette brisa tous les liens qui l'attachaient à sa famille et au monde, et après avoir communié une dernière fois dans l'église de Saint-Gervasy, elle partit pour se consacrer au bon Dieu chez les sœurs grises, comme on les appelait alors.

» Lorsque je retournai dans le Midi, je m'arrêtai à Nimes, et je visitai ma protégée. On me dit que la pauvre enfant, bien édifiante d'ailleurs, était affligée d'une lourde croix. Une maladie de peau, très douloureuse, avait envahi tout son corps, et la rendait presque méconnaissable. On appela Bancelette, qui vint sans embarras, quoiqu'elle eût le visage défiguré. Elle portait un tablier de cuisine. Elle se présenta à moi le sourire sur les lèvres, sans plainte ni tristesse. Après avoir examiné son mal, dont je reconnus la cause dans les fonctions qu'elle remplissait, je dis à la supérieure de la retirer immédiatement de la cuisine. « Cette fille des champs a besoin de grand air, ma mère : donnez-lui un autre emploi, et cette maladie disparaîtra bien vite. » Après en avoir reçu l'ordre, Bancelette dénoua son tablier avec la même simplicité que si on lui eût donné la plus humble commission. J'appris bientôt qu'elle était guérie, et qu'elle continuait à édifier la communauté, par sa charité, sa piété et son obéissance.

» Lorsque son postulat fut terminé à Nimes, la mère Devaux fit venir Bancelette à Paris, pour son noviciat, selon l'usage des filles de Saint-Vincent-de-Paul. Elle arriva précisément pendant que je faisais une visite à la mère générale ; et, dans sa simplicité, quand on lui annonça que j'étais à la maison, elle demanda à me parler. On lui répondit que ce n'était pas conforme aux habitudes de la maison que les postulantes fassent de semblables demandes. Mais ayant appris moi-même qu'elle était là, j'obtins sans peine de la voir. La chère enfant avait subi le refus qu'on lui opposa avec sa tranquillité ordinaire, et elle reçut ma visite avec beaucoup de joie.

» Quelque temps après, on m'apprit que Bancelette était très malade. J'accourus au chevet de la pauvre novice. Je constatai, en l'examinant, que son état était, en effet, fort grave, et je lui

dis : « Eh! bien, ma chère sœur, que faut-il
demander pour vous au bon Dieu ? — Monsieur
le docteur, demandez pour moi la souffrance,
s'il vous plaît. — La souffrance ? reprit la mère
générale qui m'avait accompagné auprès d'elle.
Les souffrances, ma fille, vous êtes bien pré-
somptueuse ! est-ce que vous pourriez les supporter ? — C'est vrai, ma mère, vous avez raison ;
je ne suis qu'une orgueilleuse : ce que le bon
Dieu voudra seulement. » Je fus ravi de cette
humilité si vraie. Je regardai la supérieure, qui
comprit parfaitement ce que mes yeux voulaient
dire. En partant, je dis à la malade que je
reviendrais bientôt la voir.

» Je revins, en effet ; la pauvre Bancelette n'en
pouvait plus. Elle éprouvait des étouffements
tels qu'elle suffoquait. On avait été obligé de
soulever les couvertures du lit avec des cerceaux,
afin d'alléger ses douleurs : — « Mon enfant,
lui dis-je avec douceur, vous souffrez beaucoup ?
— Oui, Monsieur, beaucoup. — Vous ne demandez plus rien, n'est-ce pas ?—Non, Monsieur,
c'est assez. Je demande seulement la patience. »
— La chère enfant ne se plaignait pas. Elle
mourut quelques heures après, en odeur de sainteté, vénérée de toutes ses compagnes. On avait
eu soin de la revêtir du saint habit et de lui faire
prononcer ses vœux, quelques heures avant sa
mort. Ainsi se réalisèrent les paroles que le bon

Dieu lui avait fait entendre, parce qu'elle avait été fidèle à la grâce, et parce qu'elle avait répondu à l'appel du Seigneur avec simplicité. »

On a trouvé, dans les papiers de M. Ferrand, des lettres qui avaient été adressées sur Bancelette par des personnes dignes de foi, qui l'avaient suivie dans sa jeunesse, jusqu'à son entrée au couvent, et qui témoignent de sa charité et de sa piété extraordinaires.

M. Ferrand était resté près de trois ans à Rome, sans avoir jamais voulu solliciter une audience du Pape. On sait pourtant combien il était facile, à cette époque, d'être admis aux pieds de Pie IX. Le Souverain Pontife recevait tout le monde par bonté, et peut-être aussi un peu parce qu'il était bien aise de voir des gens de distinction, appartenant à tous les pays du monde, et auprès desquels il se renseignait sur la chrétienté confiée à sa sollicitude pastorale. Une mémoire heureuse lui permettait de retenir tout ce qu'on lui disait ; et plusieurs fois il arriva que tel prélat de sa cour, ou tel évêque du monde catholique, surprit sur ses lèvres une remarque pleine de finesse, inspirée à Pie IX par un renseignement acquis au cours de ses audiences journalières. Personne, à Rome, n'était aussi bien renseigné que le Pape, grâce à la condescendance avec laquelle il recevait les plus humbles, lorsqu'ils allaient à lui, et aux pénétrantes questions qu'il savait leur adresser habilement. Mais M. Ferrand, occupé tout entier de ses études, n'avait rien à apprendre au Pape, il le croyait, du moins; et il disait: « Pourquoi aller déranger l'homme le plus occupé du monde ? Quand je veux voir le Pape de près, je me rends à l'un des sanctuaires qu'il a coutume de visiter quand on y célèbre la fête du saint qu'on y honore. A mon retour de France, je vais lui baiser les pieds à Saint-Charles, le 4 novembre. Avant de partir, je vais recevoir sa bénédiction à *Sancta-Maria in Vallicella*, le 26 mai, jour de la fête de saint Philippe. Je ne manque jamais aucun des offices pontificaux qu'il célèbre à Saint-Pierre ou à Saint-Jean de Latran, voulant faire, pour toute ma vie, une ample provision de ces souvenirs auxquels je reviendrai plus tard avec bonheur. Je ne demande pas d'audience au Saint-Père, parce que je ne veux pas le déranger. »

Cependant lorsque, après avoir revêtu la soutane et reçu les quatre ordres mineurs, il fut sur le point d'entrer dans les sacrés ordres, il voulut demander une audience, afin de recevoir une bénédiction spéciale du Saint-Père, de se recommander à ses prières, et de lui faire bénir trois crucifix, l'un pour lui et l'autre pour ses deux fils, qu'il se proposait de garder en souvenir de ses ordinations. Le Pape avait entendu parler de lui. Il l'appela par son nom, lui donna, plusieurs fois, le nom de docteur, l'invitant à prendre, en théologie, le même grade qu'il avait pris en médecine. Il adressa aussi les paroles les plus bienveillantes à M. Pitard et à Amédée. Puis ayant béni les trois crucifix, présentés par M. Ferrand, il les prit dans la main, et les rendit à chacun en leur disant : « Voilà pour le Père, voilà pour le Fils, et voilà pour le Saint-Esprit. » Pitard sourit de cette façon absolument et précisément angélique dont se souviennent ceux qui l'ont connu. Et le Pape insista, en lui serrant la main : « Oui, j'ai bien dit, et c'est vrai : vous avez été et vous serez toujours le lien entre le Père et le Fils, dans la famille du cher docteur, et cela, c'est le Saint-Esprit. Eh bien! donc, mes chers fils, allez vous faire ordonner prêtres, que le Père, le Fils et le Saint-Esprit vous bénissent, et que cette bénédiction demeure toujours. »

Cette croix bénite et donnée par le Pape fut pour le saint abbé Ferrand comme une relique, qu'il portait toujours sur lui, qu'il tenait dans la main lorsqu'il parlait, qu'il faisait baiser par ceux qu'il voulait convertir, et qui l'aidait fort souvent à obtenir du ciel des grâces et des faveurs merveilleuses.

Quant à la plaisanterie que le Pape avait faite, elle lui fut adressée au ministère de la police italienne, par un employé assez mal appris, au moment où M. Ferrand allait demander son passeport et celui de son fils pour retourner en France. Pitard n'avait pas pu l'accompagner, et il avait écrit ses nom et prénoms sur une feuille de papier que M. Ferrand dut présenter à l'employé chargé de viser les passe-ports. Cet individu prit d'abord le passe-port de M. Ferrand, et lisant : Abbé Ferrand de Missol et son fils, il ajouta : « Voilà le Père et le Fils ; il ne manque plus que le Saint-Esprit. » Il voulait se moquer de la qualité de père que portait le passe-port de l'abbé. « Le Saint-Esprit viendra tout à l'heure chercher le sien, Monsieur, reprit M. Ferrand avec finesse. » L'employé ouvrit de grands yeux : « Voici la feuille qu'il m'a chargé de vous remettre. — Mais, c'est M. Pitard, reprit l'employé assez déconcerté. » — « Oui, Monsieur, seulement le Pape, en nous recevant tous trois, nous a donné les noms que vous venez de nous donner vous-même, et nous y tenons. Aussi si vous voulez... » — « C'est bien, Monsieur. Je donnerai moi-même son passe-port à M. Pitard, quand il viendra le chercher. Il faut qu'il vienne en personne. On ne plaisante pas de la sorte ici. » — « Je vous ferai observer, répondit M. Ferrand, que je réponds aimablement à votre remarque, laquelle se rencontre, du reste, comme je vous l'ai dit, avec celle du

Saint-Père. » L'employé n'osa plus continuer.

L'abbé Ferrand venait d'entrer en retraite, avec son ami, à Monte-Citorio, chez les Pères Lazaristes, lorsqu'il reçut un billet du docteur Meyer, son ami, médecin en chef des troupes françaises, qui le priait de venir voir l'ambassadeur de France, M. de Rayneval, qui était très dangereusement malade. Son premier mouvement fut de répondre à M. Meyer que, dans les circonstances où il se trouvait, il lui était impossible de se rendre à son appel. Mais, fidèle à l'habitude prise de consulter M. Pitard, il alla frapper à la porte de sa cellule. Il y entrait à peine, lorsque le Père Guarini, procureur des Lazaristes, ami du Père Etienne et, par ce dernier, de M. Ferrand, arriva en toute hâte, suivi du docteur Meyer. Ils venaient le supplier de se rendre à l'ambassade de France. Le docteur Meyer trouvait la situation de M. de Rayneval fort grave ; il avait absolument besoin des lumières d'un confrère expérimenté. Pitard eut l'idée de proposer M. Louis Barre qui venait d'arriver, depuis deux mois à peine, au séminaire français, suivant la même carriére que son ancien ami de la Faculté de médecine de Montpellier. Mais le Père Guarini insista pour que M. Ferrand allât lui-même voir l'ambassadeur, et M. Meyer, qui connaissait peu M. Barre, insista aussi tant qu'il put. M. Ferrand ne pouvait pas, ne devait pas hésiter. Cependant, en montant en voiture avec M. Meyer, il dit au cocher de passer par le séminaire français, afin d'aller chercher M. Barre. Quelque confiance que l'on eût en notre vénérable ami, il désirait, espérant l'obtenir, faire contrôler son expérience personnelle, par l'avis du praticien qui venait, depuis très peu de temps, d'abandonner la médecine. M. Barre était le plus doux des hommes; mais il se trouvait encore sous le coup de la résolution énergique qu'il avait prise de quitter absolument la médecine, d'y renoncer sans retour. Il refusa obstinément d'accompagner M. Ferrand. Plus tard il regrettait l'austérité de cette résolution; mais il avouait que, s'il n'avait pas cru se rendre à la prière des deux docteurs, c'est qu'il connaissait à fond le docteur Ferrand, et que, quand celui-ci aurait donné son avis, quelle qu'eût pu être son opinion personnelle, il y aurait renoncé par déférence pour une autorité qu'il croyait être infiniment supérieure à la sienne.

On se rendit auprès de l'ambassadeur. M. Ferrand le trouva si malade qu'il résolut de passer la nuit à son chevet. Cette nuit était celle qui précédait son ordination à la prêtrise. Il écrivit au Père Guarini pour le renseigner sur sa résolution, et pour lui annoncer que, le lendemain matin, à l'heure dite, il se trouverait au palais du Vice-gérant, qui devait le consacrer. Ce palais était tout voisin de l'ambassade de France.

Ce fut le 6 janvier 1856, que M. Ferrand et son ami, reçurent, dans l'humble chapelle de Monseigneur le Vice-gérant, et des mains de ce dernier, la consécration sacerdotale. L'assistance était telle que M. Ferrand l'avait souhaitée. Elle se composait du Vice-gérant et de son secrétaire, qui l'assistait, des deux ordinands, d'Amédée et de celui qui écrit ces lignes et qui, ayant été ordonné prêtre quelques jours avant le cher docteur, le 22 décembre 1855, eut le bonheur de lui imposer les mains.

Le lendemain matin, dans la chapelle de Monte-Citorio, l'abbé Ferrand montait à l'autel, assisté par le père Guarini. Son fils et moi, lui servions la messe. Pitard lui succéda, au même autel, et son vénérable ami assista au premier sacrifice qu'offrait, au nom de Jésus-Christ, celui qu'il avait conduit au sacerdoce. Quand tout fut fini, l'abbé Ferrand nous embrassa, le cœur plein des émotions les plus douces. Il dit a Amédée : N'as-tu pas senti ton cœur battre un peu plus fort qu'à l'ordinaire quand, au *Confiteor*, tu as dit : « Et à vous mon père? » — « Deux fois plus fort, » répondit le bon jeune homme. Puis s'adressant à moi : « Et vous? — Je n'avais jamais si bien senti, père, que j'étais votre fils. »

Selon la coutume des prêtres nouvellement ordonnés, M. Ferrand et son ami célébrèrent la sainte messe, les jours suivants, dans les principaux sanctuaires de Rome. Ils firent aussi, en rentrant en France, les deux grands pèlerinages d'Assise et de Lorette, afin de célébrer le saint sacrifice en ces lieux particulièrement sanctifiés.

Au milieu des émotions de son ordination et de sa première messe, M. Ferrand ne négligea pas son illustre malade : « Dieu, disait-il, semble avoir voulu que mon ancienne profession et ma nouvelle dignité se donnent la main, au moment où je quitte les devoirs de l'une pour embrasser les devoirs de l'autre. » Lorsqu'il vit que tout danger était conjuré, il invita Mme de Rayneval et le docteur Meyer à venir assister à une messe qu'il dirait pour l'un et l'autre et leur famille, et il choisit le 9 janvier et la pauvre église d'*Ara cœli*. Mme de Rayneval conserva toujours le plus doux souvenir de cette messe et de la communion qu'elle avait reçue des mains du nouveau prêtre, « au cœur de saint. » Je sais que le docteur Meyer a retrouvé à Paris, celui qui, dans cette douloureuse circonstance, mit à son service le talent, la science et l'ineffable bonté que le Seigneur lui avait départies, et qu'il profita, si mes souvenirs ne me trompent point, du nouveau talent, de la nouvelle science et de la nouvelle bonté que la consécration sacerdotale avait données à M. Ferrand.

CHAPITRE SEPTIÈME

En ouvrant ce chapître, après les récits que je
viens de faire, et auxquels je me suis abstenu
de mêler mes réflexions personnelles, je crois
devoir déposer sur la tête de M. l'abbé Ferrand,
une couronne tressée par son ami, le Père
Lacordaire : « Le sacerdoce, disait ce grand orateur, dans son panégyrique de B. Fourrier, est
une immolation de l'homme ajoutée à celle de
Dieu ; et celui-la y est appelé qui sent dans son
cœur le prix et la beauté des âmes. Quiconque
ici-bas, sous l'enveloppe douloureuse qui nous
presse et nous obscurcit, reconnaît l'image
immortelle de Dieu ; quiconque y discerne,
malgré le péché, la ruine et la désolation, un
tel et si cher objet d'amour qu'il en voudrait
mourir, celui-la porte dans un vase fragile un
grand trésor. Il est du sang qui se verse pour le
salut ; il entend quelque part, plus haut que toute

chose, cette douce et pénétrante parole : « *Tu
es sacerdos in œternum* : Tu es prêtre éternellement. » Il n'y a pas d'âge exclu de cet appel
des faits ; venant de l'éternité, l'éternité supplée
à ce qui manque à l'enfant pour l'entendre, au
vîeillard pour y répondre. »

Il ne manqua rien, ce nous semble, à notre vénérable ami, pour entendre l'appel de Dieu ;
et nous en avons la preuve dans la manière
dont il répondit, au milieu des douleurs qui
auraient dû briser son âme, à la voix divine.
Quand il quitta Paris, sa haute situation, ses
relations choisies, tout ce mouvement dont est
fait la vie d'un homme répandu, il savait qu'il
marchait vers l'autel et l'espérance d'y monter
un jour ne le faisait reculer devant aucun sacrifice. « Il s'enfuit à Rome, dit M. le Docteur
Ferrand, y passer quatre ans dans l'étude
sévère et opiniâtre de la théologie. Habitué
à ne pas faire les choses à demi, il poussa cette
étude jusqu'à recueillir à nouveau le titre de
Docteur. » Ce fut son ami, le Père Charles Passaglia, qui, après un examen passé, selon l'usage,
devant quatre professeurs du collége romain,
et dans lequel M. Ferrand avait su montrer
combien il avait profité des leçons de son maître,
voulut lui décerner lui-même la barrette et l'an-
neau, après avoir reçu sa profession de foi ; et il
lui dit, empruntant une paroles des saints livres :

Filius meus es tu, ego hodie genite. » (1) Puis il l'embrassa en fondant en larmes, et M. Ferrand répondit, en levant les yeux au ciel : *Da mihi, domine, sedium, tuarum assistricem sapientiam, ut mecum sit et mecum laboret.* (2) Le Père Clément Schrader, qui assistait à cette scène, embrassa aussi M. Ferrand, quelques heures avant celle où il devait quitter Rome pour aller concourir à la fondation de l'université catholique de Vienne. Passaglia pleurait de joie et de tristesse ; de joie, parce qu'il savait bien que son enseignement trouverait, en M. Ferrand, un écho fidèle ; de tristesse parce qu'il perdait du même coup, deux de ses disciples les plus aimés.

M. Ferrand reprenait, en effet, bientôt le chemin de Paris. Il revenait dans la capitale, « avec la double couronne si rarement réunie de la paternité naturelle et sacerdotale. » Dès lors, chez lui, le médecin fait place au prêtre. Nombre de ses anciennes relations assiégeaient son cabinet, qui ne s'ouvrait plus que pour la direction des âmes. Mais on ne se dépouille pas facilement du caractère médical ; et d'ailleurs il est mainte situation dans laquelle les misères morales se lient intimement à des défaillances physiques, et où on peut avantageusement les attaquer les

______

(1) Vous êtes mon fils ; je vous ai engendré aujourd'hui.

(2) Donnez-moi, Seigneur, votre sagesse, afin qu'elle m'assiste, qu'elle soit avec moi et qu'elle travaille avec moi.

unes par les autres. Amené sur ce terrain, le prêtre se souvenait qu'il avait été médecin, et sa charité n'hésitait pas à servir à la fois toutes les détresses de la pauvre humanité. Le plus souvent cependant, attentif à ne pas laisser confondre des choses dont les relations ne doivent pas effacer les différences, il donnait la consultation morale qu'il jugeait convenir au sujet, et le renvoyait, pour le reste, se faire voir devant un des médecins qu'il honorait de sa confiance et de son amitié.

« Dire tout le bien qu'il a fait ainsi sans façon, sans éclat, avec le tact le plus fin, avec la plus exquise délicatesse on ne le pourrait qu'en réunissant tous ceux qui ont reçu ses conseils, et Dieu seul peut les compter. Chose à noter : ce méridional, qui avait le zèle ardent, le cœur bouillant, l'âme impétueuse avait le jugement le plus sûr et le plus mesuré. Je voudrais pouvoir dire que c'était à la nature de ses premières études qu'il devait cette juste appréciation des choses ; mais j'avoue qu'il en faut faire honneur plus encore au grand cœur dont il paraissait doué, et surtout à la vertu de douceur qu'il avait su cultiver et rendre aussi admirablement féconde.

» On comprend qu'avec un tel caractère l'abbé Ferrand de Missol ne manquât pas de clients spirituels. On venait consulter sur toute chose cet homme qui avait, pour ainsi dire, vécu plusieurs vies, et joignait à une charité inépuisable une expérience peu commune. Ses amis d'autrefois et ceux du moment actuel, hommes et femmes du monde, grands et petits, prêtres et laïques, religieux et religieuses, tous se louaient d'avoir recours à ses excellents conseils ; à tsus il prodiguait le temps que lui laissaient libre l'étude, la prière et les œuvres du ministère. Beaucoup ont trouvé près de lui la voie qui les ramenait au salut ; beaucoup aussi y ont senti l'impulsion d'un zèle qui savait se communiquer puissamment.

» Au milieu de cette existence si complètement si dignement remplie, ses intimes savaient avec quelle discrétion il prenait sa part des joies de la famille, de cette famille que la Providence avait groupée près de lui autour de son excellent fils. Disons toutefois que jamais il ne se permit de rien retrancher pour cela de son existence laborieuse et de ses habitudes matinales. Y avait-il une œuvre sérieuse à entreprendre, une consultation suprême, une conversion urgente, une réhabilitation délicate, alors rien n'eût pu l'arrêter.

» Fidèle à une maxime qu'il répétait souvent : « Le bien ne fait pas de bruit ; le bruit ne fait pas de bien, » il fit en secret deux œuvres éminemment utiles, qui restent aujourd'hui comme les enfants de sa paternité sacerdotale. L'une est l'œuvre de l'*Assistance maternelle*, à laquelle il a pris une part si active et si considérable qu'il a souvent passé pour l'avoir fondée ; les sœurs de cette congrégation renoncent à la maternité pour mieux se consacrer aux soins des mères qui en traversent les rudes épreuves ; l'autre est l'*œuvre de Saint-Raphaël*, plus ignorée et plus sublime encore, en ce qu'elle a pour objet de secourir celles pour qui les mêmes épreuves ne sont, pour ainsi dire, qu'amertume et remords.

» Il fallait l'âme délicate d'un homme d'élite pour inventer de placer auprès de la femme, dans les épreuves douloureuses de la maternité, un ange de charité qui, par son caractère religieux, lui rappelât l'austérité de ses devoirs, et, en même temps, par son dévouement habile lui en adoucît les rigueurs. Il fallait un effort aussi puissant que celui dont était capable le grand cœur de l'abbé Ferrand de Missol, pour surmonter les difficultés de toutes sortes que suscitait une telle œuvre, pour vaincre les répugnances qu'une délicatesse scrupuleuse ne manquerait pas de lui opposer. Il semble qu'il y fallait un prêtre et un médecin ; un médecin comme l'entendait déjà de son temps le grand Homère : l'homme au cœur de femme et à la main divine ;

un prêtre, et un prêtre quî saurait être un apôtre. » (1)

Nous avons cru devoir rapporter la seconde partie de l'article de M. le Docteur Ferrand, à cette place, avant d'entreprendre le récit détaillé des œuvres de M. l'abbé Ferrand, comme nous l'avons fait, dans la première partie de ce travail pour la première partie de ce même article. Le lecteur se trouve ainsi en présence de celui dont nous allons lui raconter les œuvres ; et il est plus à même de les comprendre, après avoir lu le jugement porté sur l'ensemble, de ces œuvres et sur les qualités de celui qui les accomplît, par un homme judicieux et grave.

Rentré à Paris, l'abbé Ferrand ne pouvait pas songer à se consacrer au ministère des paroisses. Il crut cependant devoir se mettre à la disposition du cardinal-archevêque, qui était alors Monseigneur Morlot. Le saint prélat accueillit son nouveau prêtre avec la bonté qu'il mettait en toute chose ; il voulut que M. Ferrand lui racontât presque toute sa vie. Ce dernier aurait trouvé fort désagréable de revenir sur son passé, s'il n'avait éprouvé, en abordant l'archevêque, comme un rayonnement de sainteté sympathique, qui s'échappait de sa personne et qui se produisait dans sa douce et paternelle conversa-

Docteur A. Ferrand. *Le journal le Monde* du 13 nov. 1883.

tion. Ils échangèrent ensemble beaucoup d'idées
sur l'état des esprits, sur la manière de faire le
bien, sur la possibilité des œuvres que l'abbé
Ferrand méditait déjà de créer dans la capitale.
Quand il prit congé de l'archevêque, Monseigneur Morlot lui dit : « Vous n'êtes pas fait pour
entrer dans ce que l'on nomme le ministère actif.
Il me serait facile de vous donner une aumônerie;
mais je crois qu'il vaut mieux que vous continuïez
comme prêtre, le bien que vous avez commencé
comme médecin. Vous aimez que le silence se fasse
autour de vos œuvres : je suis tout-à-fait en har-
monie d'idées avec vous. Mon avis est que l'on
doit faire le bien — retenez bien cette formule :
lentement, doucement, petitement et sans bruit.
Pour agir ainsi, il faut, quand un prêtre pos-
sède la confiance entière de son Ordinaire, que
celui-ci consente à le laisser complètement libre.
Je vous donne toute liberté, et je vous accorde
tous les pouvoirs dont vous pouvez avoir besoin.
En échange de ces concessions, je ne vous demande qu'une chose : Venez deux ou trois fois
par an me renseigner sur ce que vous faites ; nos
deux âmes sont créées pour s'entendre. Quant à
M. Pitard, qu'il reste encore quelque temps
auprès de vous, qu'il étudie, sous l'œil de Dieu,
quelle est la direction qu'il doit prendre. Je lui
donnerai un petit ministère, si cela lui convient,
mais il est probable que Dieu lui réserve une
autre vocation. »

M. Ferrand fut très touché de l'aimable et affectueux accueil que lui avait fait le prélat, et il garda toujours, en ses œuvres, la direction qui venait de lui être donnée. Ce fut la formule qu'il avait reçue du prélat — faire le bien lentement, doucement, petitement et sans bruit — qui lui servit de règle dans toute sa conduite.

Quant à M. Pitard, il resta pendant quelque temps encore chez son ami, attendant, selon les conseils de l'archevêque, que le bon Dieu lui fit connaître ce qu'il voulait de lui. Il voyait assez souvent ses deux anciens compagnons d'école, le Père Olivaint et le Père Verdière, qui étaient entrés dans la compagnie de Jésus. Un jour vint où il crut reconnaître que la volonté de Dieu était qu'il y entrât lui-même. M. Ferrand le présenta personnellement au noviciat des révérends pères, et il aimait à dire, après l'avoir constaté, que, au bout de quelques heures, Pitard avait l'air, les habitudes et la forme du Jésuite tout comme un profès de douze ans. Dieu trouva bientôt mûre pour le ciel l'âme de cet homme excellent, qui s'était donnée à lui tout entière. Il mourut professeur de rhétorique au collége de Vaugirard, où il s'était acquis, en peu de temps, l'affection et le respect des Pères, des enfants et de leurs familles.

L'abbé Ferrand, en se fixant à Paris, demanda et obtint de célébrer la sainte messe chez les

Dames de la Retraite, dont la maison était alors rue du Regard. On lui donna, dans la chapelle, un confessionnal qui fut bientôt assiégé par de nombreux pénitents. Cet homme, que l'on avait connu comme médecin, s'était acquis, sans la chercher, la confiance d'une foule de personnes. Ainsi se passent les choses dans la sainte église de Dieu : les fidèles reçoivent du Seigneur, qui les dirige par son mouvement premier, une impulsion dont ils ne se rendent pas compte, et qui les pousse vers certains prêtres, précisément destinés à leur faire du bien.

Entre ceux qui s'adressaient à lui, l'abbé Ferrand en discerna un certain nombre qui lui parurent animés d'un magnifique dévouement. Il crut devoir en profiter pour créer une œuvre qui lui tenait beaucoup à cœur : l'œuvre des Veilleuses volontaires des pauvres. Il avait vu cette œuvre fonctionner à Lyon, et y produire beaucoup de bien ; il crut pouvoir la créer à Paris. Il pensait qu'il valait mieux s'inspirer de l'expérience des autres, que d'inventer soi-même des œuvres nouvelles. On remarqua, dans la suite, qu'il fut toujours fidèle à ce principe d'action, et que les œuvres qu'il a établies ont été, presque toujours, des imitations d'autres œuvres déjà existantes. Il était si peu personnel, notre vénérable ami ; il se défiait tant de lui-même et de ses propres idées, qu'il craignait

toujours, en suivant l'impulsion de son âme
ardente, de donner en des excès et de dépasser
le but. Cette œuvre exista, sous sa direction,
pendant plusieurs années. Les plus grandes
dames de Paris tenaient à honneur d'aller veiller
les pauvres, à tour de rôle, et, en même temps
qu'elles leur apportaient des secours matériels,
de travailler au bien de leurs âmes ; mais diverses
circonstances ne permirent pas de la continuer.
L'idée avait été donnée ; elle devait trouver,
après quelque temps de répit, tous ses développements.

Les sœurs de l'*Assistance maternelle* existant
à Metz depuis un certain nombre d'années,
furent amenées à Paris par les Pères jésuites,
leurs supérieurs. Dès qu'elles apprirent qu'un
ancien médecin, dont la compétence et la prudence
étaient connues, venait d'arriver à Paris
et y exerçait le ministère sacerdotal, elles accoururent
à lui pour le supplier de prendre la direction
de leur œuvre. Je crois me rappeler que
Monseigneur Morlot ne fut pas étranger à cette
demande. En tout cas, M. l'abbé Ferrand alla
le consulter, avant de prendre la direction de
cette œuvre, et le cardinal le pria de vouloir bien
s'en charger. Cette œuvre admirable, destinée
à rendre aux femmes qui subissent les épreuves
de la maternité, les plus grands services, ne
pouvait être placée plus avantageusement que

sous la direction de notre vénérable ami. Mais
il était difficile de la conduire « sans bruit ; »
car les Dames de l'Assistance maternelle allaient
dans les familles riches et dans les familles pauvres ; les unes et les autres s'applaudissaient
hautement de les avoir appelées. Les riches les
rétribuaient, soit afin que la communauté pût
vivre, soit afin qu'elle fût à même de verser des
aumônes dans le sein des pauvres. On s'émut
de ce nouveau mode d'exercice de la charité ;
on parla, on critiqua, on persifla même l'idée que
ces Dames avaient eue de se placer, avec approbation de l'autorité diocésaine, sous la direction
d'un prêtre. On le blâma de s'être chargé d'une
œuvre, dont, ainsi qu'on le disait en dehors de
la vérité, les Pères jésuites n'avaient plus voulu
porter la responsabilité et le fardeau. La vérité
était que, désintéressés comme ils le sont toujours, les Pères avaient compris que M. Ferrand,
à cause de son passé, de son âge et de l'auréole
de sainteté qui se formait déjà autour de sa
personne, était plus à même que personne de
travailler aux développements d'une œuvre aussi
délicate et appelée à rendre les plus grands services aux mères et aux enfants, et que la Providence, en conduisant M. le docteur Ferrand
jusqu'au sacerdoce l'avait, en quelque sorte,
spécialement préparé pour l'action qu'il devait
exercer sur cette manifestation nouvelle de la
charité religieuse.

M. Ferrand parut ne rien entendre de ce qu'on disait de lui et de l'œuvre nouvelle. C'était le meilleur moyen de faire tomber les sottes criailleries que se permettent toujours les ignorants et les envieux. Il ne changea pas une épingle, ainsi qu'il le disait, au costume que les nouvelles religieuses avaient apporté de la Lorraine. Mais il écrivit pour elles des constitutions pleines de sagesse, de prudence et de charité. Ces constitutions, après leur fonctionnement consacré par une année d'expérience, furent soumises à l'autorité compétente, qui les approuva ; mais elles durent rester secrètes, ainsi que les résultats que l'œuvre avait déjà obtenus à Paris et au loin — car il arriva que certaines de ces religieuses furent envoyées en province, à l'étranger, et jusqu'à Constantinople ; — elles ne furent pas publiées.

La simplicité pratique des directions qu'elles reçurent de l'abbé Ferrand, les avis multipliés qu'il leur donna, en des conférences substantielles et nombreuses, le soin qu'il prit de faire servir à leur formation les conseils de son expérience de médecin et d'homme du monde, contribuèrent à imprimer aux sœurs une distinction si parfaite que, quand elles s'acquittaient de leurs fonctions, dans les maisons où on était capable de les apprécier, il était impossible de croire que ces bonnes filles fussent, pour la plupart, de simples paysannes. Le bon prêtre mettait toutes les industries de sa patience, de son zèle et de sa parole, à former des femmes qui, lui semblait-il, ne devaient réussir qu'à force de bonne éducation, de prévenance et de délicatesse. On a vu combien il avait l'esprit pratique, en lisant ce qu'il avait autrefois écrit pour ses enfants. Ce même esprit, il l'apporta dans la direction qu'il imprimait à ces chères filles de l'Assistance maternelle. Mieux que personne il savait comment elles devaient se comporter dans les situations difficiles où les appelait l'exercice de leurs fonctions. Il prévoyait tout, et faisait de tout un objet d'enseignement. Elles apprenaient de lui comment il fallait parler, se tenir, marcher, regarder, ce qu'elles pouvaient se permettre, en certains cas, ce qu'elles devaient refuser de faire en d'autres circonstances. Il corrigeait les défectuosités de leur première éducation au nom du bon goût et de la piété ; il trouva en elles des instruments dociles à ses volontés et à ses désirs. Puis il se préoccupa de leur faire acheter une maison autre que celle où elles s'étaient d'abord fixées, rue du Val-de-Grâce. Ce fut rue Cassini, 3, que le 21 mai 1858 l'abbé Ferrand les installa, après avoir célébré la messe dans leur chapelle. La communauté prospéra d'une manière admirable, malgré les épreuves inséparables de toute œuvre vraiment sainte. Comme toutes les œuvres de Dieu, elle eut à traverser des moments qui lui auraient.été fort pénibles, si la sagesse du « bon Père », — comme on l'appelait — ne les eût adoucis. Elle s'accrut rapidement, et le bien qu'elle a fait et qu'elle continue de faire sans bruit, témoigne de la force de son organisation.

A partir de ce moment, le centre des œuvres de l'abbé Ferrand fut trouvé. Il les faisait converger toutes rue Cassini. Cependant il n'était ni aumônier ni confesseur des dames de l'Assistance maternelle, et ce n'était qu'exceptionnellement qu'il consentait à confesser dans leur chapelle. On le trouvait, tous les matins, après sa messe, qu'il célébrait, en toute saison, à six heures, à l'Abbaye-au-Bois. Il y restait ordinairement jusqu'à onze heures. C'était le moment où il rentrait chez lui pour son déjeûner, suivi, presque tous les jours, d'audiences qu'il donnait jusques vers quatre heures. A cette heure-là, il se rendait rue Cassini, s'entretenait avec les gens qui venaient lui parler d'œuvres charitables, faisait une conférence aux sœurs, donnait assez souvent le salut, et ne rentrait chez lui qu'à l'heure du dîner.

Ce fut dans *l'œuvre de Saint-Raphaël* que M. l'abbé Ferrand déploya tout ce que le Seigneur lui avait donné de charité, de sagesse, de prudence et d'exquise bonté. Cette œuvre, difficile et délicate entre toutes, était restée la privilégiée de son cœur, parce qu'elle avait réclamé de sa part toutes ses sollicitudes *mater-nelles,* et qu'elle lui avait causé, avant sa fondation, plus d'un douloureux tourment.

Le 2 février 1872, il raconta lui-même toute la suite des événements qui avaient accompagné la fondation de *l'œuvre de Saint-Raphaël.* Les personnes qui entendirent ce récit s'empressèrent de l'écrire aussi fidèlement que la chose leur fut possible. Elles nous ont communiqué leur rédaction, que nous sommes heureux de pouvoir reproduire ici :

« Pendant que je me préparais, à Rome, au sacerdoce, je désirais connaître les œuvres de charité établies dans la ville éternelle. On me présenta au cardinal-ministre, qui en avait la haute direction. A Rome, l'accès auprès des grands dignitaires de l'Eglise est très facile ; ils reçoivent simplement tous ceux qui ont à leur parler et s'entretiennent sans plus de façons avec leurs visiteurs. Après m'avoir dit que, depuis le matin même, il n'était plus ministre des œuvres, ce personnage me donna pourtant une lettre, écrite et signée de sa main, avec laquelle je pourrais pénétrer partout où je croirais pouvoir glaner quelques renseignements utiles. Il me fit ensuite présent d'un ouvrage qu'il avait composé sur toutes les fondations pieuses de Rome, qui devait me diriger dans mes recherches.

» Je sortis bien heureux de chez cet homme excellent, et je me mis en devoir de tout voir et de tout étudier par moi-même. Deux œuvres surtout attirèrent mon attention : l'œuvre de Saint-Roch, établie depuis des siècles en faveur des pauvres filles qui sont forcées de se cacher, et l'œuvre des dots établie pour favoriser le mariage des jeunes filles pauvres. La première, sur laquelle je ne m'étendrai pas ici comme détail d'organisation, doit son nom à l'emplacement qu'elle occupe auprès de l'église Saint-Roch. C'est simple, bien simple ; mais c'est un abri favorable à la situation exceptionnellement douloureuse de celles qui demandent à y entrer. Personne n'y pénètre. Quel bienfait, me disais-je alors, si le bon Dieu permettait qu'une œuvre semblable se fondât à Paris ! Que de pauvres filles on sauverait du désespoir et on ramènerait à la vertu ! Mon expérience de médecin m'en montrait la nécessité.

» Lorsque je rentrai en France pour exercer le saint ministère, Dieu permit que l'on m'intéressât plusieurs fois à de jeunes filles qui ne savaient où cacher la honte de leur faiblesse et de leur malheureuse surprise. Que faire? Il n'existait pas, à Paris, d'asile où elles pussent se rendre et attendre le moment de leur délivrance.

Cet événement ne pouvait avoir lieu, pour les unes, qu'à l'hospice, et, pour les autres, que chez des sages-femmes. Triste alternative! car souvent de pauvres enfants tombées dans une première faute, pourraient s'en relever, tandis qu'elles apprennent à devenir des femmes perdues. Ma perplexité était grande : je pensais à l'abri, si bien emménagé, de Saint-Roch, de Rome, et je priais le Seigneur de me venir en aide. Dieu voulait cette œuvre : je n'en puis douter aujourd'hui; mais parce qu'il la voulait, et parce qu'il est autant honoré du temps que l'on met à faire une œuvre qui lui plaît, que de cette œuvre même, Dieu devait faire passer sa création par des moments pénibles. Ces moments ne sont-ils pas un enseignement que l'on garde, et qui apprend ce que l'on doit faire et ce que l'on doit éviter, à l'avenir?

» Un jour, une brave domestique, retirée dans un petit logement, vint me trouver. Elle avait été bonne chez un de mes amis devenu jésuite; elle savait que je m'emploierais à lui rendre service. — « Monsieur l'Abbé, me dit-elle, si vous connaissiez quelque honnête fille sans place, je la prendrais avec moi, pour très peu de chose, dix francs par mois. Cela m'aiderait et ce ne serait pas cher pour elle. » Cette proposition fut, pour moi, un trait de lumière : « Ma fille, lui dis-je, voulez-vous faire une bonne œuvre? — Oui, monsieur l'Abbé. — Eh bien, renoncez à une honnête domestique, qui pourra loger partout sans danger, et assistez une pauvre enfant repoussée de tous. »

» Elle y consentit, et je plaçai chez elle une malheureuse créature obligée de se cacher. Les épreuves commencèrent : le propriétaire ayant appris qu'un enfant était né dans sa maison, menaça de renvoyer la locataire. Je fus donc contraint de renoncer, pour une autre fois, à cacher mes malheureuses clientes chez l'ancienne servante de mon ami, et de les renvoyer à l'hospice.

La parente d'un prêtre s'offrit à moi pour prendre chez elle ces pauvres filles à des conditions assez douces. De bonnes dames allaient les visiter, les encourager et leur porter quelques petits cadeaux. La première qui sortit, fut accusée d'avoir volé des ciseaux, la seconde d'autres menus objets, la troisième un parapluie. L'excellente personne qui s'était mise avec tant de bienveillance à ma disposition, renonça à continuer un ouvrage qui lui paraissait, de prime abord, si ingrat.

» Sur ces entrefaites, une religieuse de Saint-Vincent-de-Paul vint me voir, et me recommanda très chaudement une sage-femme dont elle garantissait la délicatesse et le dévouement. Je vis cette personne, et quoique son visage ne

me convînt pas trop, j'acceptai les propositions
qu'elle me fit, parce que je voyais la possibilité
de cacher chez elle ces pauvres enfants. Un
jour, un père profondément malheureux de la
faute de sa fille, se présenta chez moi. C'était
un militaire décoré, un type de loyauté et
d'honneur. « Je veux sauver mon enfant, monsieur, me dit-il. Où la mettrai-je ? » Je lui indi-
quai la sage-femme que l'on m'avait si vivement
recommandée, en l'engageant toutefois à agir
avec beaucoup de prudence. Il revint le lendemain, heureux d'avoir trouvé, pour sa fille, un
abri qu'il croyait sûr. Il avait cru bien faire en
versant tout de suite une certaine somme. Il
espérait que, par là, son enfant serait mieux soignée et que lui-même aurait l'esprit plus tranquille. Quelques jours après, cet excellent
homme me revint. Il était au désespoir. Sa fille
n'était pas nourrie convenablement, et tous ses
effets étaient engagés. La femme dont on m'avait
dit tant de bien, ne méritait pas le témoignage
qu'on lui avait rendu. Le père indigné voulait
agir avec vigueur. Mais je lui fis comprendre
qu'il y allait de l'honneur de sa fille de mener
cette affaire avec une grande prudence, que la
malheureuse sage-femme pourrait spéculer sur
son secret, et qu'il était nécessaire, avant tout,
d'obtenir son silence. Il se rendit à mon avis,
et ayant pu obtenir les reconnaissances des

objets engagés, il retira son enfant à petit
bruit.

» Je priais toujours le bon Dieu, le conjurant de
m'envoyer les ressources et le moyen de créer
une œuvre qui, de jour en jour, me paraissait
plus nécessaire. Divers essais du même genre
furent tentés par de bonnes dames qui s'occupaient, avec moi, de ces pauvres enfants. Une
sage-femme fut encore essayée ; mais, chez elle,
on prenait les repas en commun, avec la famille
et les connaissances : ce n'était pas de cette
façon que j'entendais cacher mes infortunées
clientes.

» Le moment du bon Dieu arrivait. Son œuvre
allait faire un pas en avant, et j'espérais qu'il lui
plairait de l'asseoir bientôt sur des bases solides.

» J'avais été plusieurs fois appelé pour donner
quelques conseils à une bonne religieuse de la
Visitation. Un jour, elle me remercia avec une
grande effusion, me disant qu'elle se trouvait
bien de mes avis et me demandant ce qu'elle
pourrait faire pour m'être agréable : « Priez donc,
lui dis-je, ma bonne mère, pour une petite œuvre
à laquelle je pense beaucoup, et qui est appelée
à faire du bien, si le bon Dieu la bénit. » Et, en
quelques mots, je la mis au courant des efforts
que j'avais faits jusque-là pour trouver un refuge
à ces pauvres enfants. « Nous cherchons un petit

coin pour les cacher et une bonne dame qui se
charge de diriger la maison. — Je vous pro-
mets, Monsieur, de prier mon patron : il vous
fera trouver ce que vous cherchez. — Quel est
donc votre patron, ma mère? Vous paraissez
sûre de lui ? — Mon patron est l'archange
Raphaël, et je ne doute pas que tout aille bien
s'il s'en mêle. Je l'invoque à propos de tout ce
que je désire : il est tout puissant auprès du bon
Dieu. — Eh bien, ma mère, prions ensemble :
demain j'offrirai le Saint-Sacrifice de la messe
en l'honneur de saint Raphaël. »

Je partis, en repassant dans mon esprit, les
paroles de la sainte religieuse et, chemin
faisant, je relus, dans la Bible, tout ce qui était
dit de l'Archange saint Raphaël. Je n'avais
jamais trouvé aussi admirables les récits du livre
de Tobie. Ce jeune homme conduit, préservé de
tout danger, marié et ramené à son père par le
saint Archange : tout cela m'allait au cœur plus
que je ne le puis dire. Saint Raphaël était bien
l'ange-médecin, le protecteur de la jeunesse,
lui qui avait délivré Sara de sept démons. Il
avait appris à Tobie comment on doit remercier
Dieu de ses bienfaits. Toutes ces choses apportaient à mon esprit des flots de lumière.

» Après m'être arrêté chez les sœurs, rue Cassini, je m'en retournai chez moi par la rue Saint-
Jacques qui devait être explorée, le jour même,

par les dames dévouées à mon œuvre. Un concierge, qui venait de poser un écriteau, interrogé par moi, me raconta que le locataire avait besoin, pour des raisons de famille, de sous-louer au plus tôt son appartement. Je m'informai du prix ; je demandai à voir l'appartement. C'était tout ce qu'il fallait. L'appartement était modeste, mais propre, bien aéré, dans une maison honnête. Le prix que l'on me demanda me convint ; j'arrêtai aussitôt l'appartement, et je remerciai saint Raphaël dont l'intervention me paraissait manifeste, lui promettant de dire, le lendemain, ma messe en actions de grâces.

» Tout fut arrangé, mis en ordre, et la prise de possession eut lieu le 2 février, fête de la Purification de la Très Sainte Vierge. Cette fête devint celle de la petite maison, à qui saint Raphaël donna son nom et dont il fut le patron. Une bonne dame s'y installa, et plusieurs jeunes filles y furent reçues. La dame était bonne ; mais ce n'était pas encore celle que le Seigneur destinait à fonder une œuvre aussi délicate. Elle ne comprenait pas toujours ce qu'il fallait d'esprit d'abnégation avec des enfants tombées et qui sont défaites de bien des manières.

» Mes angoisses recommencèrent. Le bon Dieu, qui veillait sur cette œuvre et la voulait façonner lentement, m'envoya une pauvre femme qui paraissait vraiment son élue.

» Après avoir fait ses études de sage-femme,
en Lorraine, elle désirait s'établir dans son pays.
Elle y était tellement estimée qu'une personne
lui offrait de pourvoir aux premiers frais de son
installation. Mais elle hésitait à accepter cette
offre généreuse de peur que, n'ayant absolument rien, il ne lui arrivât de mourir avant de
s'acquitter de la dette qu'elle aurait ainsi con-
tractée. Elle vint à Paris, avec l'intention de se
placer ; et, comme on lui avait parlé de moi, elle
me demanda de l'aider à trouver une situation
dans laquelle il lui serait possible de mettre à
profit ses études. La gravité de son maintien, la
délicatesse de sentiments qu'elle fit paraître au
cours de notre conversation, me donnèrent à
comprendre qu'elle pourrait bien être la personne
que je cherchais. Mais comme je me suis toujours fait une règle de ne rien précipiter, je lui
dis de vouloir bien revenir chez moi dans quelques jours.

» Peu de semaines après, une dame qui s'est
beaucoup occupée de notre chère œuvre, se trouvant chez moi, me racontait tout ce qui la pei-
nait dans notre maison, qu'elle visitait souvent : « Je crois, lui dis-je, que le bon Dieu
nous envoie celle qui doit faire marcher cette
œuvre. Permettez-moi de causer avec elle, et
veuillez attendre la fin de notre entretien. »

» Mademoiselle Lagrange — tel était le nom de la personne qui m'avait été recommandée par les sœurs de Lorraine — entra, et m'avoua modestement qu'elle n'avait pas trouvé de situation qui lui convint : « Mon enfant, lui dis-je, vous donneriez-vous de tout votre cœur à une œuvre de telle nature ? — et je lui expliquai ce dont il s'agissait. — Ah ! monsieur l'abbé, combien je serais heureuse de m'y dévouer de toute mon âme ! — Auriez-vous le courage de travailler, et croyez-vous que vous seriez capable de passer les examens de sage-femme de première classe, à Paris ? — Je pense, monsieur, que je le pourrais. — Eh bien ! mon enfant, le bon Dieu vous offre cette position, il y a là une bonne dame avec laquelle vous allez vous entendre, pour que vous puissiez avoir le temps de travailler. »

» Madame ***, mise au courant de tout, offrit la chambre de sa fille, absente pour quelque temps, et rien ne manqua à mademoiselle Lagrange. Elle se mit au travail, avec une incroyable ardeur, et, au bout de quelques mois, elle se présenta à l'examen. Je sus depuis qu'elle l'avait passé d'une manière remarquable, mais sa modestie lui inspira de me dire simplement qu'elle avait réussi.

» Je remerciai le bon Dieu, croyant que notre œuvre allait marcher enfin d'un pas assuré.

Mademoiselle Lagrange entra ; la mère Justine, de la rue Cassini, lui donna une sœur pour l'assister, et les excellentes dames protectrices continuaient à visiter les enfants qui y étaient venues chercher un refuge.

» Il existe à Turin une maison appelée *Notre-Dame de Consolation*, où douze cents malades de tous les âges sont reçus et soignés. Toutes les œuvres se font les unes à côté des autres : c'est une véritable Arche de Noé. Cette maison est dirigée par un homme que l'on nomme le saint de Turin. Il vide, tous les jours, le tronc qui pourvoit aux besoins de son immense charité, et la Providence se charge de le remplir. J'eus la pensée d'écrire à ce saint prêtre, pour lui demander de dire une messe, afin que le bon Dieu fît descendre ses bénédictions sur la maison de Saint-Raphaël, et qu'il agréât tout le bien qui pourait s'y faire. Joignant l'aumône à la prière, j'envoyai cent francs à Notre-Dame de Consolation. Le Seigneur parut combler mes vœux ; car le saint me répondit, en italien, une lettre de sa main, dans laquelle il me disait que le bon Dieu agréait notre œuvre, et qu'elle produirait un grand bien. Il ajoutait que non seulement il offrirait le saint-sacrifice de la messe, mais que toute la maison ferait la sainte communion à cette intention. Mon cœur en fut rempli de joie. Je montrai la précieuse lettre à la mère

Justine, afin qu'elle remerciât le bon Dieu avec moi.

»A peine avais-je terminé cette communication que mademoiselle Lagrange, dont la santé nous avait donné quelques inquiétudes, et que j'avais envoyée chez un médecin de mes amis, revint avec une ordonnance qu'elle me présenta. Mes yeux eurent rapidement parcouru cette douloureuse ordonnance : l'état de la pauvre fille était excessivement grave, et elle devait quitter Paris immédiatement. Le coup était trop fort : tenir encore entre les mains la lettre pleine des plus encourageantes promesses du saint de Turin, et voir s'écrouler, en quelques secondes, tout ce qu'elle nous permettait d'espérer! — « Ma mère, dis-je à la mère Justine : allons à la chapelle réciter un *Te Deum*. » C'est mon habitude toutes les fois qu'une peine profonde m'est envoyée du ciel.

» Nous récitâmes cette admirable prière. Mais quelle épreuve, dure entre toutes les autres! J'étais accablé. Notre pauvre nature comprend si peu l'action de Dieu!

« Ma mère, un second *Te Deum*. Je ne puis me faire à cette pensée. Je veux être sûr de Dieu. » Le second *Te Deum* ne réussissant pas encore à me calmer : « Ma mère, un troisième *Te Deum*, afin d'accepter la volonté toute-puissante du Seigneur. »

» Il fallut fermer pendant quelque temps la chère demeure où étaient venues s'abriter les pauvres filles. Cependant le Seigneur allait m'envoyer celle qui devait réellement fonder cette œuvre. Vous la connaissez toutes. Lorsque le bon Dieu me mit en rapports avec madame Gille, j'étais loin de penser à quoi elle était destinée ; car un tout autre objet l'amenait près de moi. Les vues de la Providence sont impénétrables ! Le jour de Saint-Raphaël, quelques mois après la mort de mademoiselle Lagrange, madame Gille se consacrait à cette chère maison, et la développait petit à petit, la faisant ce qu'elle est. Elle avait appris par hasard que la maison de Saint-Raphaël était vacante, et elle demandait à aller s'y établir. Madame Meilhon, puis madame Jacques s'adjoignirent à madame Gille. On eut la chapelle, puis on obtint la permission d'y garder le Très Saint Sacrement.

» Deux œuvres, complétant la première, prirent naissance à Saint-Raphaël. Nos jeunes filles formèrent un ouvroir, et les ressources qu'elles nous procurèrent aidèrent les dames à donner des soins aux pensionnaires. Les petites filles, en sortant de nourrice, purent rentrer dans la maison, et y recevoir de bons enseignements si utiles à l'enfance. Enfin le bon Dieu, toujours si prodigue pour celui qui met en lui toute sa confiance, réalisa, dans toute leur étendue, les promesses qu'il avait faites par la voix du saint de Turin. »

Tel fut le récit de M. Ferrand de Missol. La mort est, encore une fois, venue frapper la directrice de cette maison qui lui fut si chère, et nous croyons devoir rapporter, à la fin de ce chapitre, l'article nécrologique que *la Gazette de France* du 13 février 1886, consacrait à la personne dont M. Ferrand vient de nous parler :

« Le cortége nombreux et distingué qui assistait dimanche dernier, dans l'église de saint Jacques-du-Haut-Pas, aux funérailles de madame veuve Léon Gille, attestait la vénération que cette grande chrétienne avait su inspirer à tous ceux qui l'ont connue pendant sa longue carrière de dévouement. Veuve après peu d'années de mariage, elle avait vu une mort prématurée lui enlever son unique enfant. Sa foi vive et éclairée lui donna la force de supporter cette double épreuve sans se laisser abattre, mais son grand cœur avait besoin de se dépenser au service de Dieu et du prochain. Son directeur spirituel, M. l'abbé Ferrand de Missol, de douce et pieuse mémoire, si habile à discerner les vraies et solides vertus, la générosité des sentiments et la fermeté du jugement, reconnut bientôt dans madame Gille la coopératrice que la Providence lui envoyait pour fonder l'œuvre si délicate et si sublime de Saint-Raphaël. Cette œuvre de réhabilitation morale, en faveur des infortunées dont un moment de défaillance a compromis l'honneur et celui de leur famille, réclamait pour sa direction des veuves d'une position sociale distinguée, libres de leur temps, et joignant à beaucoup de tact et de fermeté une tendresse vraiment maternelle. surnaturalisée par la religion.

» C'est en les aimant comme leurs enfants et en leur inspirant, par leur exemple, une piété solide, que les dames de Saint-Raphaël peuvent réussir auprès de celles que la Providence leur donne la mission de relever et de guider dans l'accomplissement des devoirs que leur impose leur situation, tout en ménageant, autant que possible, leur réconciliation avec leurs parents. C'est ce qu'a fait admirablement, pendant vingt-cinq ans, madame Gille, avec le concours des dignes compagnes qui sont venues successivement s'unir à elle pour partager le fardeau de cette œuvre excellente. Elles ont accompagné, jusqu'à sa dernière demeure, cette mère spirituelle, avec un groupe de petits enfants qui reviennent passer leurs premières années dans la maison hospitalière qui protégea leur entrée dans la vie.

» Malgré la rigueur de la saison, le cortége presque tout entier se retrouvait au cimetière pour s'associer aux dernières prières.

» Puissent les témoignages de respect et de regrets, donnés par cette assistance d'élite à la fondation de l'œuvre de Saint-Raphaël, apporter quelque adoucissement à la douleur de ses respectables compagnes, héritières de son dévouement et de ses vertus ! »

Le lecteur peut en juger, par ce qu'il sait de l'œuvre de Saint-Raphaël et de celle qui contribua, le plus efficacement, à sa fondation : un esprit de dévouement absolu, de charité généreuse, de discrétion et de réserve, de sollicitudes incessantes et de paix tranquille animait M. l'abbé Ferrand et ses auxiliaires. C'est l'esprit qu'ont possédé tous les hommes qui ont créé, en ce monde, des œuvres durables : Renoncer à soi-même, se sacrifier aux autres, s'anéantir, et attendre tout de Dieu ; c'est et ce sera toujours le secret du succès à obtenir en de telles entreprises.

CHAPITRE HUITIÈME

Après avoir fait connaître, d'après le récit
de M. Ferrand, la fondation de l'œuvre de Saint-
Raphaël, il ne sera pas sans intérêt d'en suivre
les détails, dans une correspondance que l'une
de ses filles spirituelles a bien voulu nous communiquer, la correspondance de madame Gargam avec madame Meilhon. L'une et l'autre
s'associèrent au Père dès leur retour à Paris pour
y travailler, sous sa direction, au bien des âmes.
Mais madame Gargam, dont nous possédons les
lettres adressées à madame Meilhon paraît avoir
eu, pour lui et pour toutes ses entreprises, un
dévouement très particulièrement admirable.

La première de ces lettres est du 23 janvier
1859, et la dernière du 31 juillet 1861. Nous
allons en donner des extraits qui seront, nous
osons l'espérer, aussi édifiants que curieux.

« Je suis de plus en plus heureuse de notre
union dans le cœur du Divin Maître, ma chère

sœur et amie. Mercredi, en vous quittant, je ne devais pas aller à la réunion ; je pensais qu'il y aurait rupture. Puis, dans la journée, je vois arriver à ma caisse notre Père lui-même ; c'était la seconde fois seulement depuis son retour de Rome. Il me dit que tout va bien dans le moment, même l'œuvre des veilleuses, qu'il a dressé le relevé de ce qu'on a fait depuis six mois : — c'est merveilleux. « Je ne vais toujours pas là-bas, lui dis-je à demi-voix. — Si, au contraire, me dit-il. » Me voilà comprenant moins que jamais. La réunion a lieu. Notre Père répond, au manque de zèle qu'on reprochait, par le nombre de nuits passées depuis six mois. Puis il rappelle les incertitudes qui se sont manifestées à la retraite. Tout le monde paraît redoubler de bonne volonté. On demande à fixer une séance. Notre Père la remet au troisième dimanche de février. On se réunit. Je ne comprends pas dans le moment. Je croyais que tout se remettait. Et aujourd'hui notre Père vient de me dire que les choses n'étant pas claires pour lui, il veut attendre que le bon Dieu manifeste d'une manière plus claire sa volonté. Je retourne jeudi comme à l'ordinaire ; mais je ne crois pas à un rapprochement complet et durable. On emménage demain la chère œuvre rue Saint-Jacques. Une dame dont je vous ai parlé s'y installe. Qui devait-on lui donner ? nul ne le savait, et pourtant elle ne pouvait pas rester seule. « Le bon Dieu enverra, la veille, celle qui conviendra, » répétait toujours le bon Père ; et moi je me disais, ce matin : Il parait que le bon Dieu ne veut donner personne. Eh bien ! hier, est arrivée à notre Père, une personne qu'il a vue, il y a un an, qui avait fait une petite retraite chez la mère Justine, puis qui était repartie en province. Cette personne vient se mettre à sa disposition avec une docilité, une abnégation, et une docilité de cœur admirable. Bénissons le bon Dieu, et remercions-le de nous avoir donné un Père qui a une telle foi qu'on ne peut faire autrement que d'en gagner un peu. »

« *31 mai 1860.* — Je devais prendre ce matin quelques heures de repos. J'en ai profité pour aller assister à la messe de 6 heures à l'Abbaye... Notre Père, dont vous connaissez la bonté, vient tous les jours voir mon cher malade, et le premier jour de sa maladie, il l'a confessé et lui a donné l'absolution. Après ce premier pas fait, tous les autres sont faciles ; et quand mon malade sera rétabli, je suis sûre que le Père s'attachera de plus en plus cette âme qu'il a gagnée au bon Dieu... Un mot de Saint-Raphaël : Le dimanche, qui était mon premier jour de sortie, je vais rue du Val-de-Grâce pour arrêter définitivement un petit appartement qui me convenait. La propriétaire, malgré la promesse qu'elle m'en avait faite, venait de le louer à une

de ses amies ; premier désappointement. En arrivant rue Cassini, je conte mes douleurs à notre
Père : « Mon enfant, me dit-il, ne vous tour-
mentez pas ; le bon Dieu vous réserve quelque
chose de mieux. » Toute la semaine je cours le
quartier ; et vendredi, je trouve, rue Saint-Jacques, près de la rue Soufflot, ce qui convenait
mieux à mon mari et à mon fils. Bien vite,
samedi matin, par une pluie battante, je pars
avec mon mari pour le retenir ; il avait été pris
la veille au soir ; second désappointement. La
mère Justine, voyant les dfficultés que l'éloignement de Saint-Raphaël lui donne, avait jeté les
yeux sur une maison touchant à la sienne, habi-
tée par un charbonnier et un marchand de bric-
à-brac, maison très-laide, mais grande, qu'elle
croyait pouvoir obtenir facilement tout entière et
à bon compte. On aurait pu communiquer facilement, intérieurement et sans frais. Tout était pour
le mieux. J'arrive à savoir le nom du propriétaire ;
je vais le trouver, en m'y prenant de la manière la plus adroite que je puis, ne faisant
aucune demande de nettoyage, m'accommo-
dant de toutes les distributions. Eh bien!
le croiriez vous ? dans notre siècle de spécula-
tion, où on délogerait tous ses parents pour
quelques pièces de cent sous, je trouve un
propriétaire qui ne cherche aucun avantage, qui
conserve, depuis 38 ans, les mêmes locataires

sans augmentation, et qui me refuse très-nette-
ment. Le bon Dieu, en nous mettant en rapport
avec une telle rareté de propriétaire, nous montre que ce n'est pas là encore qu'il veut Saint-
Raphaël. Donc, après tant de démarches nous
sommes juste au même point. La volonté du
bon Dieu soit faite, et *Te Deum*, toujours suivant
notre Père. »

« *10 juin.* — Une grande nouvelle, j'ai un
appartement arrêté : c'est le bon Dieu qui me l'a
montré, bien sûr. Je sortais vendredi matin un instant, pour rendre service à une pauvre fille, rue
de Vaugirard. Je passais rue de Mézières, quand je
vois un écriteau apposé à une maison d'apparence très-convenable. Je vais demander conseil
à notre Père ; il m'engage à l'arrêter de suite, et
voilà que, sans que mon mari ni mon fils puissent le voir, mais avec leur approbation, je décide tout. Le père dit qu'il n'y a pas plus de
chemin de là à l'Abbaye, qu'il n'y en aurait eu
près de la rue Soufflot où j'avais désiré louer, et
qu'il y en aura beaucoup moins pour mon mari
et pour mon fils... Les obstacles sont des moyens
pour le bon Dieu... Restons bien unis dans le
cœur du divin Maître, et dans la main de notre
Père ; là seulement, malgré toutes nos infirmités et nos misères, nous pourrons faire quelque bien. »

« *Sans date ;* probablement en 1860. — Me voyant malade, je me disais : Il ne faut pas s'occuper de Saint-Raphaël avant l'installation dans ce quartier. On craindrait pour moi de la fatigue en ce moment. C'était donc une remise de trois mois. Eh bien ! pas du tout. Comme c'est la fatigue que j'ai prise en faisant mon grand appartement, à ce qu'on croit, qui m'a rendue malade, on me suprime cette occupation. Alors, n'ayant pas de rangement à faire le matin, pas d'affaires de commerce dans la journée et jamais d'occupation de cuisine, je suis libre comme l'air, et, au premier moment de désaccord là bas, je puis partir et y passer presque toute la journée sans dfficulté. »

« *Juin 1860.* — Mon fils et mon mari sont malades... Cette œuvre de Saint-Raphaël dont je croyais pouvoir m'occuper d'ici peu est remise pour moi de longtemps, à moins que le bon Dieu ne m'y veuille complètement avec vous. Que sa sainte volonté soit faite !.. Vous voyez que si, par votre faible santé, vous êtes peu sûre de pouvoir vous occuper des œuvres de notre Père, les événements qui, depuis quelques années déjà, se groupent autour de moi, ne me donnent pas plus d'assurance. Tout ce que j'ai commencé, depuis trois ans avec notre Père, se trouve rester là, et les projets sont entravés. Impossible d'être plus ballottée et, par conséquent, plus en demeure de se mettre comme une enfant entre les mains du bon Dieu. Cette situation est une grâce immense quand on sait en profiter. »

« *Juin 1860.*—Je crois que le bon Dieu nous veut toutes deux à lui. Ne semble-t-il pas nous dire : « Je vous prends vos affections de la terre, mais je viens les remplacer moi-même? » Peut-on se plaindre de l'échange?... Si le mois de mars est bien beau, le mois de mai délicieux, le mois de juin les surpasse encore... Les lettres et les visites de notre Père sont mes plus grandes consolations. »

« *29 juin 1860.* — Que je vous dise, à vous, une bonne nouvelle. Notre Père, en venant voir une jeune malade, l'a confessée et lui a donné l'absolution. Il faut vraiment que le bon Dieu soit avec lui, pour qu'il gagne ainsi toutes les âmes qu'il approche... Espérons que le bon Dieu voudra bien, un jour, se servir de nous deux ensemble. »

« *3 juillet 1860.* — Si dans les œuvres où il faut agir, *marcher surtout*, j'ai l'air d'être à la tête et de passer devant vous, dans les œuvres de piété, où le cœur a la plus grande place, je vous cède le pas, très heureuse de marcher à votre suite. Retenons ces trois pensées : marcher au secours de toutes les douleurs, pour les consoler, — de toutes les ignorances, pour les éclairer, — de toutes les misères, pour les soulager ;

n'est-ce pas être les enfants de Notre-Dame de l'Assistance et de Consolation que notre Père nous a donnée pour Mère le 1er mai ?... Mon fils avait une douleur à la jambe. Notre Père a fait mettre une mouche d'opium ; la douleur a disparu. Nous n'en avons rien dit à notre médecin qui ordonnait, presque chaque jour, des purgations et des vomitifs. Nous allons suivre complètement les conseils de notre Père : bonne nourriture, promenades et absence de médicaments. »

« *25 juillet 1860.*—Vous savez que notre Père veut que nous devenions, avec le bon Dieu, comme un petit enfant dans les bras de sa nourrice, qui s'inquiète peu s'il est sur le bras droit ou sur le bras gauche, si on le met sur le dos ou sur le côté, n'importe. Eh bien ! le bon Dieu paraît faire l'office de la nourrice. Puissé-je avoir le calme et la confiance du petit enfant! Il est impossible d'avoir été plus ballottée que moi depuis quinze jours... Excepté le dimanche, pour la messe, je n'entre plus dans une église. D'œuvres, il ne saurait en être question ; et quand le bon Père me parlait hier, pour l'avenir, de Saint-Raphaël, je lui répondis : « Je n'ai pas l'air d'en prendre plus le chemin que si, pour aller à la barrière de l'Etoile, je prenais par la Bastille. » Enfin on ne connaît pas les desseins du bon Maître : tout est pour le mieux...

Je n'ai aucune inquiétude, avec le bon Dieu et notre Père ; mais c'est le renversement de toutes les consolations que j'avais en vue... Notre Père a dit des choses très intéressantes à la dernière réunion. On a fait la revue entière de l'année. Le bien se fait au milieu des difficultés. »

« *10 août 1860*. — Je commence à supporter mon ballottement sans trop faire la grimace... Causons un peu de la chère œuvre. D'abord, samedi, comme j'allais rue Cassini, je rencontre la sœur Maria, cette bonne fille qu'on avait mise avec madame Chevrinais. Elle se met à pleurer en me voyant, et m'annonce que, ne pouvant plus tenir à Saint-Raphaël, et n'étant plus bien avec le Père, qui ne la comprenait plus, elle avait fait un coup de tête et était partie la veille au soir. Madame Chevrinais ne savait pas où elle était. Elle n'avait prévenu ni le Père, ni la mère Justine, et elle était chez des ouvrières demeurant au-dessous de madame Chevrinais. Vous pensez la morale que j'ai pu lui faire ; et j'arrive, rue Cassini, avec cette nouvelle. Madame Chevrinais n'avait prévenu encore ni le Père, ni la mère Justine. Depuis quelques jours, le Père pressentait ce qui se préparait ; aussi avait-il jeté les yeux sur une personne qui s'était recommandée à lui, et il la tenait prête pour l'événement. Cette personne était restée trois ans en communauté. Le dimanche matin, la sœur Maria

va faire des excuses au Père et à la mère, et
demande en grâce à rentrer. On hésite, on
attend, on pose des conditions. Le lundi matin,
je me trouve chez le Père avec sœur Maria,
et, pendant une heure et demie, j'ai pu juger
de la patience de notre Père, et de la difficulté
qu'on trouverait à mettre une personne à Saint-
Raphaël avec l'organisation actuelle. Enfin,
lundi soir, on décide que sœur Maria ne rentrera pas, et on s'arrange avec l'autre personne
pour mardi, midi. La personne arrive, rue Cassini, à l'heure dite ; une des sœurs la conduit à
Saint-Raphaël, et voilà que madame Chevrinais, qui avait voulu faire de grands nettoyages
pour l'arrivée de sa mère et de sa grand'mère,
ne juge pas convenable de faire entrer tout de
suite cette personne, et la remet au lendemain,
5 heures. La personne, à qui on avait offert
ailleurs une belle position, et à qui Saint-Raphaël
parut inspirer peu de sympathie, repart. Le
lendemain, mercredi, je trouve le Père, rue Cassini, très contrarié du changement et de quelques petits détails que je vous raconterai. Mais
voilà que, mercredi soir, à 9 heures, comme
j'allais presque me coucher, notre pauvre Père
arrive, venant de recevoir une lettre fort convenable de cette personne, qui lui annonce qu'elle
ne rentrera pas à Saint-Raphaël. « Il y a, en ce
moment, trois personnes ; madame Chevrinais

va avoir, pendant quinze jours, sa mère et sa grand'mère à Paris ; vous jugez...» Nous avions, jeudi matin, à 8 heures et demie, une petite réunion de l'œuvre des Veilleuses, qui ressuscite comme par miracle. J'ai pu aller, auparavant, prévenir la mère Justine, puis offrir à madame Chevrinais d'aller la remplacer pendant qu'elle irait au chemin de fer recevoir ses parents. Hier, jeudi, j'ai passé de 4 heures à 8 heures à Saint-Raphaël... Il y a du bien à faire ; mais il faudrait votre cœur. Le Père le dit toujours, et moi aussi. Au milieu de ces trois personnes, que je n'avais jamais vues, j'étais un peu comme une intruse. Toutes les difficultés que j'éprouve à me fixer quelque part me font croire que le bon Dieu me veut à Saint-Raphaël. J'ai dit au Père que, avec vous, je partais de suite ; je ne verrais plus aucune difficulté. Priez pour que le bon Dieu éclaire notre Père ; il y a, en ce moment, beaucoup de projets. Le Père, qui peut compter sur notre soumission et notre dévouement, décidera. »

« *10 août 1860.* — Devant passer demain presque toute la journée à Saint-Raphaël, je vous écris ce soir à 10 heures et demie. Tout dort autour de moi. Je ne me doutais guère de vos dernières tribulations ; mais je crois que vous étiez plus près du bon Maître en courant sur la route, que si vous étiez restée aux pieds du Saint-Tabernacle. Je suis un peu moins ballottée ces jours-ci ;

11*

ma petite barque est au calme plat, si plat qu'elle
n'avance plus d'une ligne. Tout est bon pour
les enfants du bon Dieu! — Il y a plus que tout
à faire à Saint-Raphaël : il y a tout à réformer.
Et pourtant plus je suis l'œuvre de près, plus je
la trouve simple, facile. Notre Père, qui aime
tant cette œuvre, ne la juge faisable que par
nous deux. Il nous sait à sa disposition ; il nous
demandera lorsque le bon Dieu lui aura montré
que le moment est arrivé Avec vous, j'y par-
tirais de suite, sans crainte, sans préoccupation. Votre jeune fille a été bien reconnaissante
des langes que je lui ai donnés de votre part ;
elle est bien intéressante. Les trois pauvres
âmes qui sont à Saint-Raphaël se sont confes-
sées ; la vôtre, je crois, a communié. Le travail
est organisé ; mais il faut le surveiller, le diriger ; c'est ce qui m'appelle assez souvent à
Saint-Raphaël, et j'en suis heureuse... Il me
semble que nous n'avons toutes deux qu'une
seule et même pensée, un seul désir : aimer le
bon Dieu par dessus tout et nous dévouer aux
œuvres de notre Père. »

« *Septembre 1860.* — Notre Père parle d'une
maison, cherche une maison, toujours pour
Saint-Raphaël ; et chercher une maison, c'est
nous dire, à toutes deux : préparez-vous. Je marche les yeux fermés : on est si sûr avec un pareil
guide !... Je me réjouis de vous voir reprendre

quelques forces; il vous en viendra beaucoup lorsque le moment les rendra nécessaires. Votre jeune fille est toujours bien intéressante. Elle a un peu de peine à se remettre, étant fort délicate. Madame Bécart a demandé qu'on veuille bien la garder jusqu'à son entier rétablissement. Elle a proposé de lui envoyer de l'ouvrage, qui serait payé un bon prix. On voudrait qu'elle rentrât à l'atelier, sans que l'on pût se douter du motif de son absence. On a tout accordé. Elle le mérite, et on aura fait une œuvre complète. »

« *Octobre 1860.* — Dans ce moment, j'ai peur de tout, je demande conseil au Père pour tout, et je ferai selon qu'il décidera. Ma vie est bien peu tranquille. Heureusement j'ai eu assez de temps pour visiter et soigner quelques pauvres femmes en couches. Saint-Raphaël m'occupe un peu aussi. J'ai placé une des dernières arrivées. Elle méritait bien qu'on s'intéressât à elle. Demain, j'irai à la recherche d'une pauvre enfant, qui est venue chez la mère Justine, hier. Elle venait de perdre sa mère. Son père est domestique à Melun. Elle était à quarante lieues d'ici. Sans argent, elle est venue à Paris chez une tante très pauvre, qui a trois fils et qui ne peut la loger. La mère Justine ne pouvait pas accepter, à Saint-Raphaël, cette enfant qu'il aurait fallu garder trois mois, et qui ne sait pas travailler: elle coulait les lessives avec sa mère. »

» Le Père déplorait aujourd'hui que l'on n'eût pas une maison pour recevoir à l'avance ces enfants. « Elles seraient capables d'aller se jeter à l'eau, disait-il. » Je vais chez la tante. On tâchera de caser, chez une logeuse, cette enfant pendant deux mois, quitte à payer son petit coin de chambre, et j'irai à la recherche d'un travail très grossier, qui puisse l'occuper. Oh! qu'une maison est nécessaire! et que votre cœur y est nécesaire aussi! Chaque fois que le Père me parle pour moi de Saint-Raphaël, je ne pense qu'à faire l'œuvre de moitié avec vous, un jour. Prions bien pour que nous en soyons capables. »

« *Janvier 1861.* — Représentez-vous votre amie reléguée dans deux petites chambres, sans domestique, obligée de faire la cuisine et de laver la vaisselle dans ma chambre à coucher, proprette jusque-là. Quand je me suis vue avec mon fourneau au milieu de la chambre, et à deux genoux par terre, pour laver ma vaisselle, mon cœur s'est gonflé. Moi qui voulais vous faire concurrence à Saint-Raphaël, pour laver la vaisselle, j'ai trouvé que c'était bien dur ainsi. Il m'a fallu remporter dans une petite pièce au quatrième, tous mes ustensiles de cuisine si bien rangés : je ne fais que déménager. Puis mes amis, mes connaissances, remplies de prévenances et de délicatesse, viennent me voir. Je reçois des visites toute la journée. Je ne trouve que le temps de faire notre petite cuisine, et encore? Mon dîner brûle, ou, étant mis trop tard, n'a pas le temps de se cuire. C'est une assez singulière existence. J'ai déjà bien pris mes habitudes nouvelles comme travail ; mais ma souffrance est dans le désordre de ma petite chambre. Figurez-vous la vaisselle sale, les souliers, les peignes, les vêtements, une casserole à côté d'un couvre-pieds de soie, un poëlon à côté d'un fauteuil de velours. Enfin Saint-Raphaël vous attend toujours. Il y a deux personnes en ce moment. On avait reçu dernièrement une pauvre fille de Saint-Quentin, bien douce, bien repentante. Comme elle était un peu infirme, on a craint pour son accouchement, et, quelquelques jours avant, on la conduisit à la maternité. L'accouchement a été très heureux ; mais, prise d'une scarlatine, la pauvre fille est morte la semaine suivante. L'enfant va bien. Toutes les pauvres filles qui sont sorties de Saint-Raphaël n'importe pour quel motif, sont mortes après leur accouchement : on a remarqué cela. »

« 1ᵉʳ *mars 1861*. — A quelle intention ferons-nous ce mois béni ? Ce ne peut être que pour la réussite des œuvres. Notre Père peut-il avoir un autre désir ? Je suis allée, jeudi, en vous quittant chez le propriétaire de la maison que saint Joseph m'avait montrée mercredi. Tou est à souhait pour le présent et pour l'avenir.

Le Père la trouve convenable. On peut y faire une vraie maternité, qui conduirait et aiderait l'œuvre de Saint-Raphaël, puis une crèche gratuite pour les pauvres du quartier. Il resterait toujours à la maison une sœur, et, le jour, une ou deux postulantes pour la crèche. Tout est approuvé par le Père; mais il nous y voudrait toutes deux. Il y a un logement convenable, avec une entrée séparée, pour que mon mari puisse y loger sans inconvénients. Il me faut quitter complètement mon fils et ma mère; mais je crois que le bon Dieu le veut. Je lui donne donc tout ce que je puis lui donner, et j'écris à notre Père pour me remettre complètement entre ses mains. Si, ma bien-aimée sœur, vous voulez comme moi, tâcher de gagner des âmes dans l'œuvre de Saint-Raphaël, écrivez à notre Père, et ne faisons, entre ses mains, qu'un seul instrument dont il se servira comme il voudra. Demain, dimanche, il dira la messe à l'intention de la chère œuvre, pour connaître la volonté du bon Dieu. Prions, et donnons-nous généreusement au bon Maître. »

« *Mars 1861.* — Le Père dit qu'il faut accepter l'argent qu'on veut bien donner pour secourir les pauvres filles dont nous nous occupons; mais que, dans tous les cas, la bourse de Saint-Raphaël les soutiendra. Il est disposé à ne refu-ser aucune de ces pauvres âmes que le bon

Dieu envoie. Il voit l'œuvre tout-à-fait comme nous la désirons depuis longtemps toutes les deux. »

« *Mars 1861.* — La pauvre fille que j'ai été rechercher et dont vous avez payé la première quinzaine à Paris, travaille avec courage. Elle est venue se confesser rue Saint-Jacques, mercredi ; elle y revient demain, et doit communier dimanche. Je vais écrire à sa sœur pour qu'elle lui avance un peu d'argent. Elle rentrera à Saint-Raphaël pour son dernier mois ; elle pourra ensuite se placer comme nourrice. C'est une bien grossière nature, mais elle a déjà beaucoup gagné. Samedi, l'abbé Huchet'est venu, rue Cassini, tandis que j'y étais. Il recommandait une pauvre fille. Notre Père m'a présentée à lui ; c'est le prêtre qui s'occupe spécialement de toutes les brebis de Saint-Raphaël. J'ai été chargée de la négociation. Dimanche, une dame est venue, de la part du curé de Saint-Laurent, encore pour une pauvre fille. Même négociation, même besogne. Je place ces deux pauvres enfants chez la sage-femme de Saint-Raphaël, à raison de 10 francs par mois. J'ai de l'ouvrage pour elles. On pourra disposer toujours là de trois lits : ce sera l'antichambre de Saint-Raphaël. La pauvre femme que j'ai placée dernièrement a été, pour moi, très grossière et très impertinente. Quel bonheur de faire les œuvres pour

le bon Dieu seul ! on ne souffre pas de ces dé-
boires. Il y a eu six personnes, à la fois, à Saint-
Raphaël : jusqu'à présent, il n'y avait eu que
quatre lits. Madame Chevrinais trouvait que
c'était assez. Une personne, pour placer sa
protégée, a offert un lit complet qui restera à la
maison : le Père a bien vite accepté. Une sixiè-
me personne arrive, il y a huit jours, à 8 heures
du soir, avec une lettre du Père qui dit de la
recevoir immédiatement. Madame Chevrinais
ne voulait pas, n'ayant plus de place ; mais la
mère Justine décida autrement. Cette pauvre
fille accoucha dans la nuit. Le lendemain, j'envoyai matelas et traversin. Le Père ne se douta
pas de tout le remue-ménage qu'il avait fallu
faire. Deux de nos pauvres filles se sont confes-
sées mercredi, et ont communié jeudi ; elles ont
permission de communier encore dimanche. Il
faut qu'on ait trouvé leurs dispositions excellentes. L'abbé Huchet est parfait pour elles ;
il a une grande charité ; il leur fait beaucoup de
bien. Une fille, qui était entrée avec de bien
mauvaises idées, s'est décidée à se confesser
l'avant-veille de son accouchement. Une de
celles que j'ai placées dernièrement après sa
sortie, va se marier. Ses maîtres sont enchantés
d'elle ; ils feront toutes les démarches nécessaires. J'espère en placer une autre, dans un
mois, à Fontainebleau, chez des amis. Je suis

un peu le bureau de placement à la sortie de Saint-Raphaël ; je suis toujours les jambes des œuvres ; mais vous en serez le cœur ; je ne ferai rien de complet qu'avec vous. Voilà quatre accouchements en dix jours, qui ont été faits par les novices de la rue Cassini ; la sage-femme est toujours arrivée en retard. Elles ont été d'une intelligence et d'un calme parfaits ; c'est une vraie école d'application, pour elles. »

« 1ᵉʳ *avril 1861.* — Notre Père ne sera à l'Abbaye ni mardi, ni jeudi. Il avait reçu une lettre qui l'inquiétait sur la santé de son père. Ce bon vieillard a 85 ans. Quoique les dernières nouvelles aient été bonnes, notre Père est parti, hier au soir, pour son pays. Il sera de retour dimanche. »

« *29 avril 1861.* — J'avais de bien bons désirs, mais j'ai été obligée d'en rester là. J'ai passé ces quelques derniers jours dans un si grand malaise qu'il m'a été impossible d'écrire une lettre. Grâce au sulfate de quinine que notre bon Père m'a fait prendre, je n'ai plus d'accès de fièvre ; mais je crains d'être obligée de garder la chambre encore longtemps. »

« *2 mai 1861.* — Je suis toujours poussée à accepter *tout*, *tout* du bon Dieu, excepté l'inaction. Aussi j'espère que ce mois béni, où toutes les choses importantes de ma vie ont leur anniversaire, m'apprendra à pratiquer le conseil que vous me donnez : *Sachons attendre*. Je ne suis qu'un instrument grossier, raboteux, entre les mains de notre Père. Je ne vois en moi qu'un côté un peu uni, celui de la soumission et du dévouement. Mais comme par les autres côtés je dois lui écorcher les mains! Je crois que c'est là la grande raison pour laquelle le bon Dieu met de telles lenteurs à se servir de nous ; je vais me dépêcher de me raboter un peu, afin de n'être pas cause des retards qui vous sont imposés. »

« *15 mai 1861.* — Nous sommes toutes les deux malades. Aussi j'engage plus que jamais le Père à commencer ses œuvres. C'est le vrai moment. Nous ne pourrons avoir aucun sentiment de vanité. Nous serons bien obligées de reconnaître que c'est le bon Dieu qui travaille, et non pas nous... Je crois que Saint-Raphaël veut une maison plus digne de lui que celle de la rue Saint-Jacques. On paraît s'en occuper beaucoup. Priez pour que le mois de mai ne se passe pas sans qu'on ait pris une décision pour la chère œuvre. Le bon Dieu saura bien nous donner la santé et la force nécessaires, si nous lui donnons toute notre bonne volonté. »

« *21 mai 1861.* — Je prends des précautions pour ne pas me fatiguer ; mais je vois que le bon Dieu donne toujours, au moment, les forces nécessaires. Donc, quand le bon Maître aura besoin de vous, vous partirez agile et forte comme autrefois. J'ai pu, vendredi, travailler pour Saint-Raphaël. Une bonne petite fille, innocente comme on ne peut le croire, et qui avait été sauvée à Saint-Raphaël, il y a trois mois, avait été placée chez madame Chevrinais. Cette dame, bonne et pieuse, s'est intéressée à la pauvre enfant. Un mariage était possible pour elle avec le père de son enfant. On s'y est prêté, et le mariage va se faire dans quinze jours. Je suis allée vendredi avec elle à la mairie, place Saint-Sulpice, pour la faire afficher, puis à l'Eglise. J'ai vu le jeune homme dimanche. C'est un bon ouvrier, un peu jeune seulement, mais paraissant bien disposé. Ils iront habiter une des petites chambres que j'occupais ces derniers temps. Le garçon continuera son état de peintre. La femme sera occupée presque toute l'année par madame Chevrinais. Il y a cinq personnes en ce moment, rue Saint-Jacques. Je voudrais bien qu'on décide quelque chose pour nous. Cependant je suis disposée à attendre tant que le bon Dieu voudra. »

« *Juin 1861.* — Comment ? du découragement ! Allons donc, le bon Dieu n'a jamais tant pensé à vous. Autour de moi, j'entends faire des projets. Madame Boignes paraît ravie. Le Père lui avait dit hier qu'il voyait moins d'obstacles que jamais à nous réunir pour les œuvres ;

j'étais disposée à lui écrire une longue lettre ; mais je m'en garderai bien ; je n'irai même pas le voir aujourd'hui, pour qu'il puisse parler avec le bon Dieu seul de tous ses projets. Nous ne pouvons rien commencer sans vous ; le bon Dieu ne nous a pas unies, toutes deux, si intimement pour nous laisser chacune de son côté, espérant toujours et ne voyant rien finir. Ma santé m'obligera longtemps à des précautions. Nous sommes bien infirmes ; mais sainte Thérèse l'était encore plus que nous, ce qui ne l'a pas empêchée de faire de grandes choses. Cramponnons-nous bien à la Croix, mais tâchons que ce soit avec la plus grande soumission et la plus grande paix. Je me sens forte aujourd'hui et disposée à vous faire un beau sermon : ce n'est pas souvent arrivé. Que de misères chez nous toutes ! »

« *22 juin 1861*. — Tout va bien à Saint-Raphaël. Nous allons, à plusieurs, nous en occuper activement. Je vous préviens, et d'avance, que le mercredi 3 juillet, à une heure, aura lieu, rue Cassini, la réunion des dames de l'Assistance. On y a invité les Veilleuses, dont on s'occupera. On posera, comme œuvre, la maison de Saint-Raphaël, dont on fera connaître les résultats depuis sa fondation. Vous voyez que la chère œuvre va enfin voir le jour. Nous avons cinq lits dans la maison de la bonne madame

Dubouillon, sage-femme de l'œuvre. Là, les pauvres enfants ont du travail. On les surveille ; elles viennent se confesser dans la chapelle des Petites-Sœurs ; elles sont toutes préparées pour arriver chez madame Chevrinais. C'est une amélioration à tous les points de vue. Elles font un petit temps de pénitence corporelle, qui a son mérite. Etant obligées de payer un loyer et de se nourrir sur le produit de leur travail, elles font maigre chère. Alors, en arrivant à Saint-Raphaël, elles trouvent tout parfait... Après le mois du Sacré-Cœur, que ferons-nous ? Je vous suis unie en tout : décidez. »

« *30 juin 1861*. — Je suis rue Saint-Jacques 57, dans la maison de ma mère, et non à Saint-Raphaël. Le bon Dieu arrange les choses bien mieux que nous. Notre Père a craint que notre séjour là-bas entraînât des difficultés sans profit. Etant près de la maison, j'y vais souvent. Ces dames s'en occupent aussi. Il y aura des améliorations, en attendant que les vraies améliorations arrivent. Madame Dubouillon a quatre personnes ; elle va en avoir une cinquième : c'est une vraie succursale de Saint-Raphaël. La supérieure des Enfants trouvés, qui est là depuis quarante-trois ans, voit avec un grand bonheur cette œuvre. Elle y retrouve l'esprit de saint Vincent. Nous aurons pour nous tous les Lazaristes et toutes les filles de la Charité. Un peu de patience ; vous y aurez votre part un jour. »

« *14 juillet 1861*. — A l'Abbaye-au-Bois, ce matin, une de nos pauvres femmes visitée par Madame Boutiron, est venue se confesser, pour la seconde fois, et elle a communié. Il y a 16 ou 18 ans qu'elle ne s'était approchée des sacrements. Moitié par l'œuvre des Veilleuses, et moitié par l'œuvre de l'Assistance, on a secouru une famille bien misérable, occupant un garni, dans la Cité. La femme se mourait, et ni elle ni son mari ne voulaient voir un prêtre chez eux. Notre Père y est arrivé ; il a confessé la femme à la première visite, et, à la seconde visite, il a pu dire son mot à plusieurs locataires de cette maison, dans laquelle on ne peut entrer sans prendre son courage à deux mains. J'ai obtenu de l'Assistance publique les premiers mois de nourrice. Le mari doit aller demain, chez notre Père, pour avoir une adresse où on lui procurera du travail. Une fois en si bonnes mains, il se confessera, il faut bien l'espérer. Je suis heureuse en pensant au bonheur que vous a procuré la séance de mercredi. Voilà les œuvres unies et réunies dans les mains de notre Père. Il a été content des résultats de cette année ; il voit l'année prochaine plus brillante encore. Fortifions nos santés pour le jour où le bon Maître voudra nous employer à son service. »

« *31 juillet 1861*.—Je ne me décourage pas de toutes les difficultés qui nous entourent toutes les deux ; je me sens, pour ma part, si incapable que le bon Dieu fait bien de ne pas se presser. On acquiert, chaque jour, une expérience bien nécessaire dans les œuvres. J'approuve complètement votre projet pour le mois d'août ; à vous toujours la direction des choses spirituelles. Moi, vous savez ma partie dans les œuvres ; je suis les jambes, vous le cœur. Je ne sais si le bon Dieu me les laissera, mes pauvres jambes ; je suis toujours obligée à beaucoup de précautions. Voulez-vous mettre sous la protection de la Sainte Vierge, pendant ce mois béni, la chère petite œuvre. Il y a, dans les brouillards, des projets qui peuvent avoir de l'importance. Demandez lui bien instamment qu'elle obtienne la lumière à notre bon Père. Nous, notre chemin est plus facile ; nous n'avons qu'à obéir. Enfin remettons tout entre les mains du bon Dieu ; ne désirons toujours que sa sainte volonté. »

Ainsi écrivait cette humble femme, au sujet du prêtre vénérable qui avait toute sa confiance et à qui elle s'était dévouée tout entière. Rien ne saurait montrer, avec plus d'éclat, quelle était l'activité de M. l'abbé Ferrand de Missol, et les sympathies que lui suscitait la sagesse de sa direction. Voilà une femme qui n'est pas riche,

qui se doit consacrer à soigner son mari et son
fils malades, qui rencontre, dans l'accomplissement de ses devoirs essentiels, des difficultés
incessantes, qui est ballottée, comme elle le dit,
dans tous les sens, par les épreuves qu'elle doit
subir, et qui cependant trouve encore du temps
pour courir après de pauvres âmes presque fata-
lement destinées à se perdre, se précipite à leur
recherche, se présente aux autorités civiles,
quand il en est besoin, pour leur rendre facile
l'accomplissement de leurs devoirs religieux et
leur salut, et qui, quand elle a fait tout cela,
croit encore n'avoir rien fait de ce à quoi aspire
son âme généreuse. Elle n'a qu'un désir, qu'une
ambition ; elle veut les faire partager à une
amie, qu'elle aime comme une sœur, à qui elle
donne ce nom ; ce désir, cette ambition, c'est de
tout laisser, quand le bon Dieu le lui permettra, pour se dévouer à Saint-Raphaël, au service
de malheureuses enfants qu'elle espère sauver
de la honte, du désespoir et de la mort éternelle.
Avec quelle joie elle raconte à son amie les
retours de ces âmes égarées! Quelles douces espérances elle forme sur le bien qu'on peut leur
faire! Comme elle s'applaudit quand il lui est
devenu possible de les mettre dans le chemin
de la vertu avec des certitudes fondées qu'elles
y resteront! Cette femme est vive, ardente,
autant que généreuse ; mais elle n'écoute ni sa

vivacité, ni les ardeurs de son zèle, ni la générosité de son cœur, elle soumet tous ses desseins au Père qui est son guide, à Dieu qui dirige ce Père vénéré. Elle en vient à réfléter de manière à s'y méprendre, jusques dans ses pensées et dans son style, le fond d'âme et la forme que M. l'abbé Ferrand donnait à ses pensées. Ce n'était pas sortir du cadre que nous nous sommes tracé que de produire aux regards cette physionomie, qui rappelle de si près la physionomie du digne prêtre ; si nous nous fussions abtenu de le faire, il aurait manqué à notre tableau l'un de ces traits essentiels, celui qui marque l'action que notre vénérable ami exerçait sur les personnes confiées à sa paternelle direction.

La fondation de Saint-Raphaël étant l'œuvre par excellence de M. l'abbé Ferrand de Missol, celle à laquelle il s'appliquait par-dessus toutes les autres, celle qu'il poursuivait à l'aide de toutes ses œuvres adjacentes, il était bon de la fouiller, en quelque sorte, dans ses premières assises ; et nous ne pouvions mieux le faire qu'à l'aide de la correspondance dont nous venons de donner de nombreux extraits.

Madame Gargam n'eut pas le bonheur de se dévouer tout entière, comme elle le souhaitait si vivement, à l'œuvre de Saint-Raphaël. Sa santé, altérée depuis longtemps, comme on l'a vu dans ses lettres, déclina rapidement, à la suite de profonds chagrins que purent seuls adoucir son amour du bon Dieu et la direction paternelle de M. l'abbé Ferrand. Elle mourut le 23 octobre 1861, la veille du jour de la fête de Saint-Raphaël. Madame Meilhon entra, quelque temps après, dans l'œuvre, et vit se réaliser les saints désirs de son excellente amie.

Le bon Père regretta très vivement la perte de madame Gargam, cette âme si dévouée qui ne reculait devant aucun sacrifice. Il offrit cette nouvelle douleur au bon Dieu, ainsi qu'il l'avait toujours fait pour celles qui remplirent sa vie; et, fidèle à sa devise favorite : SOUFFRIR, SE TAIRE, ATTENDRE , il attendit que le bon Dieu lui envoyât la personne qui devait fonder définitivement cette œuvre si difficile et si délicate.

Toutes les dames qui se dévouèrent au Père et qui le secondèrent dans ses œuvres lui furent envoyées providentiellement. Cela lui avait été prédit par une âme sainte qu'il entoura de ses soins. « Le bon Dieu, lui avait-elle dit, vous donnera une famille spirituelle, en remplacement de celle qu'il vous retire. » Et elle lui remit une pièce de un franc, comme première mise de fonds, pour un orphelinat de l'enfant Jésus qu'il devrait établir dans la suite. M. Ferrand attacha-t-il alors une grande importance à cette aumône ? Je n'oserais le dire. Je sais seulement qu'il garda précieusement le franc qu'il avait reçu, puisqu'il le déposa dans les archives de Saint-Raphaël, beaucoup plus tard, quand on annexa à cette maison un local destiné à recevoir, à leur retour de nourrice, les enfants qui y étaient nés.

Après le départ de madame Chevrinais et la mort de madame Gargam, madame Boignes, madame Boutiron et quelques autres venaient tour à tour passer leurs journées à l'œuvre. Une personne, connue de madame Boignes, avait été amenée par elle pour surveiller les pensionnaires et aider les sœurs. Tout cela était provisoire. Celle que le bon Dieu avait choisie, et qui devait réaliser toutes les espérances, madame Gille, vint passer quelques jours à l'œuvre, au mois d'août 1862, et il fut convenu qu'elle y entrerait définitivement le 24 octobre, jour de la fête de Saint-Raphaël. Veuve et presque libre, il lui fallut pourtant se séparer d'une mère, qui ne comprit pas d'abord l'excellence de son sacrifice, et qui regretta amèrement de ne plus voir sa fille que quelques heures par semaine.

La veille du jour de son entrée dans la maison, madame Gille alla chercher, rue Cassini, une statue de Saint-Raphaël que le père avait trouvée et que la mère Justine avait fait réparer. Une voiture l'emmena rue Saint-Jacques, avec la précieuse statue. Madame Boignes et la nouvelle directrice reçurent, le lendemain, à la porte de la maison, le Père qui, pour la première fois depuis l'installation de l'œuvre, venait la visiter et la bénir.

Madame Boutiron était alois à la campagne; et quand elle revint, elle remplaça, le jeudi, son amie, madame Gîlle, qui allait passer la journée chez sa mère, toujours inconsolable d'un départ qu'elle avait cru temporaire.

Les sœurs de l'Assistance maternelle continuaient à soigner les pauvres filles, et madame Boutiron recevait chez elle les personnes qu'on lui adressait, en attendant de décider de leur admission à Saint-Raphaël. D'après les conseils du Père, madame Meilhon entra la veille du premier Mai 1863 et s'adjoignit à madame Gille.

Au mois d'août suivant, le petît appartement que l'on possédait ne pouvant pas suffire, on trouva la maison de la rue Saint-Jacques, maison modeste, mais à deux étages et avec jardin. On put alors recevoir les pauvres filles, trois mois d'avance, cacher leur honte, soigner leur âme et leur corps. On organisa une chapelle où la première messe fut dite le 24 octobre 1863. Toutes les filles spirituelles de l'abbé Ferrand y assistèrent et rendirent grâce à Dieu de ce qu'elles étaient arrivées à la réalisation de leurs vœux les plus chers.

Une troisième personne était entrée à Saint-Raphaël la veille de ce grand jour, madame Jacques qui, après de très-grands malheurs supportés avec courage, était venue s'offrir à M. Ferrand. La lettre qui apporta au Père cette heureuse proposition, lui parvint par le même courrier qui lui annonçait la mort de madame Gargam. Quelques jours après, le Père lui remit une image sur laquelle étaient écrits ces mots : « Vous entrerez à Saint-Raphaël, le 24 octobre 1863. » La chose se réalisa telle que le bon Père l'avait pressentie et annoncée.

M. l'abbé Ferrand alla, depuis ce moment, dire la sainte messe, tous les dimanches, à Saint-Raphaël, et y faire une instruction. M. l'abbé Huchet confessait les pensionnaires. A raison du bien qu'il a fait à cette fondation naissante, et du dévouement qu'il a mis à s'en occuper, M. Ferrand le regarda toujours comme un bienfaiteur de son œuvre.

Tout en s'occupant beaucoup de Saint-Raphaël et de l'Assistance maternelle, M. l'abbé Ferrand ne cessa jamais de travailler, comme il l'avait fait depuis son retour à Paris, à la direction des âmes. Il disait tous les jours sa messe à 6 heures à l'Abbaye-au-Bois ; puis il confessait tant qu'on réclamait les secours de son ministère.

Bien des personnes lui amenèrent ceux ou celles d'entre leurs connaissances dont elles poursuivaient avec ardeur la conversion, surtout quand cet ouvrage paraissait le plus dificile. Il continuait à recevoir chez lui, le lundi et le vendredi, après son déjeuner, ouvrant son cabinet de prêtre à toutes les infirmités morales, comme il ouvrait autrefois son cabinet de médecin à toutes les infirmités physiques. On ne dira jamais assez la grande et salutaire influence qu'il exerça sur une foule de gens. Ceux qui ont visité M. Ferrand aux jours où il recevait, ont pu se douter des mystères de grâce qui s'opéraient dans ce sanctuaire de la sagesse, de la prudence et de la bonté ; mais Dieu seul connaît au juste toutes les âmes qui ont dû leur retour au bien et leurs progrès dans la vertu à ses sages et paternels avis.

CHAPITRE NEUVIÈME

—

Il nous est bien permis, en parlant d'un homme qui connut, à la fois, les devoirs du père de famille et les joies du sacerdoce, de suivre les destinées de ceux que le sang unissait à sa personne et que leurs sentiments de piété portèrent à lui prêter un avantageux appui. Nous retrouverons d'ailleurs, dans le père de famille, les qualités excellentes et les suaves vertus que nous avons admirées dans le fondateur de la chère œuvre de Saint-Raphaël et dans le directeur éclairé des âmes. Ce sera compléter ainsi le portrait fidèle que nous nous sommes proposé de tracer.

En 1864, une importante nouvelle se répandit dans le cercle d'amis qui entourait M. Ferrand : il allait marier son fils. Le cher Amédée, qui ne l'avait jamais quitté et qui était resté sa seule joie de famille, avait 27 ans. Après de solides études, le sérieux de son esprit s'était dirigé vers les sciences géologiques, et son cœur resté chrétien le portait à s'occuper d'œuvres de charité auxquelles il était appelé à prendre, de jour en jour, une part plus importante.

M. Ferrand, comme il le disait volontiers, simplement et sans prétentions, avait cherché, pour son fils, une vraie femme, un vrai père, une vraie mère. Il les trouva dans la famille Loupot, dont il avait été le médecin lorsqu'il habitait la rue de Reuilly. M. Loupot était un ingénieur en retraite, officier de la Légion d'honneur, dessinateur émérite, qui aimait la science et qui devait, un jour, quoique dans un âge avancé, par pur amour de la science, devenir l'un des auditeurs les plus assidus des cours de la Faculté catholique, tandis que son gendre s'occupait à classer, sous la direction de M. de Laparent, les magnifiques collections dont venait de s'enrichir l'Institut de la rue de Vaugirard. Madame Loupot était une femme modeste, pratique, profondément chrétienne, qui ne vivait que pour sa fille unique, personne de distinction et de mérite, aussi remarquable par les qualités de son cœur que par la culture de son esprit.

Le 18 mai, les deux futurs époux furent fiancés dans la modeste chapelle de Saint-Raphaël. Toute la famille communia de la main de l'abbé Ferrand. Ce bon Père consommait, à ce moment, le dernier sacrifice que lui imposaient ses devoirs de famille. Il remettait son fils bien aimé entre les mains de personnes, toutes dignes de recevoir ce sacré dépôt, et dont l'une surtout, madame Loupot, lui semblait devoir remplacer très convenablement, auprès d'Amédée, la mère que Dieu lui avait ravie, sans lui laisser presque le temps de la connaître. Du haut du ciel, madame Ferrand de Missol dut aussi bénir cette union, qui allait remplir la vie de son fils d'un inaltérable bonheur.

La tâche de M. Ferrand était terminée, à l'égard de son fils. Il avait réussi, par sa tendresse et par ses exemples, à faire un parfait chrétien de cet enfant que Dieu lui avait laissé et dont il assurait la félicité ici-bas.

Un mois après, le 18 juin 1864, le mariage eut lieu à Sainte-Clotilde. Une assemblée nombreuse et choisie était venue témoigner de sa sympathie pour les deux familles qui allaient s'unir entr'elles. Mais beaucoup de personnes furent très déçues, en ne voyant pas M. Ferrand donner aux jeunes époux la bénédiction nuptiale. Le prêtre, fidèle à ses habitudes d'effacement, s'était imposé cette réserve, malgré les sollicitations de ses enfants et de ses proches.

Le jeune ménage prit un logement dans la même maison que la famille Loupot. M. Ferrand continua à habiter rue Saint-Sulpice. Il n'en sortit que, après 1870, sur les vives sollicitations de ses enfants. Il consentit alors à habiter près d'eux. Trois appartements de la même maison, n° 115 de la rue de Rennes, abritèrent les trois ménages pendant plus de douze ans.

Revenons à Saint-Raphaël. Le 2 février 1865, le Saint-Sacrement fut mis dans la petite chapelle, et l'autorité diocésaine permit qu'il y demeurât. Ce fut un grand bonheur pour le Père et pour sa famille spirituelle. Les pauvres pensionnaires de la maison eurent la consolation de venir s'agenouiller tous les jours devant le Dieu qui pardonne au repentir, épancher leur cœur ulcéré à ses pieds, et reprendre force et courage.

Tout fut changé dans la maison. On aurait dit que le bonheur que chacun éprouvait d'habiter sous le même toit que le bon Maître, imprimait aux énergies de volonté un entraînement irrésistible. « Il faut, dit l'une des personnes qui nous ont fourni de précieux documents sur la vie de notre vénérable ami, avoir vécu de ce bonheur pour le comprendre. Il se répandit, dans toutes les âmes, une allégresse ineffable : le Créateur du monde était devenu le vrai Maître de la maison. Il est là à deux pas de nous. Le matin, le soir, dans la journée, il préside à tout. Le Père, en apprenant cette nouvelle à une âme qui lui était chère et qu'il consolait de beaucoup de peines, lui écrivait : « C'est une immense joie pour nos cœurs ! Que le bon Dieu soit caché là, c'est le plus grand de tous les trésors. »

La permission de donner la bénédiction du Très Saint Sacrement tous les dimanches et aux principales fêtes de l'année et de l'œuvre, accompagna celle qui autorisait à garder la réserve dans la chapelle. Tous les dimanches, à la messe, le Père faisait une instruction à ses enfants. Il prenait très souvent pour thème la Collecte de la liturgie, trouvant, dans ces quelques paroles, des conseils si bien appropriés à son modeste auditoire, qu'on aurait pu croire que ces oraisons liturgiques avaient spécialement été écrites pour lui. Il y rappelait parfois un souvenir touchant que sa vie longue et active lui fournissait. Il arrivait, disait-il, à mettre le bon Dieu dans le cœur de ses enfants, et il voulait qu'on l'eût sans cesse avec soi dans ce sanctuaire intérieur, estimant que la meilleure règle de la piété est la vie à deux, avec Jésus.

Tout le ramenait à cette pensée : mettre Jésus dans les cœurs. Il disait : Mes pauvres enfants ont été perdues par l'amour des créatures ; il faut que le bon Dieu, entrant en elles, y fasse son œuvre. Aussi travaillait-il lui-même « autour des âmes, » comme le saint à qui il empruntait cette expression, laissant à Dieu le soin de les transformer dans l'intime.

Cette même année 1865, vit se réaliser un autre désir du bon Pére et des Dames de Saint-Raphaël. On loua le premier étage et le rez-de-chaussée de la maison située sur la rue Saint-Jacques. L'œuvre allait se complèter. Les pauvres petits enfants, nés à Saint-Raphaël, et qu'on mettait en nourrice après leur baptême, occupaient beaucoup la pensée du fondateur. Où les placer, après le sevrage, quand les pauvres filles n'étaient pas mariées ? Il n'était pas bon de les laisser trop longtemps en nourrice. Leurs mères ne les voyaient pas ; elles en gémissaient, et elles ne pouvaient s'attacher à eux autant que s'il leur eût été possible de les visiter fréquemment. On devait aussi se préoccuper de former les cœurs de ces enfants à la religion, dès l'âge le plus tendre. Le désir le plus cher de M. l'abbé Ferrand était de trouver nu moyen de remplacer, auprès de ces petits êtres, la famille absente. Il voulait s'arranger de manière à ce que leurs mères infortunées les pussent visiter : ne serait-ce pas les aider à satisfaire leur amour maternel, d'autant plus enfermé dans leur cœur qu'elles ne pouvaient le laisser paraître ?

Pour les garçons, un excellent prêtre, M. l'abbé Méquignon, curé d'Elancourt, près Trappes (Seine-et-Oise), peu occupé, hélas ! dans sa paroisse, mais dont l'âme était remplie de zèle et de charité, avait recueilli chez lui quelques

pauvres orphelins. Il les soignait aidé de son
vieux père ; ensemble ils les lavaient, les habil-
laient, les nourrissaient et les instruisaient de
leur mieux. L'abbé Ferrand connaissait beaucoup le bon curé. Il l'avait aidé et encouragé
dans son œuvre, tandis que, le bâton à la main,
M. Méquignon s'en allait quêter pour ses
enfants. Un beau jour, tout ce petit monde se
trouva réuni auprès du digne curé, et par ses
soins, dans une grande maison, placée sous la
direction de la sœur Gabrielle, des filles de la
Charité. M. Ferrand promit à son ami de lui
envoyer les garçons nés à Saint-Raphaël, et
celui-ci les reçut à un prix fort doux, de manière
à alléger les charges des mères.

Restaient les filles. On loua, comme je
l'ai dit, la maison qui devait les abriter. Madame
Jacques s'y installa avec une aide, et les petites
filles y furent reçues, après leurs mois de nourrice, à la grande joie des pauvres mamans qui
purent ainsi, à l'insu de tout le monde, venir
embrasser et caresser, soit le dimanche, soit
pendant la semaine, l'objet de leur amour et de
leur douleur.

C'était un spectacle bien attendrissant que
de voir le bon Père, entouré de ces petites filles,
des demoiselles et des dames de Saint-Raphaël
assis sur un canapé, au salon, un sac de bon-
bons à la main, interrogeant celle-ci, puis celle-

là, payant souvent d'une dragée en plus une incartade légère, après une promesse de sagesse. Il riait, causait, racontait, avec une bonté parfaite, rappelant trait pour trait le souvenir que représentait un tableau placé au-dessus de lui : Jésus laissant venir à lui les petits enfants. Si une mère se trouvait là, on la faisait entrer ; elle recevait un encouragement paternel, une petite douceur, une bonne bénédiction ; elle était heureuse de voir que l'on aimait son enfant, et le devoir lui paraissait désormais plus facile.

Nous avons déjà fait connaître la régularité que le bon Père gardait dans sa vie. Il la faisait régner jusques dans les relations qu'il entretenait avec la nouvelle famille de son fils. Il recevait ses enfants tous les jours, après son déjeûner, pendant près d'une heure. C'était le doux moment de son repos. Il n'y avait qu'une ombre au bonheur qu'il éprouvait de constater la charmante intimité qui régnait dans sa famille terrestre : le jeune ménage n'avait pas d'enfants. Un nom était choisi pour celui ou celle que l'on attendait, et on attendait toujours une Marguerite-Marie ou un Léon. Et le bon Père annonçait que cette bénédiction se joindrait à toutes celles que méritaient ses enfants, comme récompense de leur charité envers les pauvres.

« L'année terrible, » comme on l'a nommée, « l'année d'expiation, » comme d'autres l'ont appelée, peut-être avec plus de raisons, 1870 arriva avec la guerre cruelle et tous les désastres de la défaite. M. Ferrand eut à pourvoir au salut de ses œuvres : il le fit avec sa prudence et son activité ordinaires. Prévoyant, dès la première heure, qu'il fallait se presser pour se mettre à l'abri du besoin, il engagea les supérieures des deux maisons qu'il dirigeait, à faire de grandes provisions. Grâce à cette prévoyance elles purent traverser, sans avoir trop à souffrir, les douloureuses épreuves qu'un long siège réservait à la capitale.

Quinze jours avant la déclaration de guerre, une fille spirituelle de M. l'abbé Ferrand, qui aspirait depuis longtemps à se dévouer à son œuvre par excellence et qui, dès l'origine, s'en était occupée à l'extérieur, entra à Saint-Raphaël. Elle avait attendu que les devoirs de famille, qui la retenaient dans le monde, lui eussent donné sa liberté. Madame Mène entra le 1ᵉʳ juillet 1870, ce qui combla de joie le cœur du bon Père, toujours heureux quand il voyait que le dévouement de ses filles pouvait s'exercer, au profit de leur œuvre commune, dans toute son étendue.

Ce n'était pas trop que ce nouveau secours arrivât précisément à l'œuvre dans l'un des moments les plus difficiles qu'elle dut traverser.

Bien qu'il dirigeât tout par lui-même, il comprenait combien il avait besoin d'être secondé en des heures si pénibles. Il prit toute sorte de précautions pour que, pendant le siège, les pauvres filles qui se trouvaient à Saint-Raphaël jouissent en paix de cet abri créé pour la honte et le repentir.

Le jour des rois, le premier obus tomba dans Paris : la rue Saint-Jacques et tout le quartier furent menacés. Le bon Père, craignant pour ses enfants de l'orphelinat, organisa un dortoir dans son appartement de la rue Saint-Sulpice. Mais quand le bombardement prit des proportions plus étendues, il les fit transporter, son toit même n'offrant plus de sécurité, auprès de la gare du Nord, dans un nouvel asile qui lui fut offert par madame Varnoux, parente de madame Gille. Cette dernière et ses compagnes traversaient Paris journellement, avec de lourds paniers, pour porter la nourriture à leurs chères petites filles.

Après les rigueurs du siège vinrent les horreurs de la Commune. Le bon Père fut obligé de pourvoir, en ces temps plus malheureux encore que les premiers, à la sécurité de ses enfants et à sa propre sécurité. Il n'était plus en sûreté dans un moment où on recherchait les prêtres pour en faire des ôtages. Ses enfants le décidèrent à quitter Paris où il aurait probablement subi le sort de son ami, le Père Olivaint.

Revêtu de ses habits de docteur, son diplôme de médecin dans la poche, pour le cas où il serait recherché jusque dans sa fuite nécessaire, le bon Père partit, le samedi saint, 8 avril. Grâce à l'intervention d'une personne sûre, il put se rendre à Saint-Denis, en chemin de fer, et de là, en voiture, à Pontoise. Madame Gille passa une bien terrible nuit dans un petit café de Pontoise, où, à tous moments, elle craignait que le Père ne fût découvert. Ce dernier, toujours calme, s'en alla, dès l'aube du jour, sonner à une porte qui lui parut être celle d'un couvent. Le bon Dieu l'avait conduit chez les Carmélites. Il n'eut aucune peine à se faire reconnaître par l'aumônier, qui l'avait entrevu, deux ans auparavant, à Clermont, au mariage d'un de ses parents. Il put ainsi célébrer la sainte messe, en ce jour de Pâques qui était, cette année, si étrangement douloureux.

Arrivé à Versailles, chez son fils, où il était désormais en sûreté, le bon Père n'eut de repos que lorsqu'il eut trouvé une maison amie, qui pût servir d'abri temporaire à sa chère œuvre de Saint-Raphaël. La Providence lui vint en aide ; il découvrit bientôt le refuge qu'il cherchait. Les dames de Saint-Raphaël, leurs aides, les pensionnaires et les enfants, furent aussitôt appelées, et après un voyage des plus pénibles, qui dura quatorze heures, elles arrivèrent à Versailles; on les y installa jusqu'au moment où l'ordre fut rétabli à Paris.

Relativement tranquille, M. l'abbé Ferrand ne manqua pas, selon son habitude, de chercher à faire du bien. Les occasions se présentèrent en grand nombre. Que de prêtres vinrent demander à sa sagesse et à sa bonté des conseils et des secours ! Que de personnes égarées ou désolées le poursuivirent jusque dans sa retraite !

Un jeune homme de son pays, dont le nom est resté célèbre dans les fastes de la Commune fut arrêté, mis en prison, jugé par un conseil de guerre et condamné à mort. M. Ferrand s'empressa d'aller le voir. Il fut reçu à bras ouverts par son compatriote qui, à la manière de beaucoup d'autres, comprenait trop tard qu'il était plus facile souvent, en ce monde, de faire son devoir que de le connaître. Son patriotisme s'était égaré ; mais son cœur était resté bon, son âme tendre et la mort, qui ne l'aurait pas effrayé sur les champs de bataille, lui paraissait souverainement douloureuse sous l'aspect sous lequel elle se présentait à lui. Il passa de longues heures avec l'abbé Ferrand, qui, par ailleurs, mettait en œuvre toute son influence et toutes ses relations pour le sauver. Il s'était attaché à ce jeune homme, ce prêtre de cœur, à qui toute douleur inspirait toujours, malgré une longue expérience des douleurs humaines, les plus vives sympathies. Il aimait l'intelligence élevée et le cœur généreux du coupable. Quand il sut que tous ses efforts pour obtenir la grâce du condamné étaient inutiles, il s'appliqua et il réussit à le préparer à mourir en chrétien. Ce fut, pour M. Ferrand, une grande consolation d'avoir pu verser un peu de baume sur les dernières heures du jeune condamné à mort. Dieu lui avait permis de constater que ses visites étaient impatiemment attendues par son malheureux ami, et que les paroles du prêtre répandaient dans son âme un calme et une tranquillité que rien n'aurait pu lui procurer.

On revint à Paris au mois de juin 1871. Tous les amis de M. Ferrand lui persuadèrent que, à son âge, il devait se décider à aller habiter auprès de ses enfants. C'était trouver une compensation nécessaire au sacrifice qu'il s'imposait en consentant à quitter la rue Saint-Sulpice, où il avait passé trente-cinq ans de sa vie, et cette maison à laquelle restaient attachés, pour lui, de si doux souvenirs. Il céda aux instances qu'on lui fit ; et ce fut alors qu'il alla habiter le 97 de la rue de Rennes, récemment ouverte, qui est devenue aujourd'hui le 115.

M. et madame Loupot avaient leur appartement au premier ; M. Amédée et sa femme avaient le leur au même étage, et M. l'abbé Ferrand occupait l'appartement du deuxième, qui se trouvait correspondre à celui de ses enfants.

Pendant les tristes jours qu'on venait de traverser, l'abbé Ferrand ne perdit jamais rien de la tranquillité de son âme. On le verra par les deux faits que nous allons raconter. Un jour, d'assez bonne heure, au commencement de la Commune, il vit entrer chez lui un homme élégamment vêtu, qui portait une badine à la main. Après l'avoir considéré quelque temps, il se prit à rire de bon cœur et lui sauta au cou : « Vous! mon cher Olivaint, ici, à cette heure, et dans ce costume! » Le saint religieux lui confia toutes ses inquiétudes et certains faits qui lui faisaient appréhender un avenir redoutable. Il se passa alors, entre ces deux âmes, des choses que Dieu seul connaît. M. Ferrand conseilla au Père Olivaint de lire et de méditer le chapitre XVII du IIIe livre de l'Imitation, qu'il affectionnait tout particulièrement et dont il goûtait beaucoup la doctrine. Il fut ensuite bien touché d'apprendre que, dans sa prison, le Père Olivaint avait trouvé une grande consolation à la lecture de ce chapitre.

Dans le même temps, avant de quitter Paris pour aller à Versailles, M. Ferrand disait, à une personne qu'il dirigeait et qui lui paraissait bien préoccupée de l'avenir, des paroles que celle-ci écrivit aussitôt après les avoir entendues, et que nous sommes heureux de pouvoir rapporter presque textuellement : « Il faut faire silence, à certains moments, même avec Dieu, et l'écouter parler en notre cœur. Quoique fasse le jardinier, il ne changera pas la plante renfermée dans la graine qu'il sème : il viendra une herbe simple, si telle est son espèce, un chêne ou tout autre production que le Créateur a désignée et voulue. L'office du jardinier consiste seulement à veiller, à labourer, à donner l'eau nécessaire si la plante est sèche, à procurer l'écoulement de l'eau si elle est trop humide, à écarter les insectes, à favoriser enfin la croissance de la plante, afin qu'elle soit toute belle dans son espéce, herbe, chêne ou roseau. Il en est de même dans la direction des âmes. A chaque instant, il y a un devoir et une Croix. Agir, souffrir, aimer, attendre, se taire. Attendre tout de Dieu, rien des hommes. Souffrir de la part de tous, et ne rien faire souffrir à personne. Se taire sur les autres et sur soi-même. Ne voir dans le prochain que les grâces que Dieu lui fait, que le bien qui est en lui. L'âme est la vie du corps, comme Jésus est la vie de notre âme. »

M. l'abbé Ferrand avait coutume de répéter
à ceux qui voulaient se donner à Dieu et qui
étaient retardés dans l'accomplissement de leurs
desseins : « Le chef d'une armée fait trois commandements : garde à vous, en avant, marche!
Quand il dit « marche, » tout le monde part.
Quelque obstacle qu'on ait devant soi, on le ren-
verse, s'il résiste. Ceux qui auraient voulu partir
au premier ou au second commandement, se
seraient trouvés incapables de renverser l'obstacle contre lequel il fallait tout l'effort d'une
masse imposante. Il en est ainsi dans les choses
spirituelles : Quand le bon Dieu vous dit : garde
à vous, tenez-vous prêts ; quand il ajoute : en
avant, ayez le pied levé et le corps dégagé,
comme un soldat qui, à ce second commandement, doit porter le poids de son corps sur le pied
droit et lever le pied gauche. Au troisième appel,
quand Dieu vous dira : marche, vous marcherez,
en effet, avec une légèreté d'allure et une vigueur
dont vous auriez pu vous croire incapables. C'est
que, dans les desseins de Dieu, vous faites partie
d'une masse imposante, qui s'ébranle tout entière
à son commandement, et qui vous rend aptes,
sans que vous vous doutiez du secoursqu'elle vous
apporte, à triompher de toutes les difficultés. »

Ces intructions simples, que le Père donnait
avec autant de vivacité que d'énergie impri-
maient, aux âmes placées sous sa direction, deux

mouvements également avantageux pour elles : la soumission parfaite à la volonté de Dieu et, au moment voulu, un incroyable élan.

En 1875, M. l'abbé Ferrand, voyant que, depuis plus de dix ans, l'œuvre de Saint-Raphaël marchait et se développait tout-à-fait selon ses désirs, et conformément au plan qu'il avait conçu, voulut assurer son existence pour l'avenir, en constituant une société civile entre les trois généreuses personnes qui s'en occupaient principalement. Il avait, depuis longtemps, préparé et mûri ce projet. Puis quand il eut dressé l'acte de société, voulant toujurs, selon son habitude, y mêler un élément surnaturel, il fit placer sur l'autel de la chapelle la minute du contrat, qui devait être signé devant notaire. On ne le signa qu'après l'avoir ainsi déposé sous le regard du vrai Maître de la maison ; après quoi, madame Gille fut appelée à le serrer dans les archives de l'œuvre.

L'année suivante, le bail de la maison de la rue Saint-Jacques finissait, et la société civile, par une suite de circonstances qui parurent providentielles, put se rendre acquéreur du local où l'œuvre fonctionnait. Le Père éprouva un grand bonheur à voir que Dieu avait ainsi conduit les choses. Tout le monde était heureux, et l'une des anciennes coopératrices disait qu'on se sentait plus à l'aise depuis que l'on coudoyait des

murs dont on était propriétaire ; mais le Père
releva ce mot, tant il craignait que l'on ne sortît
de la sainte humilité.

Quand on remit aux dames de Saint-Raphaël
leurs titres de propriété, elles s'aperçurent que
le premier parchemin remontait à 1654, et que
l'immeuble se nommait alors « la maison de la
Garde-Dieu, » nom qui lui avait été conservé
jusqu'à la Révolution. Touchante circonstance !
La maison venait de reprendre sa destination
première.

Le Père apporta à Saint-Raphaël, le lendemain du jour où l'on avait fait cette découverte,
un tableau modeste qu'une humble personne
lui avait légué et qui représentait Notre-Dame
de Consolation. M. Ferrand avait toujours eu
une grande dévotion à honorer la mère de Dieu
sous ce vocable. A Rome, il visitait souvent, à
la place Colonna, la chapelle où la Très Sainte
Vierge est honorée sous ce titre. Ses pénitents
étaient au courant de sa prédilection, et celle
qui lui avait légué ce tableau, pour ce motif,
était précisément la personne qui lui avait donné
un franc pour la fondation de l'orphelinat de
l'Enfant Jésus. Elle avait, on s'en souvient,
prédit au Père, avant que ce dernier fût décidé à
se préparer au sacerdoce, qu'il aurait un jour un
grand nombre d'enfants spirituels.

Si on eût moins connu M. Ferrand, on aurait été bien étonné, quand tout fut terminé, de l'entendre dire : « Me voilà bien content : Tout s'est fait sans moi. » Mais on savait, et le lecteur peut en être convaincu maintenant, que c'était là, avec l'abandon à Dieu, l'une des convictions les mieux établies dans son âme. Il se donnait toujours, et sans relâche, comme un pauvre instrument des volontés de Dieu, et c'est à quoi son activité devait de ne jamais se ralentir.

Le Seigneur cependant lui réservait, comme il l'avait toujours fait au milieu de ses consolations, une croix fort lourde. Quelle fut cette croix ? C'est un secret qui est resté entre Dieu et lui. On sentait, en l'approchant, qu'il souffrait et qu'il souffrait beaucoup. Un moment sa santé en fut atteinte, au point de donner de vives inquiétudes aux personnes qui l'entouraient. Le respect que l'on avait pour lui s'opposa à ce que personne lui demandât jamais la cause de ses douleurs et de ses souffrances. On se contenta de prier avec plus de ferveur qu'à l'ordinaire, et l'on s'aperçut bientôt que le Père reprenait toutes ses habitudes à peine interrompues, que son front s'éclaircissait, et que sa parole n'en était devenue que plus sainte et plus persuasive.

En 1877, on eut, à Saint-Raphaël, la première communion des petites filles nées dans la maison et qu'on y avait ramenées.

Le 15 avril 1880, le cœur du Père s'ouvrit à une bien douce joie de famille. Dieu venait enfin de donner à son fils, marié depuis quinze ans, la petite Marguerite-Marie, si longtemps attendue. M. Ferrand exprima au Seigneur toute sa reconnaissance de ce qu'il daignait compléter ainsi sa famille terrestre, en même temps qu'il établissait, sur les bases les plus solides, sa famille spirituelle.

Mais les événements que la main de Dieu conduit apportent souvent aux personnes, en faveur desquelles ils s'accomplissent, des lumières inattendues. Tandis qu'il pressait, dans ses bras, la petite-fille que le ciel venait de lui donner, le Père entendit comme une voix intérieure qui lui rappelait le saint vieillard Siméon et le cantique que prononça ce dernier, en portant l'enfant Jésus qu'il avait tant désiré contempler de ses yeux ; et comme Celui à qui il ressemblait, autant par ses désirs que par la gravité de sa vie, il récita son « *Nunc dimittis*, » formule sacrée et générale qu'empruntent toutes les âmes qui attendent uniquement, en ce monde, l'heure de leur passage à un monde meilleur. Ce fut, pour lui, une inébranlable conviction, à partir de ce moment, qu'il avait terminé

ici-bas la tâche que le Seigneur lui avait imposée, et que le moment approchait où Dieu
l'appellerait à lui. Il se prépara à la mort avec
une sérénité à travers laquelle personne n'aurait
pu soupçonner les convictions formées dans son
esprit. Il aimait trop ses deux familles pour les
attrister en leur faisant part de ce qu'il attendait
d'ailleurs comme la juste récompense de ses
vaillants travaux.

CHAPITRE DIXIÈME

La vie intérieure de M. Ferrand de Missol se manifeste dans les pensées qu'il exprimait le plus ordinairement, et qui ont été pieusement recueillies par l'une de ses filles spirituelles. Tous ces enfants seront heureux que nous reproduisions, dans ce chapitre, les pensées de leur vénéré Père. Ce sera leur apporter, en quelque sorte, un écho de sa voix et de ses conseils :

« Jésus, disait-il, nous a tout donné, il nous a surtout donné notre cœur avec tout l'amour qu'il contient, car le besoin du cœur, c'est d'aimer. Il nous demande notre cœur ; le donnerons-nous à tout excepté à Lui ? C'est un Dieu jaloux ; il le veut tout entier ; après le lui avoir donné, le reprendrons-nous ? Examinons si notre cœur est bien à Dieu. Une chose donnée ne se reprend plus ; Jésus ne veut pas de prêt. »

Il disait aux âmes qu'il dirigeait : « Je me suis préparé pour l'éducation de mes fils ; j'ai tout appris de nouveau, et plus tard cela m'a servi à être prêtre et à faire un peu de bien ; faites de même. Notre âme a cinq sens comme notre corps : elle voit Jésus, elle l'entend et lui parle, elle le goûte, elle le touche et le sent... Il faut apprendre à souffrir aussi vite qu'à se réjouir... Faites les œuvres à l'envers de ce que font les hommes : restez cachées ; ne publiez rien ; laissez faire Dieu. Jésus était caché à Bethléem ; ceux qui étaient proche ne savaient pas qu'un Sauveur leur était né ; les Mages vinrent de loin et surent bien le trouver. Il en sera de même pour notre petite œuvre ; le bon Dieu y enverra lui-même celles qu'il choisira ; une étoile les conduira. »

Plusieurs personnes s'intéressant beaucoup à l'œuvre qu'il avait fondée lui proposèrent, à plusieurs reprises, de la faire connaître par une notice qu'il aurait envoyée dans les paroisses et chez les sœurs de charité. Il s'y refusa toujours énergiquement, comme on le sait, par les paroles qui précèdent, et le 29 mars de la même année les sœurs de Saint-Vincent-de-Paul vinrent à la maison, conduites par une voie toute de Dieu. Il en fut toujours ainsi, c'était la réponse du bon Dieu à la confiance de son serviteur.

Après une crise qui faillit devenir une grosse peine il disait : « Dans la main de Dieu les obstacles deviennent des moyens. Que notre cœur soit donc un reposoir où Jésus demeure toujours ; faisons-y une adoration perpétuelle. Pour cela ayons un cœur vide, pur et humble : vide de nous pour que Jésus le remplisse ; pur pour que la divine lumière l'éclaire ; humble parce que ce qui est bas peut seul être élevé. Laissons parler ceux qui parlent ; le monde aime à parler ; de cette façon nous éviterons bien des fautes ; portons les fardeaux les uns des autres, nous accomplirons la loi. »

Il profitait de tout pour faire du bien à ses enfants. Aussitôt que les retraites du Père Olivaint parurent après son martyre, il s'en servit pour expliquer ce qui convenait à chacun en s'assimilant la doctrine renfermée dans ces pages pleines de force et de suavité. En 1873 Pie IX ayant adressé à toute la prélature romaine un discours dans lequel, après avoir rapporté tout au long l'histoire de Tobie, il place Saint-Raphaël comme tout-puissant intercesseur après la Très Sainte Vierge, le bon Père ne manqua pas de rassembler ses filles, pour leur communiquer les belles paroles de Pie IX et les exhorter plus que jamais à avoir leur Archange pour intime ami.

La même année il fit sa retraite chez les Rédemptoristes, alors à Avon, près Fontainebleau. Dans ce temps de brûlante intimité avec

Dieu, il n'oubliait pas ceux dont il avait la charge; il exposait leurs besoins au Seigneur, et quand il rentrait dans sa chère maison, il avait toujours quelque bonne parole appropriée à l'état de chacun. Il rapporta à toutes ses filles un petit livre de Saint-Alphonse-de-Liguori; ce livre, différent pour chacune, convenait à merveille à celle à qui il le donnait.

C'est après cette retraite qu'il apporta au règlement de la maison diverses modifications qu'il méditait depuis longtemps. Notre-Dame du Perpétuel Secours fut installée dans la chapelle et invoquée tous les jours. Le lever fut avancé d'une demi-heure; par ce moyen la méditation put être faite avant la prière des pensionnaires; c'est alors qu'il donna les onctueuses méditations d'Abelly.

Le chemin de croix que l'on faisait en commun le vendredi fut conseillé tous les jours; il insista pour que chacune le fît en particulier; quant à lui, à dater de ce jour, il n'y manqua jamais. Il avouait en retirer une grande consolation, et beaucoup de personnes s'empressèrent d'imiter son exemple.

Il serait trop long d'énumérer ce que chaque année amenait de bonnes œuvres faites ou conseillées par lui. Contentons-nous de citer quelques-unes des maximes qui lui étaient familières, et que se sont empressées de recueillir celles qui les ont entendues.

« Ne nous préoccupons pas de savoir si les hommes sont avec nous ou contre nous ; voyons si Dieu est avec nous.

» Il faut avoir pour Jésus un cœur de feu, pour le prochain un cœur de chair ; pour nous un cœur de bronze.

» Jésus a voulu mourir sur une croix sans en descendre ; il a voulu être traité comme un mort jusqu'au bout, en se laissant mettre des bandelettes et un suaire ; de plus, il a voulu que l'on scellât la pierre sur son tombeau afin que sa mort fût indubitable ; nous, mourons à nous-mêmes et laissons-nous traiter comme des morts, afin de vivre éternellement avec Lui.

» L'humilité est la douceur intérieure, et la douceur l'humilité extérieure.

» Faites, Seigneur, que j'applique ma croix sur votre croix, mes mains sur vos mains, mes pieds sur vos pieds, et que, comme vous, j'embrasse avec amour tous les hommes.

» Une humiliation bien supportée vaut mieux que dix années de méditation sur l'humilité.

» Faire du bien autour des âmes ; Dieu seul peut les toucher intérieurement.

» Les petits enfants ont une si tendre confiance en leur mère, qu'ils demandent pardon, tout prêts à recommencer ; nous avons moins de confiance en Dieu et nous sommes moins gentils. Tâchons du moins d'avoir la simplicité des enfants.

» Je méditais en lisant les pages de cette enfant de seize ans. Je suis comme le vigneron qui se nourrit de la plante qu'il a fait croître.

» Chaque jour apporte sa peine, mais aussi sa grâce.

» Excepté l'enfer, qui est une punition, le reste n'est qu'un moyen d'arriver à Dieu.

» Quand la grâce quitte une âme, ou plutôt quand cette âme ne correspond pas à la grâce, elle tombe dans toutes les incertitudes, les fautes, les folies de la nature livrée à elle-même. »

» L'orgueil nourrit l'orgueil.

» Quand on se recherche, on se trouve, et c'est bien triste ; quand on est triste et découragé, c'est qu'on se recherche.

» Le bon Dieu ne veut pas de nos voies, mais des siennes.

» Il y a ceux qui veulent faire la volonté de Dieu et sont simplement ses instruments ; il y a ceux qui veulent faire faire pour ainsi dire leur volontè par Dieu, et qui veulent le faire servir à leurs desseins.

» De même que notre âme mène notre corps, notre âme doit être menée par Dieu.

» Tout souffrir des autres et ne rien faire souffrir. Quand je tends la main devant le bon Dieu, c'est pour qu'il y mette franchement la sienne.

» On oublie souvent le prochain dans les actes de la vie. Prière de Jésus au jardin des Olives, trois caractères : douleur, combat, abandon.

» Souvenez-vous que, pour un grand nombre, le chemin le plus court pour se dispenser de la reconnaissance, c'est l'ingratitude.

» Jésus préféra saint Jean parce qu'il était pur, simple et droit. Il aima Madeleine parce qu'elle était humble, simple et droite.

» C'est un grand moyen que la bonté. Le prochain est l'œil de Dieu ; il ne faut pas le toucher, de peur de le blesser ; le moindre grain de poussière, échauffe et fait souffrir ; la moindre parole nuit, elle altère la charité. »

Il disait à une âme qui aspirait à se retirer du monde : « Vous serez, non pas affectivement, mais effectivement tout à Dieu. Laissez faire le Seigneur ; ne devancez pas, même par le désir, les volontés de Dieu. Remerciez-le de tout, car il permet tout ; que chaque instant vous mette en sa présence. Agissez avec lui comme un petit enfant avec ses parents.

» Nous devons avouer par une très humble vérité ou véritable humilité, que nous sommes, en effet, des serviteurs inutiles.

» L'homme est assez fort et libre pour résister à tout ; mais quand il s'abandonne entièrement le Seigneur fait de grandes choses en lui parce qu'il ne trouve pas de résistance.

» Les secrets de Dieu ne sont bons qu'au fond du cœur.

» Jésus dit à Pilate : Vous n'auriez aucun pouvoir s'il ne vous était donné d'en Haut. Tout n'arrive donc ici-bas que par la volonté de Dieu.

» Quand nous nous donnons à Dieu, c'est que nous le voulons bien, donnons-nous donc alors tout entier, car ce que nous gardons nous tue.

» Dieu n'aime pas les parleurs, mais les facteurs. Attendre et être sûrs de Dieu.

» Soyons dans une complète indifférence pour ce que Dieu veut faire de nous, quand nous sommes à Lui. Qu'il fasse le bien par qui il voudra ; prions seulement que le bien se fasse.

» Quand nous prenons bien les choses qui nous arrivent, c'est que la grâce est avec nous ; quand nous les prenons mal, c'est la nature seule.

» Nous sommes tous des sauvageons, et si nous ne sommes greffés par la grâce, nos mauvais instincts poussent et produisent des fleurs et des fruits sauvages. La bonne greffe seule produit de bons fruits.

» Nous n'avancerons jamais si nous nous étonnons de nos chutes. Il faut dire : pardon mon Dieu ; merci pour moi ; et n'y plus penser.

» On se donne tout à Dieu et on se rattrappe ; en se rattrappant, on se retrouve.

» Le royame de Dieu est au-dedans de nous. Il y a trente ans que je médite ces paroles. Dieu est dans notre cœur, mais il veut y régner et ce qui l'empêche de régner, c'est que nous sommes tout au dehors ; on ressent tout ce qui se passe au dehors, mais il ne faut pas y faire plus attention qu'à une cloche importune.

» Il faut retenir ces trois consolantes paroles qui renferment tout : le royaume de Dieu est au fond de mon cœur ; j'écouterai la voix du Seigneur dans le fond de mon cœur ; je porterai partout Jésus mon consolateur.

» Un pauvre sarment de vigne qui voudrait s'agiter et produire en dehors de ses ceps, que ferait-il ? Pour produire il faut qu'il se laisse tailler, attacher, couper, manier de toutes les manières ; alors ce petit sarment, morceau de bois qui aurait été inutile, donnera de beaux fruits. Laissons agir Dieu en nous et nous porterons du fruit. »

Il disait à une personne qui n'était pas libre de se donner à Dieu : « Vous avez le don de l'*attente*. Remerciez le Seigneur ; on ne sait pas attendre. Jésus aurait pu faire tout de suite ses œuvres ; il attendit trente ans ; il travailla en se cachant dans la boutique de saint Joseph.

» A ceux qui veulent aller vite dans les œuvres : Quand un enfant naît avant le terme, c'est un avorton. Mais lorsqu'il arrive au moment véritable, il vit et prospère ; il en est ainsi des œuvres de Dieu.

» Ne pas s'occuper de son orgueil ; le fouler aux pieds ; quel plus cruel affront pour un orgueilleux que de ne pas s'apercevoir de lui ! »

Les pensées suivantes sont d'une délicatesse exquise : « Il est des paroles et des pensées qui ne peuvent que rester au fond du cœur ; là elles sont comprises ; elles donnent du bonheur à l'âme ; si on veut les exprimer, elles s'évanouissent ou perdent leur divin parfum.

» Le jardinier ne s'étonne jamais de voir pousser des herbes dans son jardin ; il les arrache et tout est dit.

» Il ne faut pas plus gaspiller les grâces de Dieu que son argent.

» Les œuvres manquent par les ouvriers.

» Il faut beaucoup de science pour apprendre aux hommes savants à aimer Dieu.

» Vous devez faire tout pour mener à bien chaque chose et en laisser à Dieu le résultat. Dieu nous demande une grande chaleur de cœur pour tout ce qu'il nous confie, et c'est l'amour.

» A quoi servirait-il aux arbres de fleurir en un autre temps que celui fixé par Dieu ?

» Le monde et même l'Eglise ne peuvent juger que sur les actes extérieurs. L'Eglise laisse à Dieu le soin de juger les cœurs parce que lui seul les connaît.

» Je te donnerai l'intelligence, dit le Seigneur, mais l'intelligence de midi pour midi, d'une heure pour une heure ; il faut arrêter la pensée qui veut aller en avant.

» Demandons à l'Esprit-Saint qu'il descende en nous et anime chaque partie de notre corps pour le service de Dieu.

» Quand l'esprit ne plie pas, c'est comme un gravier qui serait dans l'œil, et fût-il un gravier de diamant, la souffrance n'en serait pas moins vive.

» Trois personnes entendront la même chose et ne comprendront ni ne verront de même.

» Attendre l'heure que Dieu sait ; être heureux de ne rien savoir.

» Nous ne devons pas plus compter sur nous que sur les autres ; c'est en Dieu seul que nous devons espérer.

» Qu'il est bon d'être entre les mains de Dieu sans rien savoir, et disposé à tout ce qu'il veut ! Etre tout prêt et attendre !

» Le mal que les autres nous font, ne nous dispense pas du bien que nous leur devons.

» C'est Dieu qu'on offense en ne rendant pas à autrui toute la charité possible.

» Il y a douze degrés pour arriver à l'amour de Dieu, dit saint Bernard ; les deux premiers résument toute la perfection : la crainte de Dieu. et la soumission à ses volontés.

» Le monde emploie toute sa prudence à cacher le mal qu'il fait ; employons la nôtre à cacher le bien que nous pouvons faire. Le bien a quelquefois les apparences du mal et le mal les apparences du bien : ne jugeons pas.

» La fermeté doit être dans le but, mais la douceur dans les moyens.

» Ne voir que Dieu en tout et lui demander l'esprit que nous devons avoir avec chacun.

» Il y a dans le cœur de l'homme une susceptibilité intime que rien ne peut détruire.

» Aspirez, respirez, expirez, en disant : Seigneur, me voici.

» Laissons s'éloigner ceux qui s'éloignent sans en rien dire à personne.

» Donnez-vous à Dieu; c'est lui qui trempe les âmes vigoureuses.

» Dieu choisit entre mille celui sur lequel il a des desseins, comme le statuaire le marbre qui doit servir à sa statue; puis il taille ; l'essentiel est que le marbre ne bouge pas.

» Un rien s'oppose souvent en nous aux desseins de Dieu.

» Toute œuvre est un calice; Dieu veut être le maître et l'ouvrier.

» Le moment présent peut faire un traître comme Judas ou un saint comme Pierre, qui pleura sa faute.

» La perfection n'est pas dans le passé ni dans l'avenir, mais dans le moment présent.

» Le bon Dieu n'a pas dit: Je vous envoie comme des loups au milieu des loups, mais comme des agneaux; les agneaux n'ont pas de dents faites pour dévorer.

» Dieu ne demande jamais rien d'inutile.

» Dieu n'a pas dit: Quand vous êtes défaits refaites-vous, mais: Quand vous êtes chargés, venez à moi.

» Il est un temps où l'on voudrait commander à tout et être obéi de tous; il en est un autre où l'on voudrait être de cire et sans forme, afin de recevoir cette forme de tous.

» Je me méfie de ceux qui sont jeunes et n'ont pas d'ardeur pour les œuvres de Dieu; je me méfie de ceux qui sont vieux et ont trop d'ardeur; les uns n'ont pas de chaleur de cœur, les autres ont de l'amour-propre.

» Les inconséquents font souvent des confidences dont il se repentent; alors ils sont gênés et on les gêne.

» Il ne faut pas que la petite charité nuise à la grande; c'est-à-dire que pour l'intérêt d'une seule personne on compromette l'intérêt de toutes les autres.

» Quand on ne voit que Dieu et sa volonté on a des vues simples.

» Il faut aimer et servir le prochain pour Dieu, car le prochain n'est pas aimable.

» Il faut toujours couper en soi et tailler, comme dans le gazon qui repousse toujours et se déracinerait si on ne le fauchait pas.

» Il faut faire les choses dans le moment marqué par Dieu; avant, ce serait cueillir le fruit avant la maturité.

» Que c'est beau d'être témoin des volontés du bon Dieu, de les voir s'accomplir sans y avoir mis la main!

» Couper court à tous les retours sur soi-même afin qu'au lieu de l'humiliation il ne reste que l'humilité.

» Il y a dans le bien comme dans le mal une gamme ascendante et descendante; on donne son cœur, on se livre et on se perd dans le bien, en Dieu.

» Laissons passer ce qui passe.

» Les personnes qui entrent dans les communautés avant le temps sont comme les enfants qui naissent avant le terme: ils n'ont ni cheveux ni ongles: leur vie est incertaine.

» Celui qui s'abandonne à Dieu trouve tout bon. Quand les chiens veulent entrer ils aboient;

quand ils veulent mordre ils aboient, et quand ils mordent ils se taisent ; il en est de même du démon.

» Quand, en écrivant, on s'aperçoit d'une faute on la corrige et on n'y pense plus ; qu'il en soit ainsi des fautes journalières.

» Le bon Samaritain demanda à l'hôtelier de soigner et non de guérir le blessé qu'il amenait.

» Le laboureur entreprend de remuer la terre et de semer, mais jamais de faire pleuvoir ou de faire mûrir la moisson.

» Nous ne devons pas anticiper sur la volonté de Dieu. Dans toute œuvre il y a la partie de Dieu et celle de la créature ; faisons le mieux possible la partie qui nous est confiée ; et reposons-nous sur Dieu pour le reste.

» Ne pensons pas à toutes les peines qui peuvent survenir ; le laboureur fait toutes les opérations nécessaires à sa culture et rentre chez lui ; faut-il qu'il se tourmente par avance de la pluie, de la sécheresse, du vent, des insectes ? »

CHAPITRE ONZIÈME

Le 4 septembre de l'année 1882, un an à
peine avant sa mort, M. l'abbé Ferrand fit une
chute dans sa chambre, et il se blessa à la tête.
Il voulut d'abord attribuer cet accident à une
cause insignifiante ; mais tout le monde, autour
de lui, crut que c'était sous le coup d'une légère
attaque de paralysie qu'il s'était produit. Désireux de ne pas causer à ses enfants la plus
petite inquiétude, le bon Père plaisanta, en
leur présence, de cette chute ; mais comme,
mieux que personne, il se rendait compte des
causes qui l'avaient provoquée, il célèbra, quelque temps après, une messe d'actions de grâces
à Saint-Raphaël.

Cet accident fut le premier symptôme de la
perte irréparable que Dieu préparait à sa famille et à ses amis. Lui-même semblait apporter
plus de suavité encore et plus de tendresse dans

les rapports qu'il avait avec ses enfants. On remarqua pourtant que son regard prenait comme une teinte de mélancolie, quand il se reposait sur sa chère petite-fille.

Le 1ᵉʳ janvier 1883, il était sur le point de célébrer la sainte messe à Saint-Raphaël. Il s'y prépara par une prière qu'il récita aux pieds de l'autel. Puis se retournant vers les trois dames protectrices de l'œuvre, il leur dit : « Permettez-moi, mes enfants, de répéter ici, devant vous, les paroles par lesquelles je termine, tous les jours, mon chemin de Croix : Faites, mon Jésus, que je sois enseveli avec vous, afin que je ressuscite avec vous dans la gloire. » L'une des dames présentes fut si pénétrée de ces mots, qu'elle les écrivit immédiatement, afin de ne jamais les oublier.

Cependant M. l'abbé Ferrand continuait à s'occuper de ses œuvres, comme à l'ordinaire. Il entendait encore les confessions ; il donnait des directions à ceux qui lui en demandaient ; il célébrait la sainte messe tous les jours. Mais on remarquait que ses jambes avaient à peine la force de le porter. Il allait à Saint-Raphaël en voiture, et il revenait de même, non sans avoir assez longtemps lutté pour accéder au désir de ses enfants, à propos de ce qu'il regardait comme une douceur inutile.

Au mois de mars, une congestion aux poumons le retint, pendant plusieurs jours, dans sa chambre. Il en parut assez préoccupé ; cependant il répondait aimablement aux avis que chacun se permet de donner, en pareille circonstance : « N'oubliez pas que j'ai toujours mon médecin *dans ma manche*. Quand même je m'y opposerais, il me dit ce qu'il faut faire, et il ne me laisse pas dans l'ignorance de mon mal. »

Ses jambes refusaient, de jour en jour, le service ; le bon Père luttait tant qu'il le pouvait contre leur faiblesse ; mais il se traînait plutôt qu'il ne marchait, et l'on ne pouvait se méprendre sur les progrès rapides de la paralysie.

Le 6 mai, M. Ferrand alla encore dire la sainte messe à Saint-Raphaël, à six heures, selon son habitude que l'on connaît, et qu'il n'a jamais voulu changer. C'était, hélas ! la dernière fois qu'il montait à l'autel dans sa chapelle bien-aimée. Il paraissait ne pas s'en douter, bien qu'il éprouvât une grande fatigue. Rien ne faisait présager que, quatre jours après, il dut être arrêté tout-à-fait.

Le 9 mai, à son heure ordinaire, il partit péniblement à pied pour l'Abbaye-au-Bois. En s'agenouillant dans la chapelle, il se heurta contre une chaise. Quand il reparut, sortant de la sacristie, après avoir revêtu les ornements, on le vit chanceler. Il voulait cependant célébrer les saints mystères ; mais on s'aperçut que son courage était supérieur à ses forces, et on l'invita à aller se reposer chez lui. Il céda avec douceur, se laissa mettre en voiture, et souffrit qu'on l'accompagnât jusqu'à sa demeure.

M. le docteur Ferrand, son ami, fut immédiatement appelé. Il déclara que l'attaque de paralysie était bien caractérisée et que d'autres lui succèderaient.

Du 9 mai jusqu'aux derniers jours de septembre, les crises se reproduisirent en effet ; mais il y avait parfois des jours ou des heures de répit, qui donnaient quelque espérance de guérison. On priait tant, *dans toutes ses œuvres,* pour la conservation de ses jours si précieux !

Le 19 mai, on le vit arriver, avec son fils, à Saint-Raphaël. Il marchait péniblement, appuyé sur le bras de M. Amédée. Mais son air était gai, souriant ; il était si heureux de se retrouver au sein de sa famille spirituelle.

Il confessa. Il voulut monter jusqu'au troisième étage que l'on construisait alors, et qu'il bénit. Il avait momentanément retrouvé toute sa verve et toute sa mémoire. Il causa longtemps et raconta des choses charmantes.

Il voulait donner du courage à tous ; **car il** s'apercevait bien que, si chacun était heureux de le voir, chacun aussi se plaçait en face d'un redoutable avenir.

Son état resta, pendant quelque temps, stationnaire. Et comme il ne pouvait marcher qu'avec des difficultés inouïes, il se décida, pendant que sa famille irait à Versailles, où il ne pouvait la suivre, à aller s'installer à Saint-Raphaël. Là, du moins, il aurait la sainte messe, le tabernacle ; il pourrait confesser encore et donner des directions.

Pendant trois mois, du 1ᵉʳ juillet au 22 septembre, il offrit à tous l'exemple de la plus parfaite résignation. Aimable et doux pour tout le monde, ne se plaignant jamais, il donnait volontiers ses conseils, à propos de toute chose ; et avec quelle avidité on les recueillait, dans la crainte que l'on éprouvait très généralement d'en être bientôt privé pour toujours !

Il dit, un jour, à une personne qui, s'étant mise à genoux devant lui, demandait sa bénédiction : « Mon enfant, toute ma vie j'ai tâché d'apprendre à souffrir, à me taire ; maintenant je suis à attendre. » On admirait comment il pratiquait jusqu'au bout cette devise qu'il s'était choisie.

On s'habituait, à Saint-Raphaël, à posséder ce Père bien-aimé : on s'efforçait de repousser au loin la pensée de la séparation. Sa chère petite Marguerite-Marie venait souvent, avec ses parents, embellir ses journées. Il aimait la

gentillesse précoce de cette enfant, qui se mettait à genoux devant lui, et disait de sa plus
jolie voix : « Grand Père, bénissez-moi, » ou
encore : « Bénir grand Père, pour partir. » Le
saint vieillard posait sa main tremblante sur la
tête de l'enfant, lui faisait une croix au front
et la baisait pieusement.

Que de larmes coulèrent en contemplant ce
touchant tableau, et en pressentant les tristes
réalités qui se préparaient ! Sans que rien eût
laissé deviner ce qui allait arriver, un jour, le
Père, qui se laissait jusque-là soigner avec une
implacable douceur par madame Gille, lui dit avec
force : « Mon enfant, il est temps que je rentre
chez moi. Je le dois et je le veux. — Mais, mon
Père, veuillez attendre quelques jours encore ; vos
enfants sont sur le point de revenir de Versailles. — Mon enfant, il me faut rentrer chez moi.
Je dois être où je dois être. » — Il commande
que l'on prépare tous les objets qu'il doit emporter avec lui, et, avec une force factice, lui qui
ne marchait plus depuis un certain temps, grâce
à sa volonté absolue, il se traîne, soutenu par les
bras, jusqu'à la voiture qui l'attendait.

En sortant, il ne dit rien à personne, tant
était profonde son émotion. Il sentait qu'il venait
de fouler, pour la dernière fois, ce sol de Saint-
Raphaël qu'il aimait tant. On sanglotait autour
de lui ; il n'avait pas l'air de s'en apercevoir. « Il

va mourir chez lui, auprès de ses enfants bien-aimés : il ne reviendra plus. » C'était la conviction de toute sa famille spirituelle.

En route, il rencontra son fils qui allait le voir. Il le reconnut, l'appela, le fit monter dans sa voiture, et lui dit : « Tu vois, mon bon ami, que je n'ai pas voulu t'attendre ; je suis venu au devant de toi. Il était temps que je rentre dans mon appartement. »

L'arrivée, rue de Rennes, fut pénible ; les forces lui manquèrent surtout quand il dut monter l'escalier.

Les jours qui suivirent le 22 septembre furent assez bons ; et cet arrêt dans la maladie offrait quelque motif à l'espérance qui aurait voulu renaître dans tous les cœurs. Le 29 septembre, jour de la fête de Saint-Michel, madame Gille, le trouvant assez bien, rentra à Saint-Raphaël, pour affaires, sachant très bien d'ailleurs que ses enfants ne le quitteraient pas. Elle s'empressa de régler les affaires qui l'avaient amenée, et, comme poussée par un pressentiment auquel il lui était impossible de résister, elle repartit pour la rue de Rennes. Le Père était très mal. On avait été obligé de le mettre au lit. On fit venir son confesseur et le docteur, qui déclarèrent, tous deux, que c'était la dernière crise. Le malade comprit que la vie allait le quitter et que l'heure de la mort approchait, après avoir été attendue

longtemps. Il reçut la sainte communion,
l'Extrême-Onction et l'indulgence plénière, en
pleine possession de lui-même, avec l'esprit de
foi et d'amour de Dieu qui l'avaient toujours
animé.

Après cette cérémonie, il parut se reposer et
goûter un calme profond. La nuit se passa dans
cette tranquillité apparente. Il adressa à ceux
qui le servaient quelques paroles de remercie-
ment, et ce fut tout.

Le lendemain, dimanche, plusieurs de ses
enfants spirituels ayant été prévenus, voulurent
voir, encore une fois, leur Père vénéré. Il bénit
d'une main mourante quelques personnes, et
prononça des paroles qu'on ne comprenait pas;
mais lorsque sa chère petite Marguerite-Marie
lui fut présentée, par la mère Justine, supérieure
des sœurs de l'Assistance, sa main s'éleva plus
haut et on entendit qu'il disait: « Oh! ma chère
petite fille! » Un sanglot étouffa sa voix. Lorsque le supérieur des Lazaristes, son ami, vint à
lui et lui annonça qu'il allait le bénir au nom de
saint Vincent-de-Paul, ses yeux s'ouvrirent, et
il dit: « Oh! saint Vincent-de-Paul! » et la vie
sembla revenir à lui comme un éclair.

La journée du lundi se passa sans qu'il donnât
ni un signe de vie, ni un signe d'intelligence.
On était persuadé, autour de lui, que le Seigneur
le ramènerait à lui le jour suivant, qui est la fête

des saints Anges gardiens. Tout le monde pensait que les bons anges voudraient posséder au ciel, au jour de leur fête, un homme qui avait tant fait pour les petits enfants dont ils sont les gardiens sur la terre. M. l'abbé Ferrand de Missol rendit, en effet, sa belle âme à Dieu, le jour de la fête des saints Anges gardiens, à trois heures du matin.

Une chapelle ardente fut organisée dans le salon. Les sœurs de l'Assistance maternelle et les dames de Saint-Raphaël restèrent en prières devant la dépouille mortelle de leur Père vénéré, revêtu des ornements sacerdotaux. Son visage respirait la paix ; il avait retrouvé, sous les touches de la mort, son expression naturelle de douceur et de bonté, et même comme un léger sourire, qui semblait dire à tous : Je suis heureux !

Pendant deux jours, tous ceux qui l'avaient connu et aimé tinrent à honneur de venir, une dernière fois, contempler les traits de celui qui les avait si souvent consolés et encouragés. Ils rapportèrent de cette visite une impression de vénération et de paix : la mort semblait avoir émoussé ses derniers aiguillons, tandis qu'elle disposait le Père à la traverser ; elle marquait désormais son visage comme d'un reflet du Ciel.

Nous n'avons pas parlé jusqu'ici des rapports du Père avec M. Lasserre, si connu par ses ouvrages sur Notre-Dame de Lourdes.

Chacun sait comment il fut un des premiers à bénéficier des bontés miraculeuses que la Très Sainte Vierge s'est plu à répandre, de nos jours, du haut des roches Massabielle et à l'aide de la source qu'elle a fait jaillir aux pieds de la sainte montagne. Ce qu'on ne sait pas, et ce qu'on nous permettra de dire, à la fin de la vie de notre vénérable Père, c'est qu'il reçut M. Lasserre au moment où se préparait sa guérison miraculeuse, et que ce valeureux écrivain devint, depuis lors, son fils spirituel et son ami. On voyait, au-dessus d'un secrétaire placé dans le salon de M. Ferrand, une maquette représentant M. Lasserre à côté de M. l'abbé Peyramale, au moment où la Très Sainte Vierge guérissait celui qui devait, par ses écrits, contribuer pour une part si importante à la vulgarisation de la dévotion populaire envers Notre-Dame de Lourdes. Le Père avait été, dès le principe, et il resta jusqu'à la fin de sa vie, le directeur spirituel de cet homme de cœur. Aussi M. Lasserre, averti de sa mort, traversa-t-il la France pour venir assister à ses funérailles. Il arriva, rue de Rennes, au moment où l'on allait mettre dans le cercueil son Père vénéré, et il réclama l'honneur de rendre ce dernier devoir filial à celui qui l'avait honoré de sa paternelle tendresse.

Les funérailles eurent lieu le jeudi 4 octobre, dans l'église de Notre-Dame-des-Champs. Dans la nombreuse assistance, on était recueilli et on priait : ceux qui accompagnaient M. Ferrand à sa dernière demeure étaient ses enfants et ses amis. Après les membres de sa famille, venaient ses deux familles spirituelles, les Dames de Saint-Raphaël avec leurs petites filles et les sœurs de l'Assistance maternelle, puis les religieuses de tous les ordres. Malgré un temps affreux, presque toute l'assistance accompagna jusqu'au cimetière Montparnasse le corps de celui que tous avaient appris à estimer et à vénérer.

PREMIER APPENDICE

Nous devons à l'obligeance d'un de nos amis la communication suivante, que nous sommes heureux de publier :

Avant d'être touché de la grâce, et de se marier, Amédée Ferrand, qui se recommandait par les avantages de sa personne autant que par les qualités de son esprit, était un mondain exquis, recherché des salons les plus à la mode. Son ami, le docteur Récamier, l'avait présenté à l'Abbaye-au-Bois, chez son illustre et belle parente. Plus tard, devenu prêtre, c'est à la chapelle de l'Abbaye-au-Bois, qu'il a dit sa messe jusqu'à son dernier jour. Parmi les autres salons, dont il était le familier, comme de celui de madame Récamier, il faut citer au premier rang ceux de M. de Genoude et de M. de Lourdoueix. Chez M. de Genoude, il se rencontrait avec tous les hommes politiques du jour, à quelque opinion qu'ils appartinssent, depuis M. Lafitte et M. Arago, jusqu'à M. de Dreux-Brezé et M. Berryer. Le salon de M. de Lourdoueix, moins exclusivement politique, réunissait beaucoup de littérateurs, de femmes de lettres , dont Amédée Ferrand était parfaitement accueilli, et d'artistes célèbres : Madame Virginie Ancelot, femme d'académicien, et future belle-mère du grand avocat Lachaud, madame Sophie Pagnier, madame de Montarau, etc., etc., venaient y applaudir, de leurs jolies mains, Grisi, Lablache, Rubini, Tamburini, etc., qui venaient y chanter souvent.

C'est dans ce salon, croyons-nous, qu'il fut présenté à la famille où il devait entrer bientôt comme gendre.

Il était marié depuis deux ans, lorsque son cousin, M. Ferdinand Béchard, nommé député de Nimes, arriva à Paris. M. Béchard, qui avait déjà publié un livre : *Essai sur la Décentralisation administrative*, imprimé à Marseille, mais édité à Paris chez Hivert, et dont *la Gazette de France* s'était beaucoup occupée, se trouvait déjà en relations de correspondance avec M. de Genoude et M. de Lourdoueix. Seulement, malgré leur communion d'idées, il ne les connaissait pas encore personnellement. C'est Amédée Ferrand qui l'amena chez eux ; c'est grâce à lui que Ferdinand Béchard entra comme collaborateur à ce journal, où il est resté jusqu'au jour où certaines divergences d'idées le déterminèrent à en sortir. Ferdinand Béchard, en effet, ne poussait pas l'intransigeance, comme on dit aujourd'hui, aussi loin que ces messieurs. A l'époque de la coalition de 1839, par exemple, ses tendances et ses affinités politiques l'auraient porté plutôt vers M. Molé, que vers M. Guizot et surtout M. Thiers. Cette séparation n'altéra en rien, d'ailleurs, les relations des deux journalistes avec le jeune député de la droite, ni à plus forte raison, celles des deux cousins, qui restèrent intimement étroites, jusqu'à la mort de M. Béchard, dont l'abbé Ferrand, entre les deux fils du vieux parlementaire, conduisit le deuil.

Les deux cousins sont restés fidèles l'un à l'autre, à travers toutes les épreuves qu'ils ont dû traverser, sous la République et sous l'Empire. Tous les deux partageaient le même sentiment, ils voyaient avec douleur la France osciller entre l'anarchie et le despotisme pour aboutir à l'invasion.

Ferdinand Béchard n'eut pas la douleur d'être témoin de nos désastres. Après une existence, toute de probité et de désintéressement, de travail et de lutte, que nous n'avons pas à retracer ici, et dont le récit ne pourrait être d'ailleurs que la reproduction de tous *les Dictionnaires des Contemporains*, il est mort au seuil même de l'année terrible, le 6 janvier 1870. Amédée Ferrand, qui lui a survécu pendant 15 ans, a toujours gardé, à cet ancien ami et à sa famille, un souvenir fidèle. Il n'a jamais manqué, dans l'exercice de son pieux ministère, de prier pour lui. A la mort de sa cousine, madame Béchard, en 1881, c'est encore lui qui, après avoir indiqué le docteur qui devait aller la soigner en Normandie où elle était mourante, reçut au cimetière de Passy ses dépouilles mortelles, ramenées par ses deux fils, du département de l'Eure où elle avait rendu le dernier soupir.

Amédée Ferrand et Ferdinand Béchard étaient tous les deux nés dans le petit village de Saint-Gervasy, près Nimes.

Saint-Gervasy réunissait alors une société supérieure à celle qu'on peut espérer trouver dans un petit village de province. Le grand avocat Espérandieu, la famille Ferrand de Missol, la famille Chapelle, la famille Moustardier, la famille Béchard, celle du curé Mitié, frère du chanoine qui a laissé à Nimes un si bon et si durable souvenir, la famille Pontier, dont l'héritière, qui vit encore, est la comtesse Odon

Forbin des Issarts, formaient tous les soirs une réunion que bien des villes eussent enviée à cette commune rurale.

Ferdinand Béchard et Amédée Ferrand ne manquaient jamais de venir passer leurs vacances dans ce pays qu'on appelait, à Nimes, le petit Versailles-Nimois.

DEUXIEME APPENDICE

Nous croyons devoir extraire de la vie du Père Olivaint par le Très Révérend Père Clair, de la Compagnie de Jésus, quelques détails qui feront connaître M. Pitard, et les rapports de ce dernier et de son ami avec M. Ferrand de Missol.

Page 46. On était à la veille de Pâques 1837; c'était un jour de sortie, et la plupart des élèves avaient quitté l'école (normale supérieure). Félix (Pitard) resté seul, pensif, s'était assis près du poële, dans la grande salle d'étude; tout à coup la porte s'ouvrit et Charles (Verdière) parut.

« Un homme d'honneur n'a qu'une parole, dit-il en entrant, avec un bon sourire ; mais d'un ton résolu. — Sans doute, » répliqua Pitard.

Charles poursuivit : « Félix, je viens de me confesser. Tu sais ta promesse, y vas-tu ? — J'y vais. »

Et il se leva sur-le-champ pour faire, à l'exemple
de son ami, cette grande démarche. Quelques heures
après, il revenait radieux avec l'absolution, tout
étonné d'avoir trouvé si facile l'accomplissement d'un
devoir qui, de loin, déconcertait son courage. Ce
n'était pas que sa conscience lui reprochât de bien
grands crimes, ou qu'une fausse honte arrêtât l'humble aveu sur ses lèvres. L'embarras qu'il éprouvait
était tout autre : il ne savait trop comment s'y prendre
pour discuter sa vie et trouver ses fautes. Dans la
perplexité où le jetait cette pensée, il s'en était
ouvert, avec une candide confiance, à sa jeune sœur,
sa sœur par l'âme comme par les traits du visage, et
qu'il devait, un peu plus tard, mener aux îles d'Hyères
où elle mourut saintement. *Ce qui l'inquiétait*, lui
disait-il, *c'est qu'il ne savait trop ce que c'était qu'un
péché mortel.*

Page 56. — Le modeste confident (M. Ferrand de
Missol) de Pierre (Olivaint) et de Félix, qui leur avait
montré du doigt le bon chemin, se plaisait à s'amoin-
drir et à se tenir discrètement dans l'ombre. « Pitard
pencha vite à plus d'intimité avec Olivaint — avoue
Charles dans son humble franchise, — et Olivaint le
méritait par toutes les qualités du cœur et de l'esprit.
Ils m'admirent, à la vérité, toujours dans cette amitié
intime, mais par la charité qui débordait. Je me sou-
viens des bons avis qu'ils me donnaient avec délicatesse, et de leur douce patience. Ils me soutinrent,
me conseillèrent admirablement, comme des anges
visibles, pendant nos trois années de séjour à l'école. »

...Ils avaient mis en commun leur bonne volonté et
leurs pieuses inspirations ; c'était peu. Jeunes et sans

expérience, ils se dirent qu'il [leur fallait un mentor qui les dirigeât par ses conseils et les édifiât par son exemple. Dieu leur fit la grâce de le rencontrer. La scène à laquelle donna lieu l'heureuse découverte est charmante, malgré la vulgarité moderne de quelques détails. Un matin de dimanche, Olivaint et Pitard dirent à leur ami : « Nous avons trouvé celui que nous cherchions. — Ah ! où donc est-il ? — Pour l'instant, dans la guérite d'un garde national où il achève sa faction, rue Garancière. »

Ce fut là que les trois jeunes gens coururent ensemble serrer la main à l'homme sage et bon qui allait être désormais *leur ancien* et leur frère. Celui-ci les conduisit, non loin de là, chez lui, où l'agape fraternelle les attendait. Dès lors, nos étudiants ne furent plus seuls dans Paris ; ils s'étaient constitués en famille, bien volontiers soumis à cette direction paternelle de leur choix.

Cet homme excellent, alors médecin, prêtre aujourd'hui, est resté jusqu'au bout l'ami intime, le père de Charles, de Pierre et de Félix. Il était impossible de ne pas indiquer au moins cette intervention providentielle de la maturité prudente et circonspecte dans les entreprises généreuses, parfois hardies jusqu'à l'audace, de ceux qui, dès lors, furent nommés les *catholiques* de l'Ecole normale.

Page 205. — Une dernière fois la même table réunit, autour d'Olivaint, ses vieux amis de Charlemagne et de l'Ecole normale, dont quelques-uns se disposaient à l'imiter. Que de souvenirs évoquaient les fraternelles agapes préparées par le vénérable mentor de Pierre, de Charles et de Félix !... Olivaint les consolait tous, tantôt grave, tantôt souriant. Le repas fini, on le conduisit à la diligence qui devait l'emporter au noviciat de Laval..... « Adieu, mes amis, leur dit-il en les quittant, et vive la Compagnie de Jésus ! C'est le beau moment d'y entrer quand elle s'en va. »

Page 128. — Une parole qu'il (Félix Pitard) prononça dès les premières atteintes du mal prouva bien qu'il ne se faisait aucune illusion. « Vous rappelez-vous, dit-il au médecin qui le soignait (M. Ferrand) et qui était son intime ami, vous rappelez-vous le soldat à qui son général dit : Tu vas aller là. — Oui, mon général. — On tirera sur toi. — Oui, mon général. — On te tuera. — Oui, mon général... » Et son sourire résigné, signifiait que, dans sa pensée, ce soldat, c'était lui : « Dieu m'a voulu ici, j'y suis venu, j'y mourrai. »

Laissons le Père Olivaint raconter lui-même les détails touchants de cette sainte mort. Il les résuma dans une lettre écrite sous le coup de la plus profonde émotion, au Père Charles Verdière, alors à Laval.

« Mon révérend et bien cher Père,

» *Pax Christi.*

» Vous savez maintenant la perte que nous venons de faire... C'est vendredi, à trois heures un quart du matin, que le bon Père est mort, après une agonie incessante, pendant laquelle, au milieu d'atroces douleurs, il n'a pas un instant perdu le calme, la patience, la présence d'esprit, la douceur et les pensées les plus vives de la foi. Il est difficile de voir une mort plus belle. Nos enfants en sont encore saisis d'admiration ; les élèves de sa classe surtout en ont ressenti l'impression la plus profonde. Que n'ai-je le temps de vous donner quelques détails ! Quand je lui faisais le signe de la Croix sur le front en le bénissant : « Oh ! oui, oui, s'écriait-il, marquez-moi bien de ce signe. » Il répétait toutes les oraisons jaculatoires que nous lui suggérions, avec une simplicité et une effusion tout-à-fait touchantes. Comme nous allions l'administrer, il exprimait aussi son désir de recevoir Notre-Seigneur : « Mais il ne vient pas. Quand donc viendra-t-il ? *Veni, dulcissime Jesu !* » Il suivait attentivement toutes les prières, et de lui-même il m'avertissait, au commencement, que je ne parlais pas assez haut pour qu'il pût me répondre.

» Au moment où ses frères arrivèrent, sans écouter la nature, ne pensant qu'à leur salut, il dit à chacun d'eux : « Mon enfant, mets-toi à genoux, là, à ma droite, que je te donne ma bénédiction. Je vais mourir. Profite bien de la leçon que te donne ma mort. Promets-moi de te confesser, de persévérer, de vivre désormais en bon chrétien. *Il n'y a de réalité que la mort.* » Et comme, en l'écoutant, ses pauvres frères, le militaire surtout, éclataient en sanglots : « Emmenez-les, nous dit-il, après avoir obtenu la promesse de conversion qu'il désirait. Ils sont trop émus pour rester là. » Les deux frères se sont confessés à l'instant au bon M. Ferrand de Missol, cet ami fidèle qui a passé près de lui avec moi toute la journée du jeudi et la nuit du vendredi.

» Les enfants du Père qui le chérissaient demandèrent à le voir. Je me gardai bien de leur refuser cette grâce. Quand il les vit autour de son fauteuil, car il était impossible de le mettre dans son lit, tant l'hydropisie de poitrine qui l'étouffait gagnait à chaque instant, il leur parla ainsi : « Mes chers enfants, voilà donc ce que c'est que la vie ! Il y a huit jours, j'étais encore au milieu de vous : dans quelques instants, je serai mort. Est-on toujours bien préparé ?... Mes enfants, soyez chrétiens avant tout, entièrement chrétiens ; il n'y a que cela qui reste. Il faut que vous soyez tous des saints... non pas des saints à demi, mais des saints tout-à-fait. » Et sa parole prenait un accent si profond, si pénétrant, que nous fondions tous en larmes, les Pères comme les enfants.

« Si vous avez quelque affeclion pour moi, ajouta-t-il en me montrant, vous me retrouverez dans le cœur du Père qui est là, soyez sa consolation. Priez bien pour moi, mes chers enfants, c'est le plus grand service que vous puissiez me rendre. — Si le bon Dieu me fait la grâce d'être avec lui, je ne vous oublierai pas. Je vous donne ma bénédiction... Retournez maintenant. »

» Un de nos anciens camarades de l'Ecole normale est venu me voir ce matin pour avoir des détails ; il m'a parlé en chrétien. Au moins est-il bien près du but. Le récit de cette mort lui fera peut-être faire le dernier pas.

»Encore un trait qui me revient, le plus beau peut-être. Un de nos Pères eut la pensée que le mourant pourrait peut-être obtenir sa guérison, s'il faisait vœu d'aller en Chine. Pour moi, je l'avoue, je vis là plus de piété que d'espoir fondé, toute la préparation de ce cher ami le destinant plutôt, ce semble, à rester en Europe. Toutefois, pour connaître la volonté de Dieu, je m'y pris ainsi : je lui demandai de prier avec nous pour obtenir sa guérison, et il me dit *oui,* comme à toutes choses, avec une simplicité d'enfant. Je voulus savoir si, pour obtenir sa guérison, il se sentait porté à promettre quelque chose de spécial à Dieu, si le Saint-Esprit lui suggérait quelque vœu, etc.

« Vous êtes mon supérieur, me répondit-il ; décidez-en vous-même pour moi. — Eh bien, répondis-je, j'en déciderai pour vous, mais vous n'avez pas besoin de savoir ce qui pourra être déterminé. Abandonnez-vous à Dieu. » Et il s'abandonna ainsi à la vie, à tout ce qui pourrait être ordonné de lui, avec la même simplicité, le même oubli de soi qu'il s'abandonnait à la mort.

» Puissions-nous mourir saintement comme lui, cher Père. Il n'était, vous le savez, que novice. Comme il nous a devancés ! Le voilà, nous pouvons l'espérer, dans la Compagnie triomphante. Efforçons-nous de le rejoindre, nous surtout que le Seigneur avait unis à lui d'une manière si intime.

» O cher Père ! Si nous pouvions nous dire tout-à-fait du fond du cœur : *Soyons les saints, non pas des saints à demi, mais des saints complets !*

» Pierre Olivaint. »

TROISIÈME APPENDICE

Sur l'œuvre de l'Assistance maternelle et sur la part que prit à cette œuvre et à la fondation de Saint-Raphaël madame Gargam.

Rapport lu à la séance du 10 décembre 1861 par M. l'abbé Ferrand de Missol.

Vous seriez étonnées, Mesdames, qu'après la prière et la lecture, la première parole ne fût pas pour

madame Gargam. C'est elle qui vous a réunis ici ;
c'est elle qui vous y réunit encore.

Laissez-moi emprunter les paroles de saint Jérôme :
« Ne nous affligeons pas de ce que nous ne voyons
plus cette femme si bonne ; mais rendons grâces à
Dieu de ce que nous l'avons eue ; bien plus, de ce que
nous l'avons encore, car tout ce qui retourne à Dieu
vit en lui et fait toujours partie de notre famille. »

La bonne madame Gargam, qui est retournée à
Dieu qu'elle aimait tant, vit donc en lui et fait toujours partie de la petite famille des dames de l'Assistance, famille que la Sainte Vierge lui avait confiée et
dont elle s'est occupée avec tant de sollicitude et
d'amour.

Ce fut en 1851 que Dieu donna à madame Gargam
la pensée de l'œuvre que vous faites ; voici à quelle
occasion :

Se trouvant chez une de ses amies, enceinte depuis
plusieurs mois, pendant la visite de son médecin, on
déplora le sort des femmes en couches riches, qui
n'avaient pas de sœurs pour leur donner des soins, et
l'abandon des femmes en couches pauvres, qui ne pouvaient pas être visitées par les Sœurs de charité, leur
règle s'opposant à ce qu'elles les visitent avant le
dixième jour.

On parla du bien que pourrait faire une communauté
qui s'occuperait exclusivement des femmes en couches riches et pauvres.

Le médecin promit d'en parler à Monseigneur
Sibour, alors archevêque de Paris, qu'il voyait souvent.

Madame Gargam eut la pensée, un mois après cette
conversation, d'écrire elle-même à Monseigneur
l'archevêque de Paris.

Cette lettre fut renvoyée par Sa Grandeur à l'examen de la commission archiépiscopale des œuvres; et M. l'abbé Ledreuil, secrétaire de cette commission, adressa à madame Gargam, le 10 mars 1852, la lettre suivante:

« Madame, la lettre adressée par vous à Monseigneur, le 22 janvier, a été renvoyée par Sa Grandeur à l'examen de la commission archiépiscopale des œuvres. Votre pensée a été jugée bonne. On a rappelé, à cette occasion, qu'elle est, en partie, réalisée à Metz, où il existe, sous le nom de « société de la Maternité, » une œuvre ayant pour but de procurer des soins intelligents et dévoués aux femmes pauvres en couches. Les unes sont reçues à la maison d'accouchement; les autres sont secourues à domicile; toutes sont soignées par des sœurs, qui ne gardent les femmes riches que pour avoir la faculté de faire plus de bien aux femmes indigentes.

» La commission pense qu'une œuvre analogue pourrait s'établir à Paris, où elle ferait beaucoup de bien, et que ce serait un acte de sagesse et d'intelligence, si on voulait réaliser cette idée de prendre pour modèle l'association de Metz et donner à la nouvelle œuvre des règles sanctionnées par l'expérience.

» J'ai l'honneur de vous communiquer cet avis de la commission... »

Deux jours après avoir reçu cette réponse de l'archevêché, madame Gargam écrivit à la supérieure de Metz pour avoir des renseignements sur la congrégation de « la charité maternelle: » et quelques jours après, elle recevait une lettre de la sœur assistante, qui répondait à toutes ses questions.

Dans le mois de février 1853, madame Gargam fit un pèlerinage à Notre-Dame de Longpont, et déposa, aux pieds de cette bonne mère, l'idée de l'œuvre que Dieu lui avait mise au cœur.

En 1855, une épidémie meurtrière vint frapper les femmes en couches. Madame Gargam se mit en rapport avec les sœurs de Saint-Merry, et elle apprit que quelques-unes d'entre elles allaient soigner les femmes en couches.

C'était quelque chose; mais ce n'était pas encore ce qu'elle cherchait.

En 1856, madame Gargam apprit qu'il y avait, rue du Val-de-Grâce, des sœurs de Metz, qui donnaient exclusivement leurs soins à des femmes en couches. Elle alla voir la supérieure, et elle comprit qu'il serait possible de fonder, à côté de ces bonnes sœurs, une association qui s'occuperait spécialement des femmes pauvres en couches.

Le 25 mars eut lieu une première réunion de quelques dames.

Le 5 avril 1857, ces dames étaient au nombre de sept, chez l'abbé Ravailhe, vicaire de Saint-Thomas-d'Aquin, qui leur donna à chacune un crucifix et un livre contenant un petit règlement. Ce règlement donnait à l'association naissante, le nom d' « Œuvre de Notre-Dame de l'Assistance. »

Le 2 juin, on alla en pèlerinage à Longpont pour placer, sous le patronage de la Très Sainte Vierge, la petite œuvre dont, quatre ans auparavant, madame Gargam lui avait confié la première idée.

Le 2 juillet 1857, jour de la visitation et fête de l'Œuvre, on se réunit, rue Barouillère, 16, chez les dames du Purgatoire. La messe fut célébrée dans leur chapelle par le directeur de l'œuvre: toutes les dames y communièrent; elles étaient au nombre de sept.

Ce jour-là, la première femme, recommandée à l'œuvre, accoucha, et la dame qui la visitait, se trouvant auprès d'elle, eut le bonheur de recevoir le petit enfant et d'assister la pauvre mère dans ses douleurs.

Depuis ce jour, l'œuvre n'a cessé d'être bénie de Dieu, surtout depuis que les sœurs de Notre-Dame de l'Assistance ont pu se consacrer, comme elles le désiraient, à l'assistance des pauvres femmes en couches.

La première année, c'est-à-dire, du 2 juillet 1857 au 1er juillet 1858, on a assisté seize pauvres femmes en couches ;
On a fait 280 visites ;
On a donné 7 layettes 1/2 ;
On a prêté des draps à 7 femmes.

La deuxième année, on a assisté 53 femmes ;
On a fait 364 visites ;
On a donné 26 layettes ;
On a donné 5 berceaux ;
On a prêté des draps à 21 femmes ;

La troisième année, on a assisté 72 femmes ;
On a fait 515 visites ;
On a donné 50 layettes ;
On a donné 29 berceaux ;
On a prêté des draps à 25 femmes.

La quatrième année, on a assisté 121 femmes ;
On a fait 890 visites ;
On a donné 80 layettes ;
On a donné 45 berceaux ;
On a donné 248 pots-au-feu ;
On a prêté des draps à 51 femmes.

Depuis le 3 juillet 1861, on a assisté 102 femmes;

On a fait 675 visites;

On a donné 79 layettes;

On a donné 39 berceaux garnis;

On a donné 206 pots-au-feu;

On a prêté des draps à 35 femmes.

Une des dames de l'Assistance a donné pour plus de 200 francs de meubles;

On a donné, en outre, 91 francs pour deux termes de loyer;

On a donné, en outre, 40 francs pour le loyer de deux pauvres femmes;

On a donné, en outre, 20 francs pour un mois de nourrice.

On a distribué, en outre, chaque année, du pain, du vin, du bouillon, des côtelettes, des œufs, du sucre, du chocolat, des confitures, de l'herboristerie, des vêtements d'hommes, de femmes, d'enfants, des lits, des matelas, des couvertures.

Je ne m'arrête pas, pour le moment, à ce qui a été fait par l'œuvre de l'Assistance pendant les cinq derniers mois; je ne considère cette œuvre, en cet instant, que par rapport à madame Gargam, à qui Dieu en a donné la pensée, à qui il a donné la persévérance pour la réaliser et le courage pour la faire, alors qu'elle avait à peine trois heures par jour pour s'en occuper.

Chose remarquable! Cette toute petite œuvre, qui compte à peine quatre ans et demi d'existence, assiste maintenant un nombre de femmes pauvres en couches, qui est plus du quart de celui qu'assiste l'association des mères de famille, et moins du quart de celui qu'assiste l'œuvre de la charité maternelle. En effet, l'Association des mères de famille a assisté, en 1860,

747 femmes et la charité maternelle en a adopté 900, dans la même année.

Et cependant, quelle différence entre ces deux œuvres et la vôtre !

Celle des mères de famille existe depuis 1836 ; celle de la charité maternelle a été fondée en 1787, par Marie-Antoinette. Elle a été placée, en 1810, par Napoléon, sous le patronage de l'Impératrice Marie-Louise ; elle a été présidée, pendant la Restauration, par son A. R. la duchesse d'Angoulême ; sous Louis-Philippe, par la reine Marie-Amélie ; enfin, en 1853, elle a été placée par un décret, sous la présidence et la direction de l'Impératrice Eugénie.

Voilà ce qu'a fait, après si peu de temps, Madame Gargam, cette femme que vous avez vue si simple, si humble, s'oubliant toujours et ne pensant à elle que pour s'effacer.

Mais là ne s'est pas bornée l'activité de son zèle.

Une dame charitable de Lyon, présidente de l'œuvre des Veilleuses, dans cette ville, Madame la comtesse de Harenc, désirait depuis longtemps établir cette œuvre à Paris ; mais toutes les tentatives qu'elle avait faites étaient restées sans résultat. Cette excellente dame est mise en rapports avec Madame Gargam ; et aussitôt l'œuvre des Veilleuses commence, se développe, grandit. Elle eut même, un instant, trop d'éclat ; elle fit trop de bruit. Or, comme le bruit ne fait pas de bien, et que le bien ne fait pas de bruit, Dieu amena un concours de circonstances, qui répondit au désir de Madame Gargam de s'effacer de plus en plus. L'œuvre se fit donc en silence ; et, au mois de juillet dernier, celles d'entre vous qui ont assisté à la séance générale des œuvres placées sous le patronage de Notre-Dame de l'Assistance, ont été touchées des rapports qu'on y a lus, et qui disaient simplement les heures passées, la nuit, par les Dames Veilleuses auprès des pauvres agonisants.

Cette œuvre, qui est un des plus beaux fleurons de la couronne de Madame Gargam, a reçu de Dieu, pendant la maladie de cette sainte femme, une bénédiction bien touchante. Chaque nuit de sa maladie, qui a duré cinquante jours, a eu sa veille, comme si le bon Dieu en enlevant celle qui avait été la mère de cette œuvre, voulait encourager celles qui la faisaient, en leur montrant que, au ciel, elle serait plus utile à l'œuvre qu'elle ne l'avait été sur la terre.

L'œuvre de l'Assistance, l'œuvre des Veilleuses, ne pouvaient suffire au cœur de Madame Gargam. Le soin des femmes pauvres en couches lui fit rencontrer de pauvres créatures qui étaient obligées de se cacher. D'abord elle éprouva de la répugnance pour elles ; puis elle comprit leur malheur et en eut compasssion. Elle chercha dès lors quelques vieilles filles ou veuves pieuses et charitables, chez qui elle put les cacher. Elle les visitait dans leur retraite, leur apportait du travail, leur avançait de l'argent sur le prix de leur travail, leur procurait gratuitement une sage-femme ou les faisait entrer, le dernier mois, à la Maternité.

C'étaient là les premiers essais, bien grossiers et bien ingrats surtout, d'une œuvre qui devait prendre, peu à peu, une forme plus heureuse, avec le concours de la supérieure des sœurs de Notre-Dame de l'Assistance, et d'une excellente dame qui s'y dévoua (Madame Gille.)

Le 2 février 1860, la maison tant désirée par Madame Gargam fut ouverte. Quarante enfants y sont déjà nés. Tous ont été mis en nourrice. Dieu a béni cette œuvre comme toutes celles sorties du cœur de Madame Gargam.

Il en est une dernière, dont le nom est tout gracieux : c'est l'œuvre de Notre-Dame des Fleurs. Madame Gargam avait commencé cette œuvre sans savoir qu'une dame charitable la faisait de son côté. Dieu mit Madame la comtesse de Caulaincourt en rapport avec Madame Gargam, et l'œuvre des fleurs, telle qu'elle se fait, rue Cassini, fut établie chez les sœurs de l'Assistance, il y a deux ans.

Voyez, mesdames, ce qu'a pu faire une femme qui ne disposait que de deux ou trois heures par jour, et qui avait au cœur un « désir immense » de faire quelque chose pour le bon Dieu.

« Le plus difficile pour moi, écrivait-elle un jour, à une de ses amies, qui a bien voulu me communiquer sa lettre, c'est d'étouffer le désir immense que j'ai au fond du cœur de faire quelque chose pour Dieu. Ce ne sont pas les difficultés qui m'effraient, les contradictions qui me rebutent, l'insuccès qui me décourage ; c'est l'impuissance à faire quelque chose, quand on compte sur moi, qui me rend malheureuse. Quand une pauvre malade m'est recommandée, et que je n'ai pas le temps d'aller la visiter ou d'aller chercher une veilleuse, ou d'avoir une réponse définitive, et que je rentre, j'ai le cœur gros, et je me dis : à quoi ai-je été utile ? Je n'ai pas l'orgueil, par la grâce de Dieu, de croire que ce que je fais est bon. Je suis dans la position d'une servante qui va chercher un médecin pour son maître malade ; elle sait bien que c'est le médecin qui guérira son maître, et non pas elle, et, malgré cela, elle est heureuse d'avoir fait sa course. »

Madame Gargam n'avait qu'une pensée : Dieu et les pauvres : « Je ne puis pas dire, écrivait-elle à la même personne, que je penserai plus souvent aux œuvres et au bon Dieu : depuis mon réveil jusqu'à mon coucher je n'ai pas une autre pensée, n'importent mes occupations. »

Aussi avait-elle une grande dévotion pour saint-François-de-Sales et pour saint Vincent-de-Paul : « Ce sont les deux saints, écrivait-elle un jour, que j'ai le plus invoqués dans ma vie. Avec la simplicité et l'humilité de l'un, la douceur et l'amabilité de l'autre, et la charité de tous les deux, l'on peut sûrement entreprendre des œuvres. Je leur demande leurs secours pour toutes les personnes qui s'occupent d'œuvres et d'abord pour moi. »

Saint François-de-Sales et saint Vincent-de-Paul ont offert certainement à Dieu les ardents désirs du cœur de madame Gargam ; et l'on comprend ainsi la manière particulière dont Dieu a béni les œuvres de cette femme. Dieu l'a comblée de bénédictions, mais de bénédictions telles que les désirait ce cœur si généreux ; car elles étaient accompagnées des plus rudes épreuves ; aussi les appelait-elle des bénédictions choisies ; elle regardait comme une grâce immense du bon Dieu que de se sentir la bonne volonté d'accepter ces choisies bénédictions ; c'est ainsi qu'elle s'exprimait.

Avec l'amour de Dieu et l'amour des pauvres, il y avait, dans le cœur de cette femme, l'amour de la Croix. « Cramponnons-nous bien à la Croix, écrivait-elle à son amie ; les Croix sont de vraies grâces. » Et elle correspondait si bien à ces grâces, que Dieu lui faisait la grâce de porter, comme sans les sentir, les Croix les plus lourdes et les plus poignantes épreuves.

On voit cette grâce du bon Dieu, dans ce qu'elle écrivait à cette amie, qui lui avait envoyé son petit

Enfant-Jésus : « Que je vous remercie de votre petit Enfant-Jésus ! Il me montrait sa couronne d'épines, au moment où, sur ma pauvre nature si faible, je croyais sentir quelques épines aussi. » Et ses amis savent de quels glaives son cœur était transpercé en ce moment !

Aussi quand la mort, cette dernière épreuve, arriva pour elle, madame Gargam la vit venir paisiblement. Elle dit à Dieu : « Si vous voulez que je meure, je le veux ; si vous voulez que je vive, je le veux, et je me consacre plus que jamais à vos pauvres. »

Elle demanda elle-même l'Extrême-Onction ; elle en fixa le moment trois jours à l'avance ; elle désigna les personnes qui devaient y assister. Quand elle eut reçu ce Sacrement, elle s'adressa à la sœur : « Dites au Père que je suis plus heureuse que lui aujourd'hui ; car j'ai reçu deux Sacrements, et il n'en a reçu qu'un. »

Trois semaines après, la bonne madame Gargam allait à Dieu qu'elle aimait tant, et une dame, fille comme elle de Saint-Vincent-de-Paul, écrivait à madame Morisot ces quelques lignes, qui sont le plus bel éloge de sa fille :

« La perte de votre sainte fille est immense. Depuis quelques années, j'avais eu le bonheur de la connaître, et j'avais eu de fréquentes occasions d'apprécier ses éminentes vertus. Jamais personne n'a joint à une charité si ardente une simplicité si parfaite. Il y a longtemps que je disais aux personnes qui ne la connaissaient pas que je n'avais jamais rencontré, dans les œuvres, un si parfait modèle de toutes les vertus qu'elles demandent. »

Là se termine le rapport de M. Ferrand. On a pu remarquer avec quelle humilité il se cache derrière madame Gargam, à qui il attribue toute l'initiative et tout le succès de ses œuvres. Chacun comprendra pourtant que cette femme admirable n'aurait peut-être jamais été telle que M. Ferrand nous la dépeint, si elle n'avait eu le bonheur de puiser, dans sa direction, l'esprit et les sentiments qu'elle apportait dans toute sa conduite.

Nous croyons devoir donner ici le compte-rendu de l'Œuvre de l'Assistance Maternelle, pendant l'année 1886. On verra, par les chiffres, en les comparant à ceux que nous avons donnés précédemment, combien cette œuvre a prospéré :

On a assisté   1974 femmes pauvres.
On leur a fait   6525 visites.
On leur a donné 1974 layettes.
On leur a donné 1474 berceaux garnis.
On leur a donné 4650 pots-au-feu.
On leur a donné 1820 kilos de pain.
On leur a donné   850 litres de lait.
On leur a donné 1052 vêtements pour hommes, femmes et enfants.
On leur a donné   341 chemises.
On leur a donné   16 paires de draps.
On leur a prêté   290 paires de draps.

Il a été célébré 48 mariages, 33 enfants ont été légitimés.

Enfants nouveau-nés baptisés 1474.
Adultes baptisés   32.
On a dépensé, dans l'année 1886, 30.233 fr. 25.

En 1855, la supérieure des sœurs de la Charité maternelle de Metz, l'Assistante et trois autres sœurs de la même communauté, se rendirent à Liesse, pour se former à la vie religieuse, sous la direction des

Pères de la Compagnie de Jésus, du Père Fouillot, en particulier, qui était recteur du troisième an de la maison de Liesse.

Le Père Fouillot comprit de suite le bien que ces bonnes sœurs étaient appelées à faire. Il en informa Monseigneur de Garsignies, évêque de Soissons, qui approuva le plan de réforme tracé par le Père Fouillot.

Le 8 septembre de cette même année, Monseigneur l'évêque de Soissons autorisa les sœurs venues de Metz à porter un habit nouveau et à prendre un nouveau nom.

En 1856, deux de ces sœurs, sous ce nom nouveau et avec le nouvel habit, s'établirent à Paris, dans le quartier Lafayette, impasse de la Butte-Chaumont. Elles se fixèrent plus tard sur la paroisse de Saint-Jacques-du-Haut-Pas, rue du Val-de-Grâce, 9, et enfin, rue Cassini, 3, où elles sont encore aujourd'hui.

Cette même année 1856, au mois de juillet, Monseigneur Sibour, archevêque de Paris, autorisa les sœurs de l'Assistance à s'établir à Paris, à condition qu'elles ne seraient que des sœurs gardes-malades spéciales pour les femmes en couches.

En 1857, au mois de juin, S. E. Monseigneur Morlot, archevêque de Paris, autorisa M. l'abbé Ferrand de Missol à diriger les sœurs de Notre-Dame de l'Assistance, lui disant qu'il s'occuperait seul de cette œuvre et qu'il en prendrait la responsabilité. Monseigneur Darboy, successeur de Monseigneur Morlot, renouvela à M. l'abbé Ferrand de Missol l'autorisation que lui avait donnée son prédécesseur.

Pendant 22 ans, de 1857 à 1879, M. l'abbé Ferrand de Missol travailla à cette œuvre avec un zèle infatigable. Il fit, à l'usage des sœurs de l'Assistance, un règlement, rempli de sagesse et de prudence, lequel, bien observé, devait les mettre à l'abri de tout danger. Les instructions qu'il leur laissa suffiraient à montrer qu'il était l'homme de Dieu choisi pour les former à leur vie de dévouement et d'abnégation.

Grâce à la grande influence dont M. l'abbé Ferrand de Missol jouissait dans le monde, l'œuvre qu'il dirigeait fut bientôt appréciée de tous. Bien des gens sollicitaient les services des bonnes sœurs; les plus grands médecins de Paris les estimaient et tenaient à être secondés par elles. Ce fut ainsi que, dans une ombre discrète, comme le souhaitait et le recommandait le sage directeur, l'œuvre grandit et se développa.

TABLE DES MATIÈRES

Nimes. — Imp. Roger et Laporte, place St-Paul, 5. — 4-87.

Nimes, imp. Roger et Laporte, place Saint-Paul, 5. -- 4·87